戦後史再考

「歴史の裂け目」をとらえる

西川長夫・大野光明・番匠健一　編著

平凡社

戦後史再考◉目次

戦後史再考

はじめに

大野光明・番匠健一

1 戦後の終わり？

この長い戦後史において、さまざまな時期に「今こそが歴史的転換期だ」と言われてきました。特にこの数年間、私たちは目に見える大きな歴史的転換を経験しているのではないかと思います。それも、解消や解決が困難な矛盾や問題が噴出する形で、変化が起きているはずです。東日本大震災と原発事故、東アジアにおける政治的・軍事的緊張の高まり、ヘイトスピーチなどの排外主義の広がり、貧困と格差の深刻化、特定秘密保護法の採決、武器輸出三原則の転換、そして集団的自衛権行使容認の閣議決定。平和主義や基本的人権の尊重など、戦後の日本社会の骨格とされてきた理念や価値とはかけ離れるような出来事が次々に起こっています。まるでオセロの石が連鎖的にひっくりかえされるように、日本社会は別のものへと変わろうとしているようです。

このような事態は、しばしば「戦後の終わり」と呼ばれてきました。「戦後の終わり」は、異なる二つの立場から唱えられています。一つは、戦後という体制(レジーム)が時代遅れのものであって否定しなければならない、という立場。現在の変化を直接的に推進している動きであるといってよいでしょう。もう一つは、戦後的な価値を肯定し、それを否定する動きに反対し、「戦後の終わり」を避けるべきだとする立場です。護憲の立場といってもよいでしょう。

つまり、「戦後の終わり」は、戦後を否定する立場と、擁護する立場の両方によって唱えられ、まったく異なる方向性で論じられています。また、両者の対立構図は今に始まったことではなく、長年にわたってつくられ、維持されてきました。

本書は、「戦後の終わり」と呼ばれる、矛盾と問題にあふれた現在を、肯定・否定の二項対立の構図においてではなく、別の視座から歴史的にとらえることを試みます。それは、戦後を終わらせるのか否かを論争するのではなく、そもそも戦後という体制が、どのような矛盾や問題を抱え込んでいたのか、そして、にもかかわらずなぜそれらが忘却され、隠蔽されてきたのかを問うことです。冒頭に述べた、現在の問題や矛盾に向き合うためには、戦後の成り立ちを遡りながら、私たちの生きている現在に折り畳まれている複雑な力学を明らかにし、私たちの感性や身体、認識の枠組みを歴史化することが求められていると思います。

2　戦後史の成り立ちの力学

これまで戦後史に関する膨大な数の本、記録、映像が蓄積されてきました。戦後七〇年を迎えようとする今、さらに多くの作品が世に送り出されることでしょう。

　本書は、これまで書かれてきた戦後史に修正を迫り、別の通史を提示するものではありません。本書が試みるのは、通史という制度自体を問題化し、別の歴史実践を提示することです。

　第一章と第二章が詳述するように、過去から現在へと一直線に進む物語として描かれる通史は、歴史を書き、学び、伝えるにあたってオーソドックスな制度であったと思います。そして、通史の多くが、一国史すなわち国家単位の〈国民の歴史〉として書かれてきました。端的な例は歴史教科書です。この〈国民の歴史〉としての戦後史について、これまで多くの問題が指摘されてきました。本書では次の二点を特に主題化したいと思います。

　第一に、戦後史が、国民から排除され周縁化される人々の経験を、書かれた歴史において排除してきたという点です。国民のなかの格差や差別、国民ではない人々の存在は、二義的なものとされ、認識の外におかれることがしばしば起こります。実社会のなかの他者の排除や周縁化と、歴史叙述におけるそれは連動しているといえます。

　第二に、戦後史を知り、学び、書くということが、国民という集合体を所与の前提とし、一まとまりのものとして実体化する政治的行為であるということです。このような行為としての歴史を、本書では歴史実践と呼びたいと思います。〈国民の歴史〉を学んだり、教えたりすることは、国民をつくり、国民国家を維持する歴史実践であり、私たち一人一人の感性、身体、世界認識を規定してきました。私たちは、歴史教科書を読み、学ぶことを通じて、日本国民の一員であることを意識し、国民国家がはっきりとした輪郭をもった実体であることを内面化します。いわば歴史実践は現実を規定し、現実をつくりだす力をもつのです。

国民国家において構造化されている様々な差別や暴力を解消するためには、国民国家をつくり、再生産している諸制度を問うことが求められます。その対象の一つが戦後史という〈国民の歴史〉なのです。

よって、〈国民の歴史〉を再生産するのとは異なる、別の歴史実践こそが今求められています。くりかえしますが、戦後的価値を否定するのか、肯定するのかという選択が問題なのではありません。本書が試みる歴史実践とは、戦後史における排除や忘却の力学を歴史的に考察することです。そして、その力学に目をこらせば見えてくる〈国民の歴史〉に生じている亀裂や軋轢の実態を精緻に読み解き、そこに別の未来への予兆を確認し、言語化するということです。

3 戦後史再考——歴史の破れるとき

以上の背景と問題意識のもと、本書の目的は二つあります。

第一に、戦後の日本において、どのような排除や分断の力学がはたらいているのかを、歴史的に考察することとです。本書では、第三章から第一四章まで、おおむね時系列的に、戦後史において重要と思われる一二の出来事を取り上げています（当然、カバーしきれなかった出来事はたくさんありますが、これまで述べたように、本書は通史ではないということをご考慮いただきたいと思います。また、巻末の「戦後史再考年表」と、各章の先へと思考を進めるための「ブックリスト」もご参照下さい）。これらは人々によって生きられ、経験された歴史的出来事です。その出来事のなかにある、国民国家の再生産のプロセスと、それがゆらぎ破綻する瞬間とのせめぎ合いを考察する必要があります。

そして、第二に、これまでの戦後史の叙述——書かれた歴史——をもせめぎ合いの産物としてとらえかえすことです。歴史を書くことにおいて、一定の排除や忘却は避けることができません。ある声、ある力、ある存在があったにもかかわらず、どのようにして、あたかもないものとされていったのか。第三章以降、それぞれのトピックについて、一般的な通史における叙述内容（マスターナラティブ）を確認した上で、その内部に、国民国家の再生産のプロセスがはたらいていること、またその破綻が顕在化しつつも、隠蔽し忘却する力学もはたらいていることを読み解きます。

よって、本書のキーワードは「歴史の破れるとき」、あるいは「歴史の裂け目」です。人々によって生きられ、経験された歴史的な出来事においても、事後的に書かれた歴史においても、〈国民の歴史〉が立ちゆかなくなり、そこにおさまりきらない言葉、感性、経験が躍り出てくることがあります。生きられた歴史においても、書かれた歴史においても生じているそのような瞬間を、「歴史の破れるとき」あるいは「歴史の裂け目」と呼びたいと思います。通史を改めて書き直すのではなく、通史が機能不全に陥っている「歴史の破れるとき」の無数の断片を描くということ。本書におけるこのような歴史実践は、私たち一人一人の目にしている現実が、絶えず裂け目をはらんでおり、それゆえ、別の世界へと変更可能なものとして、とらえかえすことになるはずです。

4　本書の経緯

本書は、西川長夫による問題提起（第一章）から始まります。第一章を読めば、あたかも西川がその後の章を書いていくように読めます。しかし、目次をご覧いただけばお分かりのように、第二章以降を執筆しているのは西川ではなく、西川の問題提起に応える一三人の書き手たちです。このような構成となった経緯について、若干説明をしたいと思います。

本書はもともと、西川の単著として、それも最後の著書となった『植民地主義の時代を生きて』（平凡社、二〇一三年）とペアとなるものとして企画されていました。しかし、二〇一二年夏以降の西川の体調の悪化によって企画は止まったままになっていました。

その後、癌の宣告を受けた西川は、二〇一二年一二月下旬から二〇一三年一月上旬にかけて、私たち編者二名を入院先の病院に呼び、共同作業として本書を書けないかという相談をします。西川のイメージは、西川自身が「年齢ゆえに戦後史のほぼ全体にそれなりの仕方でかかわり生きることを余儀なくされた者の一人として、自分の体験に即して戦後史を反省的に振り返り」（二六頁）、そして、これまで共同研究を進めてきた主に三〇～四〇代の若い研究者や院生との討議の場をつくり、共同作業の結果を本にまとめるというものでした。西川は既に目次案を用意し、各章のポイントとなる概念や出来事もメモし、提示してくれました（すべてではありませんが、その多くが、本書の構成に反映されています）。本の仮のタイトルは『戦後史再考――ある引揚少年の回想（遅れてきた青年の回想）』というものでした。これに明らかなように、西川自身が戦後史と自らの経験を切り結びながら振り返る、という性格のものであったといえます。

そして、私たちは、西川の病状が安定している限られた時間を利用して、研究会を開き、本書をとりまとめることを決めました。

「戦後史再考研究会」と名付けられた研究会を開始したのは二〇一三年一月一七日からでした。スケジュールと内容は次のとおりですが、一週間に二回のペースで開催されています。西川の病状がどれくらいの期間、安定しうるのか分からないなか、急がなければならないという切迫した思いが共有されていたように思います。

第一回（二〇一三年一月一七日）網野善彦の「戦後歴史学」の反省（報告：西川長夫）

第二回（一月二一日）敗戦――Give me chocolate の意味（報告：西川長夫、コメント：原佑介）

第三回（一月二六日）占領期――戦後改革と新憲法（報告：西川長夫、コメント：沈熙燦、西川祐子）

第四回（一月二八日）五五年体制――アイゼンハワーの《Atoms for peace》演説と第五福竜丸の被爆（報告：西川長夫、コメント：内藤由直）

第五回（一月三一日）六〇年代――安保闘争から全共闘運動へ、そして高度成長期へ（報告：西川長夫、コメント：岩間優希、大野光明）

第六回（二月三日）七〇－八〇年代――大阪万博の時代（報告：西川長夫、コメント：番匠健一、

山内明美）

第七回（二月八日）戦後の終わり？――三・一一が明らかにしたことと隠蔽しつつあること

（報告：西川長夫、コメント：加藤千香子、崔勝久、朴鐘碩）

七回にわたる研究会を終えたあと、二月一八日には、研究会参加者によって全ての音声データのテープ起こし原稿（約一九万字）がまとめられ、それを素材として、西川による語りと、参加者からのコメントによって構成される本づくりを試みました。

しかし、残念ながら、西川の病状は少しずつ悪化し、執筆に集中できる安定期が少なくなっていきました。そして、本書所収・第一章「戦後史再考」を脱稿した西川は、二〇一三年一〇月一三日、編者および加藤千香子、西川祐子に対し、第二章以降は執筆できないこと、研究会参加者がそれぞれの独自の立場から執筆し、計画とは別の形で本にしてほしいとの要望を伝えます。それから約二週間後の一〇月二八日、西川は静かに息を引き取りました。

西川の死が、本書の企画を大きく変える出来事だったことは言うまでもありません。私たち研究会参加者は、語り手であり、著者であった西川へのコメンテーターの役割を降り、自らが歴史を再考する側に立たねばならなくなりました。当然のことですが、西川になりかわって、第二章以降を書くことはできません。西川の歴史経験と、執筆者それぞれの経験とが異なっているからです。よって、私たちはそれぞれの経験と現場（学問的な現場や活動の現場）から独自の論を展開することを求められました。つまり、西川による「戦後史再考」という問題提起――戦後史の「誤りを正すこと」あるいは「過ちを正すこと」（三〇頁）――に、戦後史における具体的な出来事や問題を読み解きながら応答し、それらを歴史化するという作業が課せられたのです。

そこで、二〇一三年一二月から、企画自体を仕切り直し、研究会参加者から本書への執筆者を募った上で研究会を再開。月一回のペースで計六回研究会を開催し、参加者それぞれが各章の草稿を報告して討議を行いました。その結果、西川長夫という一人の歴史経験からではなく、西川を含む一四人の多様で独自の歴史経験と切実な現場から、戦後史の再考が行われていったのです。しかし、その作業は、参加者がそれぞれ独自の文章をまとめあげる、論文集のようなものにはおさまりませんでした。何度も討議と改稿を繰り返すなか、各章を一読いただければわかるように、それぞれの文章のあいだに問いや論点が次々にリンクしあうスリリングな協働性が生まれていったように思います。西川長夫による再考から、一四通りの再考作業へ、そして、断片のリンクと協働性の豊かな生成へ――こうして生まれたのが本書です。

よって、本書は、西川の問題提起、それを引き受けようとする執筆者、戦後史上の具体的な出来事や歴史経験、そして戦後史に興味・関心をもち、現在の問題や矛盾と格闘している幅広い読者という、四者関係のなかでつくられています。それが成功しているかどうか、皆さんのご判断をお待ちしたいと思います。

5 本書の構成

本書は次のような構成になっています。

第一部　なぜ、今、戦後史を再考するのか

第一章と第二章からなる第一部では、なぜ、今、戦後史を再考する必要があるのかを論じています。

第一章で西川は、「戦後」を「戦後に作られた現行憲法が存続する限り私たちは戦後にある」（二八頁）という挑発的なテーゼにより定義します。その上で、戦後史を規定してきた「戦後歴史学」が成立し、制度化していく歴史的背景とその意味を論じます。西川は、自身の「戦争体験と戦後体験のすべて、つまりこれまでの私の全生涯とその全生涯を左右したものに対する反省と憤りから発して」いる、「痛恨の言説」（西川長夫『国民国家論の射程〔増補版〕』柏書房、二〇一二年、三〇六頁）としての国民国家論（国民国家批判）の立場から、「歴史と歴史学の直面している危機」（三八頁）の再検討を提起するのです。

つづいて、第二章で加藤千香子は、西川の問題提起を第三章以降の各論へとつなぐ作業を行います。戦後歴史学によってつくられてきた一国史的な歴史が矛盾と困難を抱えていること、しかし、それでも歴史を知り、学び、教え、書くということの意味と可能性はどこにあるかを検討していま

す。加藤は、「集合名詞への囲い込みに抗う〈私〉の現場や〈小さな物語〉から〈国民の歴史〉を問い直そうとする試み」が、「国民国家の外に出るための方法」（七七頁）であると結論づけます。加藤によって、〈小さな物語〉と〈国民の歴史〉との違いと両者が拮抗するありようを、具体的な事例に即して内在的に読み解いていくことが提案されるのです。

第二部　戦後がたちあがっていくなかで

第二部から第四部では、西川と加藤からの問題提起と提案に、研究会メンバーが一二の各論を通じて応答していきます。

まず、第二部では、第二次世界大戦の「終結」にともなう、日本帝国の崩壊から主権の「回復」（一九五二年）へと向かうプロセス、すなわち戦後の国民国家の復興と再形成のプロセスが、どのような力学により稼働していったのかを考察します。

杉浦清文（第三章）は、膨大な人口再配置をもたらした引揚を論じます。杉浦は、人々の植民地経験が一国史の枠組みにおいて忘却されたり、被害者言説に押し込められる傾向を確認した上で、引揚者、なかでも植民者二世の植民地経験と引揚経験の、加害・被害が錯綜する複雑なありようを考察します。その結果、引揚者の経験は、国民国家単位で加害者・被害者を割り振る二項対立図式を乗り越えることによってこそ理解可能であることが示されます。

西川祐子（第四章）は、法学者・宮崎繁樹が日本によるポツダム宣言受諾を「終戦」や「敗戦」ではなく、「休戦」と定義したことの意味を考察します。「休戦」という概念によって、一九四五年から一九五二年の約七年間が、それ以前の国家体制と主権「回復」以降の体制とのはざまにあり、国家に必ずしも包摂されない「個人」の「自由」の領域が生きられた特異な時空間であったことが析出されます。そして、その後の主権「回復」という出来事は、「個人」の領域の衰退であるとともに、日米安保体制に基づく一国主義的な「平和」認識の形成でもあったのです。

沈熙燦（第五章）は、占領期に形作られた戦後民主主義が、一国主義的な公共性の枠組みへと制度化されたことの意味を読み解きます。つまり、民主主義の制度化によって、人々の排除と国民化の力学がはたらいているだけでなく、その力学に裂け目をつくる新たな共同性を生成する終わりなき実践が同時に生み出されています。このように両義的な戦後民主主義をどのように開くのかが、今も問われているといえるでしょう。

原佑介（第六章）は朝鮮戦争を論じ、朝鮮戦争が日本帝国による植民地支配に由来するものであるにもかかわらず、日本の〈国民の歴史〉において外部化されていくプロセスを考察し、「戦後日本の内向的な平和と繁栄」（一三八頁）を問題化します。その一方で、在日朝鮮人文学が「国民の歴史から消し去られた人々」（一四四頁）への想像力を確保していたことを確認し、朝鮮戦争の一国史的理解の変更を迫ります。

内藤由直（第七章）は、「もはや「戦後」ではない」という有名なフレーズと五五年体制のありようを詳細に論じます。そして五五年体制が、第三章から六章にかけて考察された戦後の体制が抱え込んだ問題や矛盾を解決・解消せずに、むしろそれらの先送りを制度化していったことを分析します。

つまり、戦後、新たな国民国家として主権を「回復」する過程は、形を変えて継続するアメリカの「占領」の影響を色濃く受けながら、国是となった平和主義や民主主義、基本的人権の尊重が一国主義的な形で制度化され、閉じていくプロセスであったのです。そのプロセスは、戦後における植民地の放棄と忘却という事態とセットになっていたことは明らかです。

第三部　せめぎあう／ゆらぐ戦後

しかし、制度化された戦後は絶えずゆらぎや異議申し立てにさらされてきました。あるいは、そのゆらぎや異議申し立てをも、内的エネルギーにかえて、戦後という体制はつくられてきたともいえるでしょう。戦後体制のゆらぎは、第三部が対象化する一九六〇年代後半から七〇年代前半に集中してあらわれました。

岩間優希（第八章）は、ベトナム戦争が日本社会に与えたインパクト、特に反戦思想の歴史的意味を考察しています。「ベトナム戦争は国民に戦争を強いる国家の姿を浮かび上がらせるとともに、それに絡めとられまいとする人々の実践」（一八〇頁）、すなわち国家の枠組みを越えていこうとする個人原理をも生み出したことが明らかにされます。しかし、個人という領域は、一国主義的・自閉的な高度経済成長を助長する場、すなわちグローバリゼーションの起点の一つともなったのではないか、との問題提起がなされています。

番匠健一（第九章）は、映画『家族』の分析を通じて、高度経済成長の実相を追っていきます。本章は、その恩恵を不均等にしかもたらさない格差を構造化させた体制が生まれていたこと、また、その時代を生き抜く多くの人々が居場所を失い、移動のなかに生きていたことを明らかにしています。そして、「故郷」を失い移動する人々の経験を、一国史ではなく、グローバリゼーションの歴史として再解釈することを提起します。

大野光明（第一〇章）は、日米両政府が社会運動のナショナルな情念を活用しつつ、戦後の根幹である日米安保体制の維持のために、沖縄の施政権返還に取り組んだことを考察します。その一方で、沖縄闘争と呼ばれる沖縄返還政策を批判する実践が、ナショナリズムの乗り越えを模索し、国民国家統合に対して敵対的な別の共同性を創造しようとしたことの今日的意味を読み解きます。

以上のように、一九六〇年代後半から七〇年代初頭には、国境の向こう側への想像力の獲得と、国境の内側に生じた矛盾と問題とに向きあおうとする実践が同時に行われていました。グローバリゼーションの進行のなかで、戦後という体制は大きく揺さぶられています。しかし、同時に、体制への異議申し立ては、国民国家による包摂と排除の力学のなかへと巻き込まれていたともいえるのです。

第四部　戦後の「終わり」を生きる

第四部は四つの章から構成されますが、いずれも現在進行形の現場からの報告といった性格の強い論考が並んでいます。戦後とは何か抽象的なものとして存在しているのではなく、私たち一人一人が「実はがっしりと戦後にとらわれている」（二九頁）ものとしてあるのです。

朴鐘碩（第一一章）は、日立製作所から「韓国人である」という理由で採用を取り消され、その取り消しを求めて自身が取り組んだ日立闘争（一九七〇〜七四年）と、その後の歩みを論じています。

朴はその結果、就職を勝ち取りますが、企業で働くなかで、「企業内植民地主義」（二三三頁）と呼びうる実態に直面したといいます。朴は、植民地主義が過去に終わったものでは決してなく、形を変えながらも、現在を生きる一人一人をいまだに規定していると主張します。

倉本知明（第一二章）は、台湾の日本語教師としての自身の経験を対象化し、台湾における戦前の植民地主義による同化主義的「国語」教育が振り返られることなく、戦後、「日本語」教育が継続したことを、今日の教育現場の実態から明らかにしています。そして、そのような教育現場に埋もれている「煩悶」に着目し、日本語教育を別ものへと変えていく契機をそこに見いだそうとします。

崔勝久（第一三章）は、福島第一原発事故へと至った原発体制（「日本がアメリカの核の傘の下で平和を維持しながら経済発展を遂げ、潜在的核保有国としての野望を持ちながら作り上げたモンスター」〈二六九頁〉）の歴史を整理した上で、原発体制を終わらせるということは、単にエネルギー政策の方針転換にとどまるものではなく、地方や民族的マイノリティ、被曝労働者などへの差別を構造化した体制を変革すること、すなわち植民地主義の乗り越えにほかならないと主張します。

崔博憲（第一四章）は、戦後日本における在日韓国朝鮮人と外国人労働者の歴史とその実態を概観しながら、彼/彼女らの困難に、戦後日本の歪みと矛盾を確認します。その上で、「戦後の次の時代は誰がつくるのか」（二七四頁）、「さまざまに分断され差異化された者たちの連帯はありうるのでしょうか」（二八五頁）という問いを立てます。その問いに向き合う際に重要となるのは、「移民になる」という視座です。崔は、他者との相互変容過程に開かれた別の生のありよう＝「移民になる」ことこそが「次の時代」をつくるのだと主張するのです。

このように、第四部の四つの章は、いずれも現在進行形の現場からの問題提起を行いながら、それぞれの現場で起こっている解決困難な問題と矛盾が、植民地主義の歴史と形を変えたその継続によってこそ生じていることを明らかにしているでしょう。そして、植民地主義の形を変えた継続を支えているのが国民国家という制度です。今日、戦後の「終わり」を積極的に提起しうるとすれば、戦後という体制がたちあがり、そして制度化されるなかで、先送りにされてきた問題を再考すること、そのためには国民国家という枠組みからの離脱が要請されることを、第四部は問うのです。

以上のように、本書は、今を生きる一人一人の感性や行動が歴史のなかで形作られてきたこと、そして、その歴史には、異なる世界の創造の糸口となるような裂け目が埋もれていることを示しています。ここで試みられているのは、現在を歴史化し、未来を異化するための歴史実践です。この試みが、読者の皆さんの抱える問いと共鳴しあうことを期待しながら、第一章へと向かいたいと思います。

第一部　なぜ、今、戦後史を再考するのか

第一章　戦後史再考

西川長夫

1　はじめに

私は一九三四年五月一日生まれですから、あと二、三ヶ月生き延びると満七九歳になります。長生きしたものだと自分でも驚いていますが、そろそろ年貢の納め時でしょう。今日は（そして体力が許せばあと数回）、その年齢ゆえに戦後史のほぼ全体にそれなりの仕方でかかわり生きることを余儀なくされた者の一人として、自分の体験に即して戦後史を反省的に振り返り、私とは非常に異なる体験をもち、戦後に関してもおそらく非常に異なるイメージを抱いている皆さんとの対話を通じて、相互の知識と理解を深める作業をしてみたいと思います。

本題に入る前に準備作業として、本書のタイトルになっている「戦後史再考」の説明から始めさせてもらいます。「戦後」という言い方に違和感をもっている人も多いと思います。「戦後」生まれの若い世代の人々にとって、「戦後」はすでに遠い過去の物語でしょう。また日本における「戦後」が、敗戦後の「戦争の無い平和な状態」を意味するとすれば、それはアジア太平洋戦争の間に日本帝国の植民地主義と侵略行為によって深刻な被害を受け、その後遺症として今もなお戦争状態を脱することのできない朝鮮半島や中国－台湾の現状を顧みない、無神経で能天気な用語であるという批判も当然ありえます。日清日露戦争以後、東アジアの植民地支配を目指し、第二次大戦勃発以後は枢軸国の一角として、近隣諸国に限らず東南アジアの全域に侵略を企て深刻な被害を与えた帝国が、一九四五年の敗戦とともに戦争放棄を宣言し、「戦後」の名の下にもっぱら「平和」を享受し、経済大国に変身するというのは、たしかにあまり美しい話ではありません。私たちは今後予定されている議論のなかでそうした経緯はしっかりと見極めておきたいと思います。

もっとも「戦後」という言葉はもっと異なった意味で、あるいは異なった思いをこめて使われているということも見落してはならないと思います。例えば「戦後文学」と呼ばれる多くの作品が書き残しているように（注1）、「戦中」「戦前」と呼ばれる戦争の時代を生き延びて敗戦をむかえた「国民」の多くにとって、あるいは戦争の災禍の中で生き残った焼け跡の住民にとって、「戦後」とは戦争からの解放であり、戦前、戦中とは異なる新しい生活と新しい価値観の始まりを意味していました。そのような切実な期待と希望と反省を抱いて生きられた時間があり、生きた人々が存在したということは、一人の証人として述べておきたいと思います。もっとも長生きしてしまった証人は、そうした人々もまた時間とともに変わりうることの証人となる悲哀を味わうことにもなる。そしてこれは戦後史の主要なテーマの一つでもありうるでしょう。

仮に「戦後」という用語を認めるとして、いつまでを戦後と呼ぶことができるのか。過去の新聞や雑誌を通読した人は、敗戦後五年あるいは一〇年おきに「戦後の終焉」が話題になっていることに気付くと思います。「戦後」は、つねに政治的、経済的、思想的な争点になってきました。政府側の最初の発言は、一九五六年の経済白書（経済企画庁）の「もはや「戦後」ではない」が有名です。歴史家はどう見るか。ジョン・ダワーは一九四五年から一九八九年までの四四年間を「長い戦後」と呼んでいます（『敗北を抱きしめて』原著・一九九九年。邦訳・二〇〇一年、岩波書店）が、これは私には説得的な時代区分です。一九八九年は皆さん御承知のように一月に昭和天皇が死去し、五月には天安門事件があり、一一月にはベルリンの壁が崩壊して冷戦体制が終る年ですね。美空ひばりが死んだのもこの年でした。いま私が手元に置いている『戦後史年表』（神田文人・小林英夫編、小学館、二〇〇五年）では一九四五―二〇〇五年を戦後六〇年として扱っています。

私も「戦後史再考」と銘打った以上、戦後の下限を決めなければなりません。もっとも私の考えはすでにこのタイトルに、つまり本書を書こうとした動機のなかに示されています。私たちはいま一つの大きな時代転換に直面しており、私はそれを「戦後の終り」と感じているからです。だがこれは皆さんには極めて個人的、独断的な理由に映るかもしれません。そこで私はより明快でかつ挑発的な「戦後」の定義を考えました。それは戦後に作られた現行憲法が存続する限り私たちは戦後にある、というものです。どうしてこんなに簡単で自明なことを誰も言わないのでしょうか。憲法は国の構造と存立の基本を定めた最高の法規であって、他のいかなる法律もこれに反することはできないとすれば、戦後は現在も続いています。戦前回帰を企てる右翼＝保守勢力が「戦後レジーム」の打破と憲法改正を言うのは全く当然のことですが、憲法の規定によって任命された総理大臣の最大の任務は、憲法を守ることであって、憲法に反する言動は許されないはずです。しかしこの「戦後」の定義を適用すると、おれたちは「戦後」なんかには無縁だと内心思っている皆さんも、実はがっしりと戦後にとらわれているということになるのではないでしょうか。

じっさい私たちが何か体制の基本的なものに触れようとすれば、そこには戦後が控えている。思想であれ、文学であれ、政治であれ、あるいは経済であれ、現在に生きている私たちが何かを本気でやろうとすれば、私たちはさまざまな場所で「戦後」に直面せざるをえない。しかもその「戦後」は多義的多層的でかつ変容しつつあるものであるとすれば、私たちは「戦後」を私たちが現にかかわっている、そして変容しつつある歴史的現実として対処せざるをえないのではないでしょうか……。

以上が本書のタイトルが「戦後史再考」となったことの理由のやや強引な説明ですが、誤解のないようにあと二点だけつけ加えさせていただきます。第一点は、私たちが試みようとしているのは戦後史の教科書的な「歴史記述」ではないということです。私は本書を前著『パリ五月革命 私論――転換点としての68年』(平凡社新書、二〇一一年)と一続きのものとして共通の問題意識のもとに書くつもりです。だが前著が、生きられた時代の歴史記述の新しい試みを強く意識して書かれている(残念ながらこのことはごく少数の日本史研究者以外にはほとんど気付かれなかったようです)のに対して、今回はむしろ歴史に翻弄された時代を生きた人々の反歴史、あるいは反歴史記述の立場と心情に注目したいと思います。一九一七年生まれのエリック・ホブズボームは自分の生涯に合わせて、一九九一年に至る「短い二〇世紀」の歴史を書き、それに「極端な時代（AGE OF EXTREMES）」（邦訳『20世紀の歴史』上・下、三省堂、一九九六年）というタイトルを付していますが、いまもし一九三四年生まれの私が自分の生涯に合わせて戦前－戦後史を書けば「虚偽の時代」というタイトルを付けることになるかもしれません。私の少年時代は、満州事変から始まる十五年戦争と重ねられており、戦後、敗戦によって裏切られた皇国少年は、私たちを救済するはずであった共産主義と民主主義によっても再度裏切られた、と言ってよいでしょう。戦争を知らず、戦後の高度成長期かそれ以後に生まれた皆さんが、自分のこれまでに生きた時代を何と名付けるか、この機会にぜひおききしたいと思います〔編者付記――この問いかけに対する研究会メンバーの回答はコラム1を参照〕。

第二点は、右の第一点に深く関わっていますが、「再考」についてです。「再考」は「再論」とは意味が異なります。「再論」の意味は辞書によれば「再び論ずること、あらためて論ずること」（『広辞苑』）となっていますが、私はこの言葉に「考えなおすこと」「誤りを正すこと」あるいは「過ちを正すこと」の意味をこめて「再考」にしました。歴史に翻弄され、歴史の正体を見破ったと思いながら、いつも歴史に欺かれてきた者の怒りと痛切な反省をこめた言葉だと御諒解下さい。

2　戦後歴史学の反省

1

「戦後史再考」の第一回（第一章）のタイトルを「戦後歴史学の反省」とし、その一つの代表的な例として、立命館土曜講座二五〇〇回記念特別企画（一九九九年一二月一一日）における網野善彦氏の講演をとりあげることにしました。皆さんお気付きのように、このタイトルの意味は「の」という助詞の両義的な働きによってかなり曖昧です。つまり、「戦後歴史学の側から行われる反省」であるのか「戦後歴史学に対する私（私たち）の反省（批判）」であるのか、どちらなのかという問いが出されると思います。私がこんな変なタイトルを考えたのは、むしろ意図的にその両義性に注目したいと思ったからです。網野さんのこの日の講演は明らかに、かつて戦後歴史学の側にあった者の自己批判の意味をこめて行われていたのではないでしょうか。

だがタイトルの意味の曖昧さを言う前に、「戦後歴史学」とは何か、そもそもなぜ初めに「歴史学」なのか、という密かな疑問を抱かれている方も多いのではないかと思います。現在の若い世代の方々には想像もつかないことだと思いますが、戦後の一〇年くらい（安保闘争が終って経済的高度成長期に入る一九六〇年までは続いていたような気がします）までは「歴史」に特別な関心が抱かれ、「歴史」が特権的に語られた時代でした。敗戦後の廃墟と混乱のなかで、満州事変から大東亜戦争に至る日本帝国の歴史が反省的に振り返られ、知識人（文化人という言葉も広く使われていました）の言説、なかでも歴史学者（政治学者や社会学者、あるいは文学者も「歴史」を語ることが多かったと思います）の言説が世論を動かす大きな力をもち、社会変革を目指す政治や社会運動やサークル運動などの民衆の実践に結びついていた一時代があったことは今では信じられないくらいです（注2）。戦中は死を前に帝国の使命を語る哲学が、そして現在は社会学と経済学（むしろエコノミストと言うべきでしょうか）の時代だと思いますが、戦後の知識人と歴史学の時代を髣髴させるものはありません。

少し脱線してしまいましたが、「歴史」あるいは「歴史学」は戦後の特権的な学問でありイデオロギーであったと思います。もっとも「国民的歴史学」の運動はさかんでも、「戦後歴史学」という用語が広く使われはじめるのは一九五〇年代の後半からで、当時の歴史学研究者の最大の集団で「戦後歴史学」の中心的な担い手でもあった「歴史学研究会」の一九五七年の大会が「戦後歴史学の方法的反省」をテーマとして掲げています。この時にはまだ「戦後一〇年の歴史学」といった一般的な意味であったようですが、しかし当時の主流を占めていたマルクス主義歴史理論（階級闘争史観や発展段階理論、あるいは上部構造‐下部構造の反映論、等々）に一度、批判的な視線が注がれはじめると、政治的な混乱や社会の急激な変化を背景に議論は議論を生み、批判‐反批判を重ねながら、単に戦後の歴史学というのではない、独自の「戦後歴史学」のイメージが形成されてゆき、八〇年代から九〇年代に入って定着したようです。

今日はその時間がないので、次回以降に詳しく述べることになると思いますが、「戦後歴史学」の形成と崩壊の背景には、朝鮮戦争勃発（一九五〇年六月二五日）と東西の冷戦体制の進行、アメリカ主導の対日講和条約と日米安全保障条約の調印（一九五一年九月八日）、そして内外の共産主義運動の急激な変転がありました。「戦後歴史学」に強い影響力をもっていた日本共産党の混乱と迷走――コミンフォルムによる日本共産党の占領下における平和革命路線批判（一九五〇年一月六日）に対する対応やいわゆる六全協（日本共産党第六回全国協議会‐一九五五年七月）における極左冒険主義清算と党内分裂の回避、等々。五六年二月にはソ連共産党におけるスターリン批判が始まり

（二月二四日）、同一〇月にはハンガリー動乱とソ連による武力介入がありました。そして六〇年の安保闘争といわゆる六八年革命を経て一九八九年の天安門事件（六月四日）、ベルリンの壁崩壊（一一月）とそれ以後のソ連邦消滅（九一年一二月）に至る経過を考えると、「戦後歴史学」は冷戦体制の産物であった、という印象も拭えません。「戦後歴史学」が描いていた社会主義的な未来像は現実の歴史によって否定されただけでなく、そのような未来像を描いて指導的な役割を果してきたことの責任を問われるべきでしょう。日本の左翼とマルクス主義者が自己批判を曖昧にし、説明責任を回避したことが、その後の左翼の衰頽をもたらしたのではないでしょうか。

今、振り返って思うことですが、ベルリンの壁崩壊から一〇年後の一九九九年五月、「再考：方法としての戦後歴史学」をテーマとして掲げた歴史学研究会大会の全体会は、戦後の歴史学と歴史意識の転換を示すとともに、「戦後歴史学」の終りを告げる歴史的な大会でした。その時に行われた三つの報告のタイトルと報告者は次の通りです。「戦後歴史学と世界史——基本法則論から世界システムへ」（石井寛治）、「戦後歴史学と国民国家論」（西川長夫）、「戦後歴史学と社会史」（二宮宏之）。タイトルを見てお気付きの通り、ここでは戦後歴史学の方法論の基礎をなしていたマルクス主義歴史学の主要な三つの原則が問われています。

第一の報告では、世界の歴史は定められた発展段階（原始・古代社会－封建社会－近代資本主義社会－社会主義社会）をたどるといったマルクス主義の時系列的「基本法則」に対して、ウォーラーステイン他の空間的な「世界システム論」が対置されています。もっとも石井報告の真の意図は、「ここでは、マルクスの提起した歴史把握の基礎概念をあらためて念頭におきつつ、最近にいたる歴史学の実証的成果を整序することによって、演繹的にでなく帰納的に歴史の発展段階把握の有効性を考えてみたい」(注3)(四一頁)という言葉が示しているように、発展段階論を根底的に疑うというのではなく、「戦後歴史学」から「現代歴史学」への転換という時代の動きに直面して、「発展段階論の現代的再生」を図るところにあったようです。私は報告を聞きながら、そしてとりわけ図表に整理された「世界史の諸段階と直接生産者」や「世界史年表(諸段階と諸類型)」を見ながら、そのあまりの壮大さと、しかしそれがあまりにも古色蒼然とした印象を与えることに驚き、しかも主旨としてはこれが歴史学研究会のおそらく総意に近いものだろうと、妙に自分を納得させようとしていたことを覚えています。

第二の報告では、戦争や環境汚染、等々すでにその弊害が出尽くしているように思われる国民国家(ネイション)を支え維持しようとする国家イデオロギー、あるいは国家制度としての一国史的歴史学に対する批判が国民国家論(国民国家批判)の立場から行われています。戦後歴史学の中心的存在であった石母田正の『歴史と民族の発見』(正続、一九五二、五三年)や「国民的歴史学」運動を見れば一読明らかなように、「国民」と「民族」がマルクス主義的戦後歴史学が擁護すべき中心的な課題でした。「共産党宣言」(一八四八年)で万国の労働者の連帯を呼びかけた共産主義運動が、一国史(ナショナル・ヒストリー)や国民=民族(ネイション)至上の立場をとるはずもないのですが、現実には冷戦下の東西の対立があり、また五〇年代前半の日本では米国主導の講和条約をめぐる対立(全面講和と片面講和)があり、当時の革新政党や戦後歴史学者たちの多くは、いずれも「民族」の危機を叫び「民族」の独立を唱えていました。

ここで「国民国家論」という言葉を初めて聞き疑問をもたれた方も多いと思うので、それに答えるために西川報告の最後のページを写させていただきます。

国民国家論は、われわれがそのなかに囚われている国民国家を相対化し、対象化し、批判する試みである。したがってそれは国民国家にかんする以下のような考察と判断を含んでいる。

（1）国民国家は歴史的に形成され、時代と場所によって変化し異なった意味をもち（基本構造とヴァリエイション）、初めと終りがある。
（2）国民国家はそれ自体が矛盾的な構成体であり、その矛盾が原動力であると同時に破滅的にも働くだろう（抑圧と解放、搾取と被搾取、福祉と軍備、戦争機械としての支配と自滅の可能性、等々）。
（3）国民国家は国際関係あるいは世界システムのなかで機能し、平等な国家主権あるいは国民主権といった神話にもかかわらず、中核と周辺、支配－被支配といった世界的差別の構造のなかに位置づけられる。そしてその結果として、国民国家はシステムの普遍性のなかで差異（国民文化、国民性、国民史、国語、国歌、国旗、等々）を強調する。
（4）国民国家においては国民の再生産（国民化）が最優先の課題とされる。国家は国民を必要とし、国民は国家装置によって国家にふさわしい存在としてつくられる（広義の教育）。

国家にふさわしい存在として形成された国民は、何を思考し何を構想しうるのであろうか。国民化のための強力な国家制度の一つであった歴史学は、いかにして国家批判をなしうるのか。歴史学につきつけられた根本的な問いであろう。（一一一頁）

第三の報告では歴史の原動力として階級闘争や下部構造（経済）を優先するいわゆる階級史観に対して、身体性と心性《マンタリテ》（「からだ」と「こころ」）を重視し、日常生活における人と人との「きずな」や「しがらみ」に注目する「社会史」の主張が述べられています。報告者の二宮さんは、こうした新しい歴史観が紡ぎ出されてくる背景として、七〇年代の民族学や民衆史、あるいはジェンダー論に代表されるような座標軸の転換に触れ、次の三点を指摘しています。

①普遍性からローカル・ノリッジへ
②抽象的概念世界から日常的生活世界へ
③ヨーロッパ近代モデルの相対化へ（一三四頁）

これは極めて大きな根本的な転換であり、時代の大きな変化が歴史学にまで及んでいることが推察できると思います。だがここまで来ると、この時点で三人の報告者の念頭にあった「戦後歴史学」のイメージが改めて気になります。これもこの問題について一番詳しく述べている二宮さんの論文から少し長い引用をさせていただきます。

戦後歴史学は、戦時体制下に猛威をふるった皇国史観を清算し、戦後日本社会の変革への希求に応えようとした点においてみずみずしい輝きをもっていたが、このことが同時に、その学問に特異な偏りを生むことにもなった。それは大きく括っていうならば、科学主義と一国史への収斂という事態である。皇国史観を清算するために採られたのは、単なる実証主義への回帰ではなく、マルクス主義を基調としつつ、近代社会科学の概念と方法に準拠した科学的歴史学の追求であった。こうして、独善的な神話的歴史観に対しては世界史の普遍的な法則が対置され〔……〕ることになる。また、変革の武器となるための科学的客観性の保証に関していえば、理論と実証の幸福な結合によって必ずや歴史の真実に到達しうると信ずる点で、その科学主義はいたって楽観的でもあった。

〔……〕総じて反体制的であった戦後歴史学は、明治以来の日本国家に対してはラディカルな批判を展開し、政治史や外交史を中心とする官学アカデミーの伝統には反逆しながらも、すべてを国民国家・国民経済・国民文化、つまりはナショナルの枠組みに収斂させてしまう歴史意識から脱することができなかったばかりか、むしろそれを格段に強める結果を生んだのだった。日本社会・日本民族・日本文化・日本人と、常に「日本」を主語として語られ、その内部における多元性や、その外とのつながりに眼を向けることがほとんどなかった。その意味では、戦後歴史学は、「ネーションの物語」としての近代歴史学の精髄であったと言ってよい。（一二七―一二八頁）

私は報告者の一人として、当日の会場であった専修大学生田校舎の数百人を収容する大きな階段講堂を参加者が立錐の余地なく埋めていた情景と緊張感を今でもはっきり覚えています。それは歴史と歴史学の直面している危機をひしひしと感じさせる真摯なものであったと思います。「戦後歴史学」の影響下に育った歴史学者たちの「戦後歴史学」埋葬の儀式であったのかもしれません。もっとも私にとってはひとり敵地に赴くといった印象がありました。学説上の批判は許せるが、大学や学界といった歴史研究者の存立基盤を外部の者が疑い批判することは許せない、といった雰囲気が支配的であったことは確かです。

2

「戦後歴史学」という言葉が作られ、独自の意味をもつに至った時代的な背景を述べるのに時間をとられて、本章の主題である網野善彦さんの「戦後歴史学」論を分析する残り時間が少なくなってしまいました。もっとも一九二八年生まれで、戦後の一九五〇年に東京大学国史学科を卒業して、歴史研究者としては戦後歴史学の優等生として出発した網野さんが戦後歴史学批判を書くに至る遍歴の過程を知るためには、こうした戦後史の歴史的背景を知っておく必要があると思います。

中世史家網野善彦氏は『無縁・公界・楽』（七八年）や『蒙古襲来』（七四年）などで広く一般にも知られ、おそらく若い世代の皆さんには岩波新書で出ている『日本社会の歴史』（上・中・下、九七年）でおなじみかも知れません。「戦後歴史学」にかんしては、歴史家としてはめずらしく過去の自分を「戦後の〝戦争犯罪〟」という強い言葉を使って厳しく批判した論考を含む『歴史としての戦後史学』（二〇〇〇年）があるのですが、ここでは「立命館土曜講座シリーズ８」に収められた比較的短いテキスト「20世紀後半の歴史学——『戦後歴史学』をめぐって」（立命館大学人文科学研究所編『20世紀とは何であったか——新世紀の科学・学問を展望して』二〇〇〇年）を使わせていただきます。立命館土曜講座二五〇〇回を記念するこの小冊子には、網野さんのこの講演の他に、大南正瑛「文明の未来に向けて——ヒューマニスティックサイエンス・テクノロジーの創造」、宮本憲一「経済学の一〇〇年——サスティナブル・ソサイエティ（維持可能な社会）の経済学を」が収められています。宮本さんのこの講演については後で高度成長期の経済とグローバル化の問題を考える時に引用させてもらうつもりです。

網野さんの講演の日付は、一九九九年一二月一一日。私が前節で述べた歴史学研究会の全体会の報告を、その年の一〇月に出た『歴史学研究』で読んで、まだ印象が鮮明なあいだに京都に来られたことは明らかで、その話題からこの講演は始められています。網野さんの「戦後歴史学」に対する反省的批判は次の三点に要約されます——（１）国民（国家）主義、（２）進歩主義（進歩史観）、（３）生産力主義。この三つの論点はそれぞれ全体会における三人の報告（西川、二宮、石井）を念頭において語られているので、話の全体は三人の報告の紹介とそれに対する中世史家の独自なコメントといった形をとっています。

ここでは「戦後歴史学」の三つの特徴についてもう少し考えてみたいのですが、まずはじめにこの問題を論じるに当って提示されている二つの大前提に注目したいと思います。第一は、二〇世紀の後半は人類社会の長い歴史の中でも決定的な意味をもつ転換期であったということ。「一九四五年、広島、長崎に原爆が投下されて以後、人類社会が青年時代から壮年時代に確実に足を一歩踏み込んだことは明らかです。人類は自分自身の力によって自らを死滅させうるだけの巨大な力を開発してしまった」（二四頁）と、網野さんは書いています。このような歴史認識が二〇一一年の三月一一日（三・一一）以前に明確な言葉で語られるのはやはり珍しいことでした。第二は、このような人類史の大転換期においては、戦後歴史学だけでなく、戦後歴史学を含む近代歴史学そのものの根本からの反省と再検討が必要であること。

以上の二つの前提に立って、網野さんはまず「国民国家論」が提起している問題に入り、西川報告から、「近代歴史学そのものが国民国家の産物である」「近代歴史学は、国民国家の枠内にある」という言葉を肯定的に引用しています。しかしその後の展開はきわめて網野さん的な独自なものであって、網野さんは一九五〇年前半期に戦後歴史学のただ中にあった体験を反省的に次のように語り始めます。

敗戦後のアメリカ軍の占領の終わり頃、私は日本常民文化研究所におりましたが、そのころは民族独立をもっぱら課題にし、アメリカ帝国主義による植民地化に対する反対運動の渦中におり、むしろそれを煽動して歩いていたといってよいと思います。山村工作隊の煽動者であり、民族の独立、民族文化の擁護を強調していました。これは一九五〇年代前半の動きですが、その後も日本そのものが民衆の立場からみていかにすばらしい国であったかを明らかにすることが、戦後の歴史学の課題になっており、それは一九七二年の沖縄返還まで続いていたと思います。「民族の怒りに燃える島」という、あの沖縄返還の歌の物語っているように、まさしく「日の丸」そのものを復帰の象徴にしていた時期があったのです。そして沖縄は「日本民族」の内部にあることが強調されてきたと思います。(網野善彦「20世紀後半の歴史学――『戦後歴史学』をめぐって」立命館大学人文科学研究所編『20世紀とは何であったか』二〇〇〇年、二六頁)

これは戦後の歴史を考える場合にきわめて重要な証言ですが、私はさらにそれに続く次の言葉に注目したいと思います。――「そういう意味で、「日本」について、我々は頭から所与の前提として考えてきたところがあったと思います。この姿勢は未だに歴史学の中で生き続けていると私は感じています」(網野、前掲書、二六頁)。「未だに」というのはこれが語られている一九九九年一二月においてもということですが、今私たちが話し合っている二〇一三年の現在においても、同じことが言えるのではないでしょうか。

網野さんはこの後、「日本」あるいは「日本国」が対象化されていない例として、「日本」という国名の起源(七世紀末)の問題や、列島における対立や支配－被支配の関係、あるいは国内の統一がいかに遅れていたかなど(一二世紀)についての持論を展開されています。私はこれらの網野さんの議論にほぼ全面的に賛成です。しかしいつも不思議に思うのは、近代歴史学に対する根本的な疑問が表明されながらも、近代歴史学を構成する基本的な概念や理論に対する具体的な言及や追究がないということです。例えば「国民史」(国民の伝記)を支えている「通史」の概念について、あるいは科学的「実証」の可能性について、「実証」を支えている国家的な制度はどのように変えるべきなのか、等々。再びお会いする機会があったらぜひお尋ねしたいと思っていたのですが、網野さんはすでに二〇〇四年に亡くなっておられます。

「戦後歴史学」に対する第二の論点、「進歩主義」にかんしては網野さんは次のように書き始めています。――「もう一つ、近代歴史学の根本には進化論に重なる人間の進歩という理解があったことはいうまでもありません」（網野、前掲書、三三頁）。マルクス主義の歴史学もそうした近代主義的な考え方を共有していたということです。そしてこうした楽観的な「戦後歴史学」に対する批判は、フランスのアナル学派や欧米系の「現代歴史学」などの影響よりは、むしろ水俣病のような悲惨な公害や放射能汚染などの危険、貧困や格差社会といった日本の現実生活の矛盾や危機意識が強調されているのは、網野さんの独特なところだと思います。

「しかしこれに対する反省は一九七〇年代後半から表面化してきたと思います。意図するとしないとにかかわらず、進歩の名のもとに見落とされてきたさまざまな世界に対して注目しようという動きが現れてきます。これまで労働力の中核にあって農業、工業の担い手、進歩の担い手とされてきた成年男子に対して、女性、老人、子ども、さらには被差別民を研究の対象にして、人間の社会のさまざまな側面をとらえ、非日常的な生産労働の場だけではなく、日常の生活のあり方にも目を向けようという動きが出てきました。これが社会史と総称されている動きです」（網野、前掲書、三四頁）。網野さんの社会史にかんする記述には二宮宏之さんの名前はあげられていますが、二宮論文の理論的な内容については全く触れられておらず、右の引用文に続いて網野さんが語り始めるのは、自分自身の「社会史」への歩み（「農民」に対する「海民」の存在や、「勝者」には理解できない「敗者」の歴史、等々）であり、そこには、「社会史」を意識することなく「社会史」の先駆とみなされるようになった歴史学者の自負が読みとれます。

こうした語り口は、私には新鮮で興味深いものですが、しかしそれだけでは近代における「進歩主義」のより一般的で重要な問題が欠落するおそれがあると思われるので、私はここであえて自分の意見を述べさせてもらいます。――「進歩主義」のより一般的な理解の仕方は、それを一八世紀西欧の啓蒙主義やそれに続く文明あるいは文明化の概念と一体のものとみなすことだと思います（網野さんの強調する「進化論」は文明概念に内含される際立った一側面です）。したがって「進歩主義」は「文明化＝近代化」の概念と一体のものでもあります。日本の明治維新の合い言葉は「文明開化」でした。第二の開国と呼ばれる「戦後」の文明化のイデオロギーを代弁したのがマルクス主義的な「戦後歴史学」であったというのは奇妙ではあるが、納得のいく事態であったと思います。世界の共産主義運動もまた「進歩」と「文明」の理念を共有していました。「文明」概念のもう一つ重要な側面は、それが植民地主義的侵略のイデオロギー（「文明化の使命」）となり得たことです。日本帝国による台湾や朝鮮の植民地化の場合にも同様に「文明化の使命」という言葉が使われていました（注4）。

脱線のついでにもう一つ、フランスの近代歴史学の基礎を築いた歴史学者の一人であるフランソワ・ギゾーについて述べさせてもらいます。ギゾーの業績には大別して次の二点、文明史（「ヨーロッパ文明史」「フランス文明史」）の確立と（「戦後歴史学」が皇国史観に対抗して形成されたように、ギゾーの「文明史」は王政復古期の王党派の政権の圧力に抗して述べられています)、一八三〇年の七月革命後の七月王朝期の政府における主要閣僚として近代歴史学の制度化に尽力したことがあげられます。ギゾーは文明の定義にかんして、「進歩」と「発展」が根本的な概念であると述べる一方で、「フランス文明史」では世界の中心となるべきフランス文明の中核にあるのは「明快、社交性、共感(la clarté, la sociabilité, la sympathie)」であると述べています。二宮さんの「社会史」の中心的な概念である「ソシアビリテ」がこのような形ですでにギゾーの「フランス文明史」に出ていることについて(二宮さんはモーリス・アギュロンの「村の共和国」を出しています)、いつか二宮さんにおたずねしたいと思っていたのですが、この場合も二宮さんが二〇〇六年三月に亡くなってしまわれたので、その機会を永遠に逸してしまいました。悲しいことです。

第三の論点。近代歴史学の中でもとりわけ経済史とそれを体系づけたマルクス主義史学に共通している「生産力主義」に対する網野さんの批判は、初めに述べられた原爆や環境汚染などによる人類史の危機的な大転換という大前提から導かれるものであり、より一般的には資本主義と国家の問題や資本主義と社会主義に共通する開発至上主義の問題として議論されることが多いのですが、ここでは「歴史学研究会」の大会における石井寛治報告に焦点を合わせた結果、石井氏の「発展段階説」の現代的修正が依然として生産力主義であり、石井氏や一般の歴史家たちが農工業を中心に社会の発展を考え、商業や金融、あるいは漁業や林業、樹木(栗、柿、漆、養蚕、等々)の重要性を無視する考え方を脱していないことの指摘とその批判に向けられています。

いわゆる「百姓」の半ばは「農民」ではないという網野さんの自説は、皆さんもすでに幾度か耳にされたことがあると思います。三内丸山遺跡など古代や中世の遺跡の最近の発掘の成果を手がかりに展開される、種々の非農業的産業の話や流動的な列島内外の交流（ある種のグローバル化を思わせます）のイメージは実に生々として興味深いし、説得的でもあるのですが、ここでその全てを紹介することはできません。ここでは私の個人的関心から皆さんにぜひお伝えしたいエピソードを二つだけ述べさせてもらいます。

第一は、私たちが学んだ教科書に必ず出てくる「自給自足経済」にかんしてです。これは歴史観の問題であると同時に人間観の問題でもあります。――「人間はそういうものではないと思うのです。最初から社会を意識し、社会の中で生活し、生産している動物であるとするとらえ方の方が、はるかに人間らしく事実に即したとらえ方だと思います。自給自足経済は学者の作り出した虚像に過ぎないのであり、縄文時代から、基本的な生産手段の一つである黒曜石は確実に交易によって手に入れており、黒曜石だけを生産する集落、交易を目的に商品生産と言ってもいい生産が行われていたのです。それ故、自給自足経済など現実にはありえないと思います。しかし今の教科書では、戦後の歴史学の成果にもとづいてこれは未だに揺るぎない定式になっているのです。教科書の中では、中世はもちろん江戸時代でも自給自足の農村が続いていることになっています」（網野、前掲書、三八－三九頁）。

第二は、明治以降、経済学の言葉はすべて翻訳語であるが、商業関係の用語は在来語であるという指摘。――「『飛ばし』『談合』もみな在来語ですし『手形』『小切手』『取引』『相場』『株式』『寄りつき』『大引け』など、株式取引で飛び交っている言葉はみな在来語です」（網野、前掲書、四近代のことを考えると、いっそう興味深い事実だと思います。

三頁)。これは経済学に限らず、哲学や文学あるいは科学の重要な言葉がすべて翻訳語である日本

3

「戦後歴史学」にかんするこの章を終えるに当って、学校(とりわけ中学・高校)における歴史教科書の問題を、私たち自身への宿題として出しておきたいと思います。最近の「新しい教科書をつくる会」の主張や、それを実現させる形で創られた歴史教科書の採択をめぐる問題は、私たちに歴史教科書や歴史の授業が、実は政治的なイデオロギー闘争の場であることを改めて思い起こさせてくれました。戦後に小・中学生であった私の世代は、戦中の古い教科書に墨を塗らされた記憶をもっています。そしてその後に出されたいわゆる「戦後デモクラシー」期の教科書は、生徒たちには非常に新鮮な印象を与えたのではないかと思います。だがいま読みかえしてみるとどうでしょうか。社会科の教科書などは案外、面白いなと思うかもしれません。しかし歴史教科書『くにのあゆみ(上下)』には唖然とするようなこともいくつか書かれていました。二つ例を出してみます。上巻の第一章のタイトルは「日本のあけぼの」、第二章は「開け行く日本」となっていて、網野さんが「日本」という国名にこだわった意味がよく分かるような記述が続いています。第三章は「平安京の時代」。その最初の頁の下段に、「蝦夷の同化」という太字の見出があってまず私たちを驚かせるのですが、それに続くのは次のような文章です。東北、つまり東日本大震災の被災地が当時どのような目で見られていたかを示す文章ですね。

東北地方は、孝徳天皇の代に今の新潟《にひがた》あたりまで開け、聖武天皇のころ、今の仙臺《せんだい》あたりまで開けたのでありますが、その北の方の蝦夷はまだよくなつかずに、たびたびさわぎをひきおこしました。そこで桓武天皇の代に坂上田村麻呂《さかのうへのたむらまろ》が征夷大将軍《せいいたいしようぐん》としてしづめに向かひ今の岩手縣あたりまで進みました。朝廷では、蝦夷に田地をあたへ、農業や養蚕の、やりかたを教へたり、また蝦夷を地方の役人にとりたてたりしました。また東國の人人で、東北の地にうつり住み、土地を開いて、蝦夷をみちびくものも少くありませんでした。かうして蝦夷は、國民と一つになつて行き、やがて東北も、他の地方とすこしも変らないやうになつたのであります。

（『くにのあゆみ』一九四六年、一五―一六頁）

次は下巻の最終頁です。敗戦と占領がどのように説明され、教えられたかがよく分かります。また「天皇」と「国民」が歴史の主体であることは変りません。

マッカーサー元帥の下に、聯合軍はただちに日本を占領しました。この占領は、日本の秩序《ちつじよ》をたて、軍部を倒し、軍國主義の思想をすつかりのぞいて、國民に自由をあたへ、民主主義によつて、日本をたてなほすことがその目的であります。そのために、憲法の改正をはじめ、いろいろの制度の改革や、また長い間、日本の経済を支配してゐた財閥《ざいばつ》をこはして、経済の民主化をはかり、また信仰を自由にしたりして、民主主義の國家をたてることをのぞんでゐます。

政府も國民も、この聯合軍司令部の占領の目的に、よく力をあはせて、平和な日本をきづき上《ママ》ることにはげんでゐます。

天皇は昭和二十一年（西暦一九四六年）の一月に、詔書をお下しになつて、日本國民のむかふべき道をおさとしになりました。そのうちには、まづ、明治天皇のお定めになつた五箇條の御誓文をおあげになつて、つぎのやうにおほせられてゐます。

〔……〕

新しい政治がはじまりました。今度こそ、ほんたうに、國民が力をあはせて、日本を民主主義の國にするときであります。（前掲書、五一－五二頁）

『くにのあゆみ』は、そのタイトルが示しているように「国家」と「国民」を主体にしたまさに「ナショナル・ヒストリー」の一つの典型と言ってもよいでしょう。また「天皇」がくりかえし登場し、予想以上に突出している点から見ると、「くにのあゆみ」は、相対立していたはずの皇国史観と戦後歴史学の妥協、あるいは合体のような印象を与えます。――なぜこういうことを言うかというと、かつて私が尊敬し大きな影響を受けた戦後歴史学の巨匠たち、上原専禄や竹内好、そしてとりわけ石母田正の著作には、現在問題になっている「新しい教科書をつくる会」やいわゆる「自由主義史観」に属する人たちの発言にきわめてよく似た文章が数多く見出されるという事実を否定できないからです。私はいわゆる「自由主義史観」に反対ですが、しかしこのことを無視して「つくる会」を批判することはできません（注5）。またこの両者と戦争中（三〇年代）の「近代の超克」

派の論理との共通性を考えれば、日本の近代化が内包している思想的な難問が浮かび上がるのではないかと思います。

ここで前もって質問を出しておきたいと思います。その後に使われた、つまり戦後から現在に至る歴史教科書ははたして「くにのあゆみ」を根本的な所で超えているでしょうか。またもし本質的に変っている部分があるとすれば、それはどの部分でしょうか。

私はかつて翻訳の出ている韓国の歴史教科書や世界各国の教科書のシリーズを比較しながら読んでみたことがあります（注6）。国情によってもちろん部分的な違いはありますが、いずれも近代歴史学の枠内にあり、自国中心の国民（あるいは国家——いずれもネイションの訳語です）の物語であることに変りはない、というのが私の結論でした。

EC－EUの歴史的な動きを受けて共同執筆された『欧州共通教科書』には大きな期待を寄せていたのですが、欧州共同体の現実は別として、書かれたものは、一つの巨大な一国史ではないのか、というのが最初の印象でした。域内諸国間のくりかえされた戦争、対立と統合、そして和解の物語は、結局は新たに外部を生みだすことによって成立しており、想定された外部から見ればグローバル化時代の巨大な帝国形成の不気味な物語、といった印象を与えかねません。しかし再読して私は少し意見を変えることになりました。これまでの一国史とはたしかに異なる点があります。ヨーロッパ共同体の歴史は、一民族の歴史ではなく多民族多文化の交流の歴史であり、自ずと多中心的なあるいは中心のない物語にならざるをえないからです。これは国民国家時代の一国史的歴史観にとっては、たしかに重要な差異であり訂正であると思います。

歴史教科書という矛盾と困難。私は私たちが直面している矛盾と困難は、崩壊しつつある近代の一国史的な歴史概念が十分に根底から批判されることなく、その問題を学校と教科書というそれ自体きわめて国民国家的な装置の中で解決しようとしているところにあるのではないかと考えていました。最近、教科書問題に詳しい横浜国立大学の加藤千香子先生に教えていただいて、「つくる会」系の教科書も含めて、今年採択された数冊の歴史教科書を手元において読みくらべることができました。その感想を述べて今日の話を終らせていただきます。まず色彩豊かでさまざまな絵や写真や図表や小さなコメントが数多くあって、実に親切で楽しく読めるような工夫がゆきとどいていることに驚きました。少し誇張して言えば、ここに記されているのは通史（国民の伝記）といったものではなく、列島各地の断片化された生活の記録（記憶）の時系列的な配置であって、近代歴史学的諸概念は、むしろ歴史教科書の中で解体されつつあるのかもしれません。――そんな感想ですが、おそらく間違っているでしょう。教室における「歴史」とは何であるのか。実際に教壇に立って授業をしている皆さんや、つい何年か前に授業を受けていた皆さんの意見をぜひお聞きしたいと思います。

［編者付記――二〇一三年］一月一八日（三か月後に加筆訂正）

注

（1）拙著『日本の戦後小説——廃墟の光』（岩波書店、一九八八年）を参照下さい。

（2）一九五〇年代後半に学生であった、「遅れてきた青年」の世代に属する私にとっての代表的な戦後歴史学者と戦後知識人の名前を思いつくままに列挙すると以下の通りですが、これは個人的というよりかなり一般的だと思います。——石母田正、上原専禄、羽仁五郎、大塚久雄、丸山眞男、竹内好、桑原武夫、川島武宜、日高六郎。

（3）以下、引用のページ数は、歴史学研究会編『戦後歴史学再考——「国民史」を超えて』青木書店、二〇〇〇年）による。

（4）「文明（civilisation）という語の初出は、フランス一八世紀の後半ですが、文明という言葉の生成は国民国家の形成期と一致し、近代の進むべき方向と到達目標を示すことになりました。それは欧米に限らず、近代化と国民国家形成を目指した後発諸国においても同様です。日本の近代化は「文明開化」の掛け声とともに始まりました。中国で「文明キャンペーン」が行われたことは、まだ記憶に新しいところです。文明は西欧近代において追求されるべき最高の価値を示し、人類の進歩と幸福、さらには自由、平等、友愛などの観念も含んでいますが、それは同時に野蛮の対概念として、教化、致富、開発、さらには異民族の支配や帝国形成への、したがって植民地化や植民地獲得の欲望を秘めた概念です。」（「植民地主義の再発見」拙著『植民地主義の時代を生きて』平凡社、二〇一三年、二二五頁所収）。
なお文明・文化概念の詳細については拙著『国境の越え方』（平凡社ライブラリー、二〇〇一年）の第Ⅳ部「文明と文化——その起源と変容」を御参照下さい。

（5）ここで詳しい説明はできないので、次の論考を参照して下さい。川本隆史「民族・歴史・愛国心

――「歴史教科書論争」を歴史的に相対化するために」（小森陽一・高橋哲哉編『ナショナル・ヒストリーを超えて』東京大学出版会、一九九八年、一五七－一七三頁所収）。

（6）石渡延男（監訳）、三橋広夫（共訳）『入門韓国の歴史（国定韓国中学校国史教科書）』明石書店、一九九八年。大槻健、君島和彦、申奎燮《シンキュソプ》訳『〔新版〕韓国の歴史（国定韓国高等学校歴史教科書）』明石書店、二〇〇〇年。『全訳 世界の歴史教科書シリーズ』（第一期セット《全五巻》～第六期セット《全五巻》）帝国書院、一九八一～八三年、など。

＊本章の脱稿後、西川長夫は死去したため、編集にあたっては明らかな誤字の訂正と文献表記方法の統一以外、修正を行っていないことを付記する（編者）。

第二章　〈国民の歴史〉の越え方

加藤千香子

1　はじめに

西川長夫の論稿の読者でありながら今回の執筆者となった私たちは、西川長夫から「教室における「歴史」とは何であるのか」という問いを投げかけられました。これまでの〈歴史〉とは、主に、学校の教室で教師によって教えられ教科書を通じて学ぶものでした。しかし、そのような〈歴史〉の方法が、はたして「近代の一国史的な歴史概念」が「崩壊しつつある」現在という時代において有効なのか否か、西川の問いはそうした問い直しへと導きます。そしてさらに、新たな〈歴史〉の実践に向けての挑戦を促すものといえるでしょう。本書は、こうした西川長夫の問題提起を受けとめた者たちひとりひとりによる「戦後史」を題材にした〈歴史〉の実践の試みです。

それぞれの試みに先立つ本章では、戦後の「教室における「歴史」」に携わり〈国民の歴史〉づくりに大きな力をもった戦後歴史学をふり返りながら、その後における〈歴史〉の実践のあり方を考えていくことにします。

2　歴史教科書問題から

横浜市の歴史教科書問題

西川長夫から出された宿題に取りかかるにあたって、まず、私自身が対抗運動の当事者だった二〇〇九年にはじまる横浜市の「歴史教科書問題」からはじめたいと思います。

発端となったのは、二〇〇九年夏、横浜市教育委員会が、市内一八採択区中八区で「新しい歴史教科書をつくる会」(「つくる会」と略) による自由社版『新編 新しい歴史教科書』の採択を決定したことです。「つくる会」については後でも述べますが、現行の歴史教科書を「自虐史観」として批判し、それに代わって「自国への誇り」に基づく「新しい」歴史教科書をつくることを企図して一九九六年に結成された団体で、その登場は、歴史修正主義の動きとして大きな論議を呼びました。「つくる会」の歴史教科書は自由社から出版され、二〇〇一年に検定に合格し採択対象となったものの、この時はごく一部の学校で採択されるに終わります。しかし、それから四年後の〇五年に杉並区や栃木県大田原市で採択が決定されたことにはじまり、続く〇九年に横浜市での導入が決まったのです。

この動きは、戦後民主主義を守るという立場で教育や市民運動に携わっていた教員・市民・研究者にとって大きな衝撃でした。横浜市内で対抗の動きは、すぐさま市民グループによる横浜教科書採択連絡会という形で起こされ、その働きかけに大学の研究者が応ずる形で横浜教科書研究会が組織されたのは、採択から二か月後の一〇月でした。横浜国立大学に在職する私の研究室が、事実上この会の事務局となりました。横浜教科書研究会は自由社版教科書を使う学校教員を念頭においた〝処方箋〟としての冊子を刊行、連絡会は二〇一一年の教科書採択に照準を合わせて市民へのアピールや集会を開催するなど、精力的な運動を展開していきます。採択決定の教育委員会に向けた「つくる会」教科書反対署名は、一一万二五八四筆にも上りました。

しかし、採択決定の二〇一一年八月、横浜市教育委員会が決定したのは「つくる会」の育鵬社版『新しい日本の歴史』でした。しかも、この時の全国的な教科書採択を見ると、横浜市以外に大田区や神奈川県藤沢市、大阪府東大阪市等の都市部の教育委員会で育鵬社版の採択が相次いでいます（拙稿「横浜市における「つくる会」系教科書の採択とその背景」『歴史評論』七四七号、二〇一二年七月）。

こうした経緯のなかで、あらためて考えなければならないのは、「つくる会」教科書が登場した二〇〇一年に見られたようなマスメディアや開かれた場での議論の広がりがほとんどなかったことです。この一〇年を振り返るなら、二〇〇六年の教育基本法「改正」を頂点として、戦後改革として生み出された法制度の根底からの改編が着実に進行し、憲法改正や解釈改憲の動きもまた急速に現実味を帯びるようになったことは歴然としています。そこに浮かび上がるのは、「平和と民主主義」を表向きの理念としてきた「戦後」が確実に終焉を迎えつつある時代の姿にほかなりません。

そして、それは同時に、「戦後民主主義を守る」という論理を掲げてきた運動の限界もまた明白になったことを示していると言わざるを得ません。二〇一一年の教科書問題の経緯が示すのは、教育の管理統制を進める政府や文部（科学）省に対して、教育の自由すなわち戦後民主主義教育を守る市民・教員、というそれまでの対抗図式に基づく運動が力をもたなくなっている現状です。運動のこうした限界は参加者の年齢層に表れているようにみえます。横浜市ではたびたび大規模な集会が開かれましたが、そこで一〇～二〇代の若者の姿を見ることはきわめて稀でした。

一人の学生の問題提起

ここで、一人の学生（兵庫貴宏、当時は横浜国立大学教育人間科学部四年）の発言を取り上げたいと思います。兵庫は、「つくる会」の「偏狭なナショナリズム」の考え方に「気持ち悪さを覚え」、「つくる会」と対抗する団体の両方の集会に参加しながら、教科書採択の成り行きに注目し、それを卒業論文のテーマに選んだ学生です。彼は、二〇一一年八月四日の横浜市教育委員会での教科書採択を傍聴した後、次のような感想を書いています。

どの審議委員も「子どもの将来のために」と連呼するのですが、その後に来るのは決まって「将来の日本のために」という文言です。このように言い換えたらどうでしょう。「将来の日本のために、今の若者を教育して良い国をつくる」。結局のところ彼らが言う「若者」というのは、「日本」の未来像であって自らの希望を若者に押しつけているだけではないでしょうか。

（兵庫貴宏「教科書採択問題——横浜市教科書採択を傍聴して」『靖国・天皇制問題情報センター通信』

一一〇号、二〇一一年、四頁）

兵庫は、「子どもの将来のために」と言いながら都合のよい「日本」の未来像の希望を若者に押しつけているだけではないか、と教育委員たちの議論を喝破します。しかし同時に注意したいのは、その矛先が「つくる会」の教科書採択を進めようとする委員だけではなく、「自由社・育鵬社の教科書採択に反対する」側にも向けられたということです。「戦後民主主義教育を守り子どもを守ると言いながら、他者である子どもと対話しながらそれを言っているのかは疑問なのです。〔……〕自由社・育鵬社の教科書に反対するとか言いながら、その彼らの中に子どもの顔は本当にあったのでしょうか」と、兵庫は続けています。反対する側も当事者である子どもを抜きにしている点で「つくる会」と同じではないか、つまり、「戦後民主主義を守る」側が描こうとする〈歴史〉も、大人の勝手な理想像を子どもや若者に押しつけるものではないか、というのです。

一人の学生の発言ですが、それは、西川長夫の問題提起と重なります。現在、戦後民主主義否定のうえに登場した「つくる会」の〈歴史〉も、戦後民主主義を守ろうとする側の〈歴史〉＝戦後歴史学も、ともに若者にとっては「押しつけ」にしか過ぎなくなっているとするならば、いったいそれに代わってどのような〈歴史〉の実践があり得るのか、という問いとして。いま〈歴史〉に取り組もうとする者は、この問いを無視することはできないのではないでしょうか。

3　〈国民の歴史〉としての戦後歴史学

戦後の「教室における「歴史」」の枠組みは、一九四七年三月に公布された教育基本法を基礎としながら、文部（科学）省検定合格を経た教科用図書（教科書）と教育課程の大綱的基準とされた学習指導要領（一九四七年に「試案」という位置づけで出され、五八年の改訂以降拘束力をもつようになる）によって作られたといえます。そのなかで、マルクス主義的歴史観に立脚する戦後歴史学は、文部省と対決する存在としてみられてきました。しかし、教科書執筆や国民の歴史意識の啓蒙において牽引力を発揮していたという点では、戦後の「教室における「歴史」」を一方で支えてきたことも確かです。ここでは、戦後歴史学がそのようないわば〈国民の歴史〉プロジェクトに参加してきた面に焦点をあわせ、その経緯をふり返っていきたいと思います。

本論に入る前に少しだけ、書き手である私と戦後歴史学との関係にふれておくことにします。私は、一九八〇年代の大学院生時代を経て九〇年に大学に職を得るまで、歴史学を専門とする研究者のなかで過ごしてきました。昭和恐慌期の農民運動史をテーマとした院生時代の研究は、階級運動によって達成される戦前日本の民主主義の到達点をはかろうとするものでした。その後九〇年代には研究テーマを女性史・ジェンダー史に移すようになりましたが、駆け出しの歴史研究者としての私がいかに戦後歴史学の強い影響下にあったかを痛感します。戦後歴史学を牽引した歴史学研究会（歴研）は大学院のゼミとともに、私が研究を進める上でなくてはならない場でした。

西川長夫の問いかけは、とりわけ戦後歴史学の渦中にいた者にとって痛みを伴う大変重いものですが、今行き着くところまで来ている戦後「国民国家」を越える道を探ろうとするならば、戦後歴史学に国民国家論の光をあてて「再考」することは必要でしょう。ここでは、戦後の〈国民の歴史〉を支えた戦後歴史学の足跡をたどり、進められてきた〈歴史〉の方法に検証の目を向けていきます。

戦後歴史学の誕生

「皇国史観」は大日本帝国を支えるイデオロギーでしたが、それに代わる戦後日本の国史の編纂は敗戦後まもなく始まります。文部省は、一九四五年九月に教科書改訂とともに学校に対して問題個所の削除を指示しました。いわゆる墨塗り教科書です。そして、新たな国史教科書編纂はGHQの監視下で四六年五月より開始され、九月に完成したのが『くにのあゆみ』でした。執筆者の中には後に教科書裁判の原告となる家永三郎の名もありました。

一方、この文部省の動きとは別に、四五年一二月に遠山茂樹、高橋磌一、松島栄一らが国史教育再検討座談会を開いたのを皮切りに、歴史学者たちによって新たな国史＝日本史像の構築や教育を進めようとする動きが起こされます。歴史学者の多くは、四六年一月に日本共産党の影響下、民主主義科学者協会（民科）が創立されると、その歴史部会に参加していきました。休止状態だった歴史学研究会は活動を再開し、京都では日本史研究会が結成されました。

この動きに加わった永原慶二は次のように語っています。「戦前・戦中の国体史観をいかに清算し、どのような研究体制を創り、どのような日本史像を創出してゆくかは、歴史学が国民に対して負う責任であるが、当面もっとも切迫した課題は再開された日本史教育に向けてどのような歴史教科書を作るべきかということであった」（永原慶二『20世紀日本の歴史学』吉川弘文館、二〇〇三年、一四三頁、傍点引用者）。遠山茂樹も、「歴史研究者の学問的責任として歴史教育の問題ととりくまなければならないという原則こそ、戦後歴史学の特質の一つをなすものとなった」（遠山茂樹『戦後の歴史学と歴史意識』岩波書店、一九六八年、二八頁）と述べています。

このように戦後歴史学は、戦争の反省に基づく「国民」に対する「責任」の自覚を出発点として生まれたものでした。この「国民に対して負う責任」の実践として重視されたのが、国史＝日本史の教科書です。実際、教科書が国定から検定制に移行されると、歴史学研究会と民科歴史部会は歴史教科書の作成に力を入れるようになります。ただしそれは検定に合格することなく、一般書として刊行されていきました。

国民的歴史学運動

一九五〇年代前半の戦後歴史学においては、教科書だけでなく、歴史学と「国民」との直接的な結びつきが実践されました。民科歴史部会によって推進された国民的歴史学運動です。その後の戦後歴史学から消えてしまう実践でした。

国民的歴史学運動で重視されたのは「民衆自身が書く歴史」です。当時民科歴史部会をリードした石母田正は、「学者や教師の眼のとどかないところで営まれている歴史は民衆自身が書かねばならない歴史である」と言い、「村の歴史・工場の歴史」を提唱します（石母田正『歴史と民族の発見』東京大学出版会、一九五二年、二八四頁）。運動の場となったのは、地域や職場に生まれたサークルでした。五〇年代初めのサークルでは、無着成恭・国分一太郎らの「生活綴り方」や鶴見和子の「生活記録」の提唱を受けた活動が試みられていました。民科はこうしたサークルに働きかけて「村」や「工場」の「歴史」を描く実践を進めようとしたのです。石母田は当時を次のように語ります。「私たちにとってサークルはたんなる科学の普及の場所ではなかった。人民との交流のなかから、人民にとっても科学にとっても何か新しいものをつくれるし、つくらねばならないというのが、私たちの信条であった」（石母田「『国民のための歴史学』おぼえがき」『戦後歴史学の思想』法政大学出版会、一九七七年、二八一頁）。民科が目指したのは日本革命の主体形成でしたが、運動過程で研究者と「人民」との交流から「新しいもの」をつくることが意識された点は注目すべきでしょう。

一方、マルクス主義をよりどころとする戦後歴史学は、唯物史観に基づく「歴史の法則」の理論を重視し「科学としての歴史学」を掲げていました。しかしそれは、生活記録などから生まれる歴史叙述とのズレを生まざるを得ません。石母田は、「科学としての歴史学は、歴史の法則を認識することを目的とし、理論によって問題を設定し、一定の研究方法にしたがわなければならないが、この条件をサークルの創造的な仕事にただちに要求することは、性質のちがった二つのものを混同することとなり、双方にとって有益でない結果をもたらすだろう」（石母田、同上、二七七頁）と、両者の区別についても述べています。

民科や歴史学研究会が進めた国民的歴史学運動は、日本共産党が山村工作隊などの「武装闘争」

を「極左冒険主義」と自己批判した一九五五年の第六回全国協議会（六全協）とともに終わります。運動の終焉は、歴史研究者たちにとって、村や工場のサークルでの歴史運動から「歴史の法則を認識することを目的」とする「科学としての歴史学」への専念に向かうことを意味しました。しかし、こうした五〇年代の〈歴史〉実践が、その後戦後歴史学から切り離されながらも、生活記録や生活綴り方、〈女性史〉という形で別の場で継続され、実践者たちに力を与えていたことは確かなことでしょう。

通史と教科書

「国民への責任」を自覚する戦後歴史学が、国民的歴史学運動の後に力を注いだのは、大衆向けの「日本の歴史」シリーズを通しての通史の作成と歴史教科書の執筆でした。それは、戦後歴史学による〈国民の歴史〉プロジェクトと言ってもよいでしょう。

大手出版社の「日本の歴史」シリーズは、一九五九年の『日本の歴史』全一二巻（読売新聞社）を最初に次々と出版されていきます。一九六〇年代には井上清『日本の歴史』全三巻（岩波新書、一九六三〜六六年）、『岩波講座　日本歴史』全二三巻（岩波書店、一九六二〜六四年）、中央公論社版『日本の歴史』全二六巻（一九六五〜六七年）が刊行され、その後も、講談社や集英社、小学館などから「日本の歴史」シリーズは繰り返し刊行されますが、いずれも戦後歴史学の最新の成果が反映されたものとなっています。こうしたシリーズが目的としたのは、戦後「国民」のための通史でしたが、それが実際一九六〇年代以降、国内で広く流通し人びとに受容されたことは確かです。

また一九六〇年代以降、戦後歴史学は教科書叙述にも影響を強めるようになります。網野善彦は次のように述べています。「教科書に対して、歴研や民科のマルクス主義者たちの主張も強い影響を及ぼすようになっており、日本史の教科書の中には、やがて「原始・古代・封建・近代・現代」という時期区分を採用するものも増え始め、戦後の教科書の基本的な枠組みに実際なっていきます。それだけ強い影響をマルクス主義史学は教科書に対しても及ぼしていた、と言えると思います」（網野善彦「戦後歴史学の五〇年」『網野善彦著作集 第一八巻 歴史としての戦後史学』岩波書店、二〇〇九年、二二頁）。戦前の天皇中心の「皇国史」は占領下に「くにのあゆみ」となり、さらに一九六〇年代以降にはマルクスの発展段階論に基づく五段階の時代区分を基本とした一国史的発展の歴史叙述となっていきます。日本史教科書は現在でもこの叙述に大きな変更はありません。

戦後歴史学が教科書を重視したことは、長年にわたる「家永教科書裁判」支援運動からも明らかです。裁判は、家永三郎が執筆した高校教科書『新日本史』をめぐり、一九六二年度の検定不合格処分に際しての精神的損害に対する国家賠償を求めた第一次訴訟（六五年六月一二日提訴）、六六年度検定における不合格処分取消を求めた第二次訴訟（六七年六月二三日提訴）、八二年度検定不合格処分を不服として国家賠償を求めた第三次訴訟（八四年一月一九日提訴）にわたり、最終的な結審は一九九七年八月二七日のことでした。長期に及ぶ裁判の中で、多くの歴史学者は証人として出廷、歴史学研究会・日本史研究会・歴史科学協議会などの学会は支援運動を学会活動の重要な一環に位置づけました。

この運動の論理は、「権力的に学説の当否の判断を押しつける検定制度それ自体に誤りの根源がある。検定制度を廃止し、教科書の監視と育成は、学界・教育界での自由な開かれた批判にゆだねるべきである」という言葉に代表されます（遠山茂樹「まえがきにかえて」遠山茂樹編『教科書検定の思想と歴史教育』あゆみ出版、一九八三年、六頁）。照準は文部省の検定制度の是非にあわされました。そこでは、「国家権力の学問・教育への統制との対決」を通して「歴史学と国民とのむすびつきを強め」ることが強く意識されていました。検定制度の廃止までには至りませんでしたが、一九七〇年代には、第二次訴訟第一審・二審判決で原告側の全面勝訴、第一次訴訟第一審判決でも賠償が勝ち取られたことは、そうした論理が現実に成り立つ状況があったと見ることができるでしょう。

「昭和史論争」と教科書問題

「国民」への責任を重視し「国民」とのむすびつきを強調する戦後歴史学の歴史叙述は、一九六〇～七〇年代に大きな影響力を発揮したといえます。しかし、そこでも前提とされる「国民」をめぐる疑問の提起、批判や論争はありました。

その最初の動きは、一九五〇年代半ばにおける遠山茂樹・藤原彰・今井清一の『昭和史』（岩波新書、一九五五年初版）をめぐる「昭和史論争」です。『昭和史』は、「平和と民主主義」をめざす「国民」に力を与えるというまさに戦後歴史学の思想を体現した本でした。同書の「はしがき」には次のように書かれています。「かつて国民の力がやぶれざるをえなかった条件、これが現在とどれだけ異っているかをあきらかにすることは、平和と民主主義をめざす努力に、ほんとうの方向と自信とをあたえることになるだろう」（同上ii頁）。論争の口火を切ったのは、「この歴史には人間がいない」という文芸評論家・亀井勝一郎の批判でした。亀井は次のように言います。「『昭和史』を読んでいると、戦争を強行した軍部や政治家や実業家と、それに反対して弾圧された共産主義者や自由主義者と、この双方だけがあって、その中間にあって動揺した国民層のすがたは見あたらないのだ。つまり「階級闘争」という抽象観念による類型化が行われたということだ」(亀井勝一郎「現代歴史家への疑問」『文藝春秋』第三四巻第三号、一九五六年)。彼の批判は、階級闘争史観に基づく戦後歴史学が描く「国民」に対する違和感から生まれたものだったといえるでしょう。

戦後歴史学に接した歴史学者の中からは、一九六〇〜七〇年代に民衆史・民衆思想史と呼ばれる色川大吉・安丸良夫・鹿野政直らの歴史研究があらわれます。歴史叙述に「民衆」という概念を持ち込もうとする彼らの意図は、「歴史の法則」を重視する戦後歴史学が「国民」を「階級」概念でとらえることに対して、その枠組みからは振り落とされてしまう人びとの存在やその営みに目を向けようとするものでした。

さらに、一九八〇年代には「国民」がその外側から問われるようになります。一九八二年六月に起こった「教科書問題」は、八一年の教科書検定での「侵略」の「進出」への修正が明るみになったことをきっかけに、中国や韓国をはじめとするアジア諸国から日本の歴史教科書に批判が投げかけられる、という問題でした。外交問題を懸念した政府は是正措置をとると同時に、検定基準に「近隣のアジア諸国との間の近現代の歴史的事象の扱いに国際理解と国際協調の見地から必要な配慮がされていること」という条項の挿入を決定します。教科書執筆者や歴史学者たちは、当初これを検定制度の問題としてとらえていましたが、その後アジア諸国からの批判を、戦後歴史学に突きつけられた告発として受けとめる動きが起こるようになります。一九九〇年代には、日本と韓国や中国の学者・教育者とが協同して歴史教科書の改善に取り組む動きが始まるようになりますが、その一人である日韓合同歴史教科書研究会をはじめた高崎宗司は、八二年の教科書問題を次のように振り返っています。「今から考えると、このときが、日本国民が歴史を見直しはじめる大きなきっかけになった。国民があるいは首相や天皇が日本の過去の侵略の歴史をどう考えているのかということが繰り返し問われるようになったのである」（高崎宗司「歴史の見直しと歴史教科書」『歴史教科書と国際理解』岩波ブックレット、一九九一年、四頁）。「歴史の見直し」という言葉には、自国中心の歴史教科書や国内に閉じていた戦後歴史学への反省が込められていました。

戦後歴史学のゆらぎ

一九八九年にはじまる東欧諸国・ソ連邦の崩壊という世界史の激動は、マルクス主義の発展段階論や階級闘争史をバックボーンとしてきた戦後歴史学の研究者に大きな衝撃を与えます。歴史学研究会委員長・西川正雄は、それを「意表をつかれるような事態」と表現し、一九九三年段階で次のように語っています。「いったい「歴研ならでは」の境地はどこにあるのであろうか。その問題が、この数年ぐらい鋭くつきつけられたときは無いのではなかろうか、歴研委員会の中ですら、歴研にとっては馴染みの「人民的・変革的・科学的」という言葉に対する違和感が表明された」（歴史学研究会編『戦後歴史学と歴研のあゆみ――創立60周年記念』青木書店、一九九三年、二頁）。

こうして一九九〇年代に戦後歴史学は大きな揺らぎの時代に入りますが、それは「国民」への責任と結びつきに基いて進められた〈歴史〉実践が根底から問われることを意味しました。それを顕著に示したのが「慰安婦問題」と「新しい歴史教科書をつくる会」の登場です。

一九九一年一二月、韓国の金学順《キムハクスン》ら九名の女性が旧日本軍の「慰安婦」であったと名乗り、自らの被害に対する日本政府の国家賠償を求めて東京地裁への提訴を行いました。この動きに呼応して歴史家は素早く行動を起こします。日本現代史研究者の吉見義明は、軍の関与を証明する文書史料を防衛庁図書館で探りあてました。それが、軍の不関与を主張し、責任の回避を図ってきた政府に見解を変えさせ、九三年の河野洋平官房長官による元「慰安婦」への「お詫び」の談話につながったことは画期的なことです。しかしここで、フェミニストから歴史家に対して投げかけられた批判に注目したいと思います。上野千鶴子は、歴史学者の姿勢を「文書史料至上主義」と呼び、「被害者の証言の「証拠能力」を否認する」という点で「つくる会」と同じ土俵に立つものと批判します。注目すべきは、次の発言です。「「慰安婦」経験者が「被害者」として「証言」したとき、「失われた過去」は初めて「もうひとつの現実」として回復された。そのとき、歴史が新しくつくりなおされた、といってもよい」（上野千鶴子「記憶の政治学――国民・個人・わたし」〔『インパクション』一〇三号、一九九七年〕）。それは、歴史学者による歴史叙述が、「歴史の他者」――物語ることができなかったり痕跡を消されたりしてきた者――を生んでいたという問題を浮上させ、ひとりの証言による歴史の書き換えを示唆するものでした。

戦後歴史学を揺るがしたもう一つのファクターは「つくる会」です。東京大学教授の藤岡信勝は、一九九五年一月に自由主義史観研究会を組織しますが、藤岡が唱えたのは「日本の「近現代史」を暗黒に塗りつぶしてきた「東京裁判史観」の克服」で、「戦後の「近現代史」教育」からの脱却でした（『社会科教育別冊「近現代史」の授業改革』創刊号、一九九五年）。藤岡が西尾幹二や漫画家の小林よしのりらと九七年一月に結成したのが「つくる会」です。直接のきっかけは、「従軍慰安婦」の記述が中学校歴史教科書に掲載されたことでした。創設にあたっての声明は、それを「とめどなき自国史喪失に押し流されている国民の志操の崩落の象徴的一例」として批判し、次のように高唱します。「われわれはここに戦後五十年間の発想を改め、「歴史とは何か？」の本義に立ち還り、どの民族もが例外なく持っている自国の正史を回復すべく努力する必要を各界につよく訴えたい」。

「つくる会」が標的としたのは、「国民」とのむすびつきに力を注いできた戦後歴史学にほかなりません。「つくる会」は、国民に向けて、戦後歴史学のもとで進められてきた歴史教育を「自虐史観」の極みととらえ、そこから抜け出して「自国の正史」を回復しようと訴えます。一九九〇年代後半には、藤岡信勝・自由主義史観研究会編『教科書が教えない歴史』（産経新聞ニュースサービス、一九九六年）や小林よしのり『新・ゴーマニズム宣言 SPECIAL 戦争論』（幻冬舎、一九九八年）、西尾幹二『国民の歴史』（産経新聞ニュースサービス、一九九九年）がベストセラーの上位にあがるようになります。戦後歴史学からの〈国民の歴史〉の奪取といえるでしょう。そして、その渦中におかれることとなった歴史教科書をめぐる問題は、二〇一一年の学生の目には、歴史を学ぶ当事者である子どもたち抜きの熾烈な争いとまで映るようになっているのです。

4　〈国民の歴史〉を越えて

このように、戦後歴史学は、一九九〇年代にすでにその役割を終えようとしていたといえます。では、戦後日本の〈国民の歴史〉編さんを使命としてきた戦後歴史学に代わる新たな〈歴史〉の実践とは、いったいどのようなものになるのでしょう。西川長夫の国民国家論をその糸口として考えてみたいと思います。

国民国家論

一九九〇年代初めに西川長夫が提唱した国民国家論とは、「われわれがそのなかに囚われている国民国家を相対化し、対象化し、批判する」提言です。それが最初に反響を呼んだのは、一九九二年の『国境の越え方――比較文化論序説』でした。同書には、「国家のイデオロギーの特色の一つは、自国と他国、国民と外国人、「われわれ」と「彼ら」の二分法だ」という言葉があります。「「われわれ」と「彼ら」の二分法はどのようにして廃棄し、あるいはのり越えられるのであろうか。これは現代の最大の思想的な課題だと思う」（同書、二頁）とも書かれています。「国境の越え方」というタイトルにも示された国民国家論の主眼は、まさにこの問題を提起することにありました。当時は、一九八九年を起点とする大きな世界史的変動が続くなかで、グローバル化の一層の拡大が展望されていた時代でした。その時に西川は、「国民国家の体制が足元から崩れているのに、あるいはそれ故にいっそうわれわれは国民国家のイデオロギー（ここではよりヴィジュアルに「世界地図のイデオロギー」と呼ぶことをお許しねがいたい）に執着し、深くとらわれている」とし、国民国家のイデオロギーを「公認された差別の原理」と言い切ったのです（同書、九頁）。

では、国民国家論と戦後歴史学はどのような関係にあるのでしょう。西川は、国民国家論を「戦後歴史学の内部で懐胎形成された内在的批判」と述べていますが、それは、〈国民の歴史学〉としての戦後歴史学のあり方自体を問う厳しい批判でした。

近代の歴史記述は必然的に一国史であり、「国民の（ための）歴史」であり、「国民の伝記」となりました。歴史学は、体制的な歴史学であれ、反体制的な歴史学であれ、結果的にはつねに国民国家を強化するという機能をはたしてきました。（西川長夫「戦後歴史学と国民国家論」『歴史学研究 増刊号』七二九号、一九九九年、一三頁）

批判はさらに色川大吉らの「底辺の民衆」史にも及びます。「「底辺」を未来を担う主体として認めることは、結局は「底辺」を一つの権威として認めることであるし、それは天皇や国民的な指導者を頂点とした歴史記述の単なる裏返しにすぎないのではないか」、「そうした底辺や民衆に照明を当てる制度としての歴史研究自体に権威主義的なものが秘められていないか」（同誌、一八頁）と西川は問うています。

これらの批判は、歴史学のあり方を根本的に問うものですが、同時にそこには新たな展望がはらまれていたことにも注目したいと思います。次に、それについて考えていくことにします。

歴史叙述としての「私論」

国民国家論を提起した西川長夫が「国民文化」への対抗拠点としてあげたのは、「私文化」でした。一九九二年の『国境の越え方』でも言及されていましたが、二〇〇六年に、西川長夫は再び「私文化」について次のように語っています。

文化における「私」の回復、それは同時に「私」との関係で成り立つ他者の回復と言ってもよいと思います。それまでの文化の定義というのは結局、共通の生活習慣であるとか、シンボルの体系であるとか、そういうような形で、文化の定義の中に私個人というものの位置はないわけですね、「私」は集団の中に解体される。それは多文化主義の場合も同じだと思います。そうではなくて、自己決定（self-determination）ということをもう一度文化の中に入れたい。
（西川長夫「〈私文化〉をめぐる諸問題」『国立歴史民俗博物館研究報告』一三二号、二〇〇六年、三六六頁）

西川長夫は、「国民文化」に人びとが囚われるなかで、それを越える途を「私」や「自己決定」に見出そうとしていたことがわかります。ここで西川の言う「国民」との対抗拠点になりうる「私」とは、「集団の中に解体される」ことに抗いながら「自己決定」を行う個人という意味であったといえるでしょう。

そして西川長夫による、「国民の（ための）歴史」に代わる歴史叙述は、こうした「集団に解体されない」「私」の回復をめざす歴史叙述――「私論」――として表されることになります。それを形にしたものが、『パリ五月革命 私論――転換点としての68年』（平凡社新書、二〇一一年）です。同書で試みられたのは、「国民」として制度化された言葉を話すのをやめ「共に在ることの可能性」とともに自由な「ことば」で話しはじめた無数の「私」の「革命」を描こうとする歴史記述であり、西川長夫自身もまた無数の「私」の一人として描くことでした。同書の「あとがき」には次のような言葉があります。

六八年は「私」が語り始めた最初の革命であったとすれば、その「私」をどのように描けばよいのであろうか。私は偶然その場にあった「私」自身の体験や記憶にこだわり、その「私」とのかかわりにおいて、この新しいタイプの「革命」を描こうとした。それ以外に六八年を描く方法は私には考えられなかったからである。（西川長夫、前掲書、四五四頁）

西川長夫は、二〇一一年秋に延世大学（ソウル）で行われたインタビューで、同書について「今までの歴史記述に対する激しい批判として、私は書いている」と語っています。また、歴史叙述の方法については、これまでの歴史学が依拠してきた「実証主義的な客観性というものはない」としたうえで、「ではどのような観点から歴史が語られるのか、という問題を、私なりのやり方で提出したのです」と述べていました（西川長夫、キム・ウォン、キム・ハン「パリの68年五月革命と日本／韓国の影響」二〇一一年一〇月二七日延世大学にて）。戦後歴史学に代わる新しい歴史記述の「一つの提案」が、「私論」だったのです。

また、このインタビューでコメンテーターとなったキム・ハンは、西川の「私論」に、八〇年代韓国の民主化運動後の世代として悩んでいた「グランド・ナラティブ、集団的使命感」から抜け出そうとする自分と重ねて読んだことを述べています。このキムの感想に対して、西川長夫自身も「「私論」の意味をこれほど深く正確に理解してもらえたことはありません」と語っていたことにも注目したいと思います（西川長夫『植民地主義の時代を生きて』平凡社、二〇一三年、二四三頁）。「私論」は、けっして単なる自分史や個人的な視点という意味ではなく、「グランド・ナラティブ」（大きな物語）や「集団」からの解放を意味するものだったといえるでしょう。

フェミニズム・〈女性史〉

〈国民の歴史〉を越えるために西川長夫が見出した「私論」という歴史叙述の方法は、やや唐突に聞こえるかもしれませんが、フェミニズムの言葉を想起させせます。西川長夫は、国民国家論とフェミニズムの共通項について次のように語っています。「女性が何かを言おうとすると男の言葉をしゃべってしまい、男が口を開くと国家の言葉をしゃべる。「制度化された言語は学ばないと決然と活動している女」（トリン・T・ミンハ『女性・ネイティヴ・他者』一二七頁）。こういった表現は、私には国民化の問題、したがって国民国家論の核心をついた言葉のように思われます」（西川「戦後歴史学と国民国家論」一二頁)。

　フェミニズムを背景とする一九八〇年代の女性学から九〇年代のジェンダー論に至る潮流が、女性を一つの特殊な別領域に押し込めてきた〈大文字の歴史〉の問い直しに向かったことは明らかです。「ジェンダー」概念の歴史学への導入は、それまでメインストリームから外れた別の場所に置かれていた「女性史」のもつ「ラディカルな潜在的可能性」を引き出しメインストリームの〈歴史〉の書き換えにまで及ぶことが意図されたものでした(ジョーン・W・スコット『ジェンダーと歴史学』荻野美穂訳、平凡社、一九九二年)。戦後歴史学で女性は、底辺の「民衆」とともに別領域におかれていましたが、周辺におかれた〈女性史〉の側からの〈歴史〉の書き直しという可能性が生まれたのです。

　ここで、一九九九年の西川長夫報告に先んじる九七年の歴史学研究会大会で行われた西川祐子の報告「女性はマイノリティか」を取り上げたいと思います。この時の全体会でテーマに掲げられたのは「近代日本における〝マイノリティ〟」でしたが、女性を主題とする西川祐子が問題にしたのは、この〝マイノリティ〟という位置づけにほかなりませんでした。「マイノリティという規定は相手を客体化する働きをもっている」と「〈マイノリティ〉という問題設定」の問題を突き、「女性はマイノリティか」と逆に問いかけたのです(西川祐子「女性はマイノリティか」『歴史学研究 増刊号』七〇三号、一九九七年、一一頁)。報告は「女性の国民化」の過程を論じるものでしたが、それは、「国民化」の道筋を批判的にたどることを通じて「近代日本を、国家を」をとらえ直そうという試みでした。注目したいのは、〈大きな物語〉＝〈国民の物語〉に代わる歴史叙述について次のように語られたことです。「まるごと集団化された内部からさまざまな差異が、姿を現すとき、一つではない物語が生まれる。そして無数の小さな物語の集大成の方法がさぐられている」（同誌、二〇頁）。「集団化」を内部から崩して現れる「無数の小さな物語」に基づきながらその「集大成」をはかる、そうした新たな歴史の実践が提起されていました。

そこで見逃せないのは、「無数の小さな物語」から〈歴史〉を紡ごうという西川祐子の提案の背景には、戦後歴史学が切り離してきた生活記録や〈女性史〉の実践の豊かな蓄積があったということです。戦後歴史学の初期に女性史は存在していました。井上清『日本女性史』（三一書房、一九四九年）はマルクス主義歴史観で書かれた代表的な女性史のテキストでした。しかし一方、一九五〇年代にはじまるサークル活動で行われたのは、それとは異なる一人称による〈女性史〉の実践でした。井上の「日本女性史」が女性解放を社会主義の実現と関連付け〈大きな物語〉の中で叙述するのに対して、それらはひとりひとりの〈小さな物語〉をもとにしたものです。

生活綴り方や生活記録運動では、一人称の記録をまとめた〈歴史〉を編む実践も行われました。サークル間のネットワークづくりに力を注ぐ鶴見和子は『母の歴史——日本の女の一生』（河出新書、一九五四年）をまとめあげ、九州の筑豊炭鉱地帯では、森崎和江や河野信子、石牟礼道子らの手で女性交流誌『無名通信』（一九五九〜六一年、一九六七年再刊）が出されます。そこから、森崎和江による『まっくら——女坑夫からの聞き書き』（理論社、一九六一年）や『からゆきさん』（朝日新聞社、一九七六年）があらわれ、石牟礼道子の『苦海浄土——わが水俣病』（講談社、一九六八年）といった近代日本を問い直す歴史叙述が生まれます。

注目したいのは、それらの叙述の中心となる一人称単数の〈私〉において、たえず集合名詞との関係が問われていたことです。〈私〉を囲い込もうとする集合名詞には、「女性」や「母」、そして「日本人」「日本国民」がありました。〈女性史〉を支えたものは、そうした集合名詞の括りからはみ出してしまう〈私〉、そこから逃れようとする〈私〉を拠点とする視座だったといえるでしょう。このような〈無数の小さな物語〉を起点とする〈歴史〉は、〈国民の歴史〉としての戦後歴史学を越え〈私〉の回復をはかろうとする「私論」としての歴史叙述とも共鳴しあうようにみえます。

5　おわりに

最後に、国民国家の越え方について西川長夫が語っていた言葉をあらためて確認したいと思います。

われわれの内部と周囲に張りめぐらされた国家への無数の回路は、それを逆にたどって国家の外に出ることを可能にする回路でもありえた、ということです。〔……〕国民国家は実に巧妙に作られた人工的な機械であり、その強制力は圧倒的ですが、われわれは国家に回収される瞬間においても必ずしも全面的に回収されているわけではなく、なにがしかの違和感や反発を抱いていたのではないでしょうか。それは大事なことだと思います。（西川長夫『国民国家論の射程――あるいは〈国民〉という怪物について〔増補版〕』柏書房、二〇一二年、二七六頁）

「国家への無数の回路」を逆にたどって「国家の外に出る」という提起は、「女性の国民化」の道筋を批判的にたどろうとした九七年の西川祐子報告とも響きあいます。「集団化の使命」や集合名詞への囲い込みに抗う〈私〉の現場や〈小さな物語〉から〈国民の歴史〉を問い直そうとする試みとは、まさに国民国家の外に出るための方法にほかなりません。そうだとすれば、そのような〈歴史〉の実践が、現在、ひとりひとりの〈私〉たちがともに生き延びるために必要なものであることは確かでしょう。

西川長夫は、末期癌の病床にあった二〇一三年の一月から二月にかけて七回にわたってもたれた「戦後史再考研究会」の最終回で、残された時間で渾身の力を込めて書こうとした「戦後史再考」の構想を次のように語っていました。

> 私自身がそのなかに囚われている国民国家を対象化して云々という、常に私自身が、あなた自身が、そのなかに囚われている、その囚われている個人を含みこんで、それを対象化してみていくという方法に、三つの視座〔引用者註：国民国家論、〈新〉植民地主義論、「全人類の生死にかかわる危機」という三つの転換点における視座〕というのは変わりはないと思います。それをただ対象化するだけでなくて出口がどこにあるのかという、未来にかかわるものとして考える、ということです。〔……〕通史的でもなく、歴史記述でもなくて、できたら戦後をめぐる「七つの問題提起」、あるいは「七つの論争」というような形で、全体を七章、まとめたいなとい

う考えを持っています。〔……〕七つの問題提起とは、歴史が破れるようなそういう瞬間をつかまえて、それを問題化していく、そういうような形が、今までの話をたどっていくと、できるんじゃないかと。（傍点引用者）

「私」や「あなた」が「囚われている」国民国家を対象化すると同時に、さらに「出口がどこにあるのかという、未来にかかわるものとして考え」るために「歴史が破れるような瞬間をつかまえ、それを問題化していく」こと。いま、それは、ひとりひとりが格闘すべき課題となりました。

コラム1　私にとっての戦後史

「瓦解の時代」――ベルリンの壁崩壊、ソ連崩壊、9・11、「アラブの春」など、物理的にも制度的にも旧来の権威が崩れ落ちるイメージが付きまとう。瓦が一枚ずつ落ちるように、そこには「波及」と「スピード」がある。

（岩間優希）

「人売りの時代」――営利目的での職の斡旋が解禁され、労働市場においては「人の売り買い」が復活した。これにより、雇用の流動化や大量の非正規雇用を生み出し、労働者の生活が不安定化し、職にあぶれ、喰いつめる者が出現しているような状態。

（大野藍梨）

「瓦解の時代」――体制や制度、人々の生活など様々なものが破壊された／自壊した時代。瓦解のあとに広がる欠片は「廃墟の光」、すなわち瓦解をもたらした資本主義や国民国家、軍事力といったものに対する新たな蜂起の徴や予兆にみえる。

（大野光明）

「みんなの時代」――子ども時代に東京オリンピックや大阪万博に接し「未来都市」のビジョンにあこがれて育った世代。行動や価値観の指標とされたのは「みんな」、それにあわせるのに必死だった。民主主義的色づけのなされた全体主義社会。

（加藤千香子）

「焦燥の時代」――失われた二〇年と呼ばれる「戦後」に青春時代を重ねて生きた僕にとって、「戦後」は常に喪失感と隣り合わせの言葉だった。何かが失われているといった感覚は、同時に失われた空白部分に何も補塡することが出来ない焦燥感を常に生み出してきたが、そうした焦燥感の中にこそ、僕自身が向き合うべき「戦後」の正体が隠されている気がする。（倉本知明）

「アイデンティティの時代」――アイデンティティという新しいコトバが生まれ世界に拡散した時代。それは、急激な社会構造の変化のなかで、わたしたち一人ひとりに「お前は誰だ？」という問いが鋭く突き付けられ、そして同時に「お前は〇〇である」という断定がなされる時代であった。（崔博憲）

「戦後が意識されない時代」――あの人は蛍とりによく連れて行ってくれた。でも、終戦記念日あたりだった。テレビで『火垂るの墓』が始まると、あの人は無言で部屋を出て行った。その時の光景をずっと忘れたくない。戦後が意識されない時代だからこそ。（杉浦清文）

「動物たちの時代」――真の倫理的行為の可能性が消え去り、政治・文学・芸術などが失墜した時代。人間を人間たらしめる普遍的な価値が凋落し、ただ動物たちが這い回る時代となった。建築は蜘蛛が巣を作ることと、音楽は蛙の合唱と異ならないものになった。（沈熙燦）

「神話の時代」――「神話」とは岩波の国語辞典によると、「根拠なしにみんなが信じている事柄」とあります。「経済成長・神話」「日本は平和と民主主義の国・神話」「日本は日本人のもの・神話」「固有の文化・神話」等など。忘れていました、「原発の安全・神話」。もっともらしいものほど怪しい、この世に絶対的なものはありません。（崔勝久）

「忘却の時代」――忘却することに力を入れることで、記憶がかえって触発され、そして、記憶がよみがえる度に、再度忘却の深淵へと。それでも、忘れられなく、何度も記憶をすり替えたのだ。しかし、何故かそのことだけはきれいに忘れることができた。（鄭卉芸・大阪大学大学院生）

「不信の時代」――東ドイツやソ連の解体、テレビ中継される湾岸戦争、そしてバブル経済の崩壊に直面して、現実と虚構、真実と虚偽の境界が曖昧となった。あらゆる実在の根拠が不確かとなり、既存の認識枠組みが信じられなくなったポストモダンの時代。（内藤由直）

「フェミニズムの時代」――私が当事者として生きたフェミニズムは、戦後イデオロギーから生まれながら、戦後を、そして自分を問い直し、他者を発見したのだと思います。（西川祐子）

「現実を直視し、生き方を問う時代」――一九五一年、貧困家庭で九人姉兄の末っ子として生まれ、「戦後国家」に翻弄された。高校卒業後、（原発メーカーである）日立製作所を相手に訴訟を起こし、自分が何者であるか、生き方を問い定年まで働いた。ものが言えない「企業内植民地」と私は向き合っている。

（朴鐘碩）

「世界が終わった後の時代」——生まれる前に何か決定的で最終的な出来事があり、すでにあらゆることがその出来事によって規定され、固定された後の世界を生きている。ナウシカなど、終末後の世界を舞台にした物語に、私にとっての戦後史の本質が最もよく表れているという感覚がある。

（原佑介）

「延長された世紀末の時代」——都市構造、家族、就労など強い拘束力と不安定性のなかで生きざるをえず、九・一一、アフガン・イラク戦争、大震災と原発メルトダウンのなかで既存の全ての体制の終焉を希求しながらも、常に変革が先延ばしにされる感覚。

（番匠健一）

「欺瞞に満ちた時代」——歴史認識の欺瞞によるアイデンティティの混乱や、民主主義、選挙制度、マスコミ、司法などの欺瞞による常識の崩壊。裏切られる不安を覚えながら、信じていいものを模索しつつある日々。こうした覚醒とそれに伴う無力感がないかぎり、未来は見えてこない。

（李姵蓉・文藻外国語大学助理教授）

編者付記——西川長夫からの問いかけ（第一章三〇頁）に対する研究会参加者による答え。本書執筆者の肩書については巻末のプロフィールを参照のこと。

第二部　戦後がたちあがっていくなかで

第三章

引揚者たちのわりきれない歴史
植民地主義の複雑さに向きあう

杉浦清文

1　はじめに――なぜ引揚者の歴史を再考するのか

タブーとなった引揚者

日本本土空襲、さらには広島と長崎への原爆投下――アジア・太平洋戦争は想像を絶するほどの死者（犠牲者）を生み出しました。敗戦という経験は、日本人の心のなかに強烈な衝撃を与えたのです。こうしたなか、戦争の記憶は、戦後の日本社会において、まさに犠牲者意識を生み出していきます。ジョン・ダワーは、「日本において、戦後の被害者意識は必然的に、打ち砕かれた敗北という精神的外傷をあたえる記憶と一対になっている」と述べ、「戦死者自身、そしてほとんどすべてのふつうの日本人は、「被害者」か「犠牲者」であるということが、きまり文句になった」と分析します（ジョン・W・ダワー『忘却のしかた、記憶のしかた』外岡秀俊訳、岩波書店、二〇一三年、一三二頁)。しかし、このような犠牲者としての日本人の意識が一方では、かつての大日本帝国と植民地の問題を置き去りにし、さらには日本人自身が植民者であったという意識を希薄化させることになりました。

そして、こうした犠牲者の立場を強調する風潮によって、植民者の立場を想起させる引揚者たちの物語は、日本社会に受け入れられることが難しくなっていったのです。たとえば、朴裕河は、「加害者としての日本」を含む物語は、戦前とは異なるはずの「戦後日本」では受けとめられる余地がなかったのである」と述べています(朴裕河「おきざりにされた植民地・帝国後体験」伊豫谷登士翁・平田由美編『「帰郷」の物語/「移動」の語り』平凡社、二〇一四年、六四頁)。いわば、六五〇万人もの人々が植民地から本国日本へと引揚た歴史があるにもかかわらず、引揚者たちの証言は、戦後日本において一種のタブーとして認識されたのです。こうしたなか、引揚者たちの歴史は、十分に理解されることはありませんでした。

被害者化される引揚者

現在において引揚者の歴史を再考する際に問題となるのは、生き証人としての引揚者たちの数が年々減少し、彼/彼女たちの物語の風化に更なる拍車がかかっていることです。では、とりわけ、戦争を知らない者たちは、引揚・引揚者の歴史をどのように理解すればよいのでしょうか。

日本の高校生が日本史を学ぶときに使用する歴史教科書、山川出版社の『日本史A』をみてみましょう。引揚・引揚者たちに関する次のような説明があります。

敗戦の時点で海外にいた日本の軍隊は約三一〇万人、その他約三二〇万人の一般居留民がいた。財産を失った居留民と復員将兵からなる約六三〇万人の日本人が、日本国内に引き揚げることになった。とりわけ悲惨だったのは旧満州国地域の居留民で、彼らのうち、飢えと病気で死んだものも少なくないし、残留孤児として残されたものもあった。ソ連に降伏した約六〇万人の軍人や居留民はシベリアの収容所に移送され、厳寒の中で何年間も強制労働に従事させられて、六万人以上の人命が失われた。ソ連からの引揚げはもっとも遅れ、最終的には一九五六（昭和三一）年頃までかかった。（高村直助、高埜利彦『日本史A』山川出版社、二〇一四年、一八二頁）

このように歴史教科書では、引揚者たちの悲惨な経験が強調されています。一方で、引揚者たちと日本による植民地主義とのかかわりには、ほとんど言及されていません。

現在、東アジアにおける政治的緊張などを背景に、日本の加害の歴史、なかでも植民地主義の歴史は、徐々に語ることが難しくなっているように感じます。と同時に、「日本人こそが被害者である」という逆転した歴史意識が強くなり、人々の（旧）植民地での複雑な経験や記憶を、以前よりも曖昧に、また単純化させているようにも思えます。

実際、これまで、「日本被害史」なる本は数多く出版され、引揚・引揚者の歴史も度々その一部に組み込まれてきたといえます。二〇一三年に出版された『日本被害史』という本でも、引揚者の歴史が取り上げられています。この本の「まえがき」では、「私たちの生まれた日本、この国にはこれまで散々言われてきた「加害者としての歴史」ではなく、「被害者としての歴史」があります」、さらには「本書ではこれまで教科書では数行程度ですまされていた「被害者としての日本史」を明らかにしていきます」と述べられています（石平ほか『日本被害史』オークラNEXT新書、二〇一三年）。けれども、今日のこうした「被害者としての歴史」、「被害者としての日本史」は、かつての日本の植民地主義の記憶をなお一層忘却化させるなかで、引揚・引揚者の歴史的実像をより不透明にしています。

本章では、これまでの歴史教科書ではあまり説明されてこなかった――まさに「数行程度ですまされていた」――引揚・引揚者の歴史の複雑さに光をあてていきます。その際、強い愛国心に満ちた言説に警戒しながら、引揚者の歴史を慎重に読み解いていきたいと思います。そして、引揚者の歴史に向きあうことが、植民地主義の複雑さへと思考を進めていくことにつながる点を示したいと思います。

2　敗戦と引揚者

支配－被支配構造の転覆

戦時中における、支配者＝日本人、被支配者＝植民地の現地人という構図は、敗戦後、大きく変貌しました。それまでの、日本の植民地主義の権力構造のなかで溜まりに溜まった鬱憤は、支配者であった日本人への復讐という形で晴らされることになります。敗戦後、外地に住む日本人なら男性も女性も生命の危機と隣り合わせにありました。加えて、女性の場合は、性的搾取の対象となることも多々ありました。次の体験談は衝撃的です。

昭和二十一年の初夏のある日、中国官憲の命令で、十軒房をはじめとする奉天（そのころはもう藩陽市）中の遊女屋から日本人の接客婦が、中国人の楼主あるいは番頭に連れられて居留民会の五階に秘かに集められた。これらの日本婦人は進駐軍に犯されたり、食う道がなく接客婦に身をおとした人々であったが、かつては地方官吏や特殊会社の夫人であったひとや、なかには女子大出のインテリも何人かまじっていた。楳本《うめもと》捨三（元奉天居住・作家）（「引揚げ者一〇〇人の告白」『潮』一四二号［一九七一年八月号］一一六頁）

しかしながら、その当時の日本政府は、（旧）外地で起きているこうした現状に対して無関心であったのです。後述するように、その結果、敗戦後、数年が経ってから、ようやく引揚事業が開始されることになりました。

引揚事業

一口に引揚といっても、実際にはその形態は様々な形をとっており、引揚者の経験は実に多様です。敗戦後、満洲、朝鮮半島、台湾、南洋諸島、さらには南樺太などに住んでいた日本人は本国に命からがら引揚てきたわけですが、よくいわれるように、そのなかで最も困難を極めたのは、満洲、朝鮮半島北部からの引揚でした。

今日、こうした引揚に関して、新たな資料が発見されるようになり、引揚の歴史に関する興味深い研究が増えつつあります。とりわけ、歴史学者・加藤聖文は、引揚者の引揚事業に関して見逃すことのできない史実を示しています。加藤は、「日本人引揚問題（とりわけソ連軍が占領する満洲からの）は、当初からGHQが主導的役割を果たした」といった一般的見解と、「日本人がマッカーサー（Douglas MacArthur）に対して早期引揚を嘆願した結果、満洲からの引揚が実施された」といった「神話」を批判しています（加藤聖文「大日本帝国の崩壊と残留日本人引揚問題」増田弘編著『大日本帝国の崩壊と引揚・復員』慶應義塾大学出版会、二〇一二年、一四頁）。

加藤の研究からは、まず、引揚事業の遅れの原因が、その当時の日本政府の安直な考えにあったことが明らかになります。つまり、敗戦後、国外に大多数の民間人が存在していたにもかかわらず、日本政府はそうした人たちに対して注意を払わなかったのです。このような政府の対応には、それなりの言い分もありました。敗戦後、日本は深刻な食糧難に悩まされ、また戦災での焼失等による住宅不足も大きな問題でした。さらに、戦争によって船舶数が激減したことや、アメリカ軍によって港近くに機雷が敷かれたことにより港が自由に使えなくなったという要因も重なり、国外の日本人を本国で受け入れる余裕がなかったといわれています（加藤、前掲書、二〇頁）。

また、加藤は、引揚事業が遅れた原因として、日本政府の連合国に対する一方的な甘えも指摘しています。当時の政府は、国外に住む民間人の本国への引揚に関しては、連合国側がいずれ対応してくれるだろうという期待を持っていました。しかしながら、ここで思い出すべきことは、一九四五年にポツダム宣言を受け入れた際の連合国側からの要求が、日本の無条件降伏、いわば日本軍の武装解除であったという事実です。ポツダム宣言第九条には、「九、日本国軍隊ハ完全ニ武装ヲ解除セラレタル後各自ノ家庭ニ復帰シ平和的且生産的ノ生活ヲ営ムノ機会ヲ得シメラルヘシ」と書かれており、海外の日本兵の復員については明文化されています。しかし、その宣言では、海外に住む民間日本人の対策に関する説明はありません。つまり、連合国側は占領地・外地に住む民間人よりも、国外に配属された兵士たちの本国帰還に関心が高かったのです。

しかし、その路線が変更され、アメリカ主導のもとで急速に引揚事業が遂行されることになります。その事業において、もちろん、アメリカ軍による支援は大きいものでした。けれども、引揚事業が行われた要因を、アメリカの人道的精神に求めるだけでは、その当時のアメリカにまつわる国際政治情勢を見過ごすことになります。とりわけ、満洲、朝鮮半島北部における引揚事業においては、その後、本格化することになる冷戦体制という国際政治上の問題が深く関わっていたと考えられます。加藤は以下のように分析します。

> 米ソ冷戦下で、日本の引揚問題、とりわけシベリア抑留問題は反共・反ソの宣伝材料となっていった。また、過去に遡って満洲引揚に対しても、非人道的なソ連と人道的な米国という記憶の再構成が進められ、これが現在まで一つの型として語り継がれることになるのである。
> （加藤、前掲書、四〇－四一頁）

以上のような議論を参考にしたとき、その当時、海外に住む日本人は、国内だけでなく、国外においても、自国中心主義的な思考に翻弄され、国家政策に利用された事実が明らかになると思います。引揚者は、いわゆる「棄民」であったのです。

3　引揚者たちの困難な戦後

戦後開拓と海外移住という戦後

引揚者たちを「棄民」とするような国家政策は、日本社会において、表向きの「救済策」という名の下に、引揚後以降も形を変えて施行されていきます。たとえば、炭坑労働です。戦後、戦災者、復員者、引揚者の就業支援として、日本政府はそうした者たちを炭鉱へと向かわせました。戦時中は、日本の労働力を補うために、中国人、朝鮮人たちが利用されました。だが、敗戦後、中国人、朝鮮人の徴用が解除され帰還した（「送還」された）者も少なくなく、その労働力不足を補完する必要性が生じました。こうしたなかで、引揚者も代替される労働力の対象となったのです。しかし、一九五〇年代後半、日本の主要なエネルギーは石炭から石油へと移り変わり、各地の炭鉱が次々と閉山されました。それに伴い労働争議が活発化していきましたが、時代に翻弄される引揚経験者たちの声が真摯に聞き届けられることはありませんでした。

また、戦後の就業問題について考えるとき、開拓政策にも着目する必要があります。その開拓政策は、「緊急開拓事業実施要領」（一九四五年一一月）、「開拓事業実施要領」（一九四七年一〇月）、「開拓事業実施要綱」（一九五八年五月）、「開拓パイロット事業実施要綱」（一九六一年八月）の発表といった流れのなかで進められました。日本政府は、戦災者、復員者、引揚者の就業支援や戦後の食糧増産のために、大規模な開拓事業を展開しました。しかし、開拓事業が引揚者――かつて外地で満蒙開拓移民として生活を営んでいた人々――に新たな厳しい現実をもたらしていたことも忘れるわけにはいきません。最悪の土壌や気候条件のもとで、夢を絶たれた開拓者は少なくなかったからです。

さらに、戦後、日本政府が海外移住事業を積極的に推し進めた事実も見過ごすべきではありません。政府にとって、海外移住事業もまた、開拓事業と同じく、食糧問題および復員者や引揚者の失業問題を回避するために実施する必要があったと考えられます。しかし、こうした政策に従って、茨の道を歩んだ者もいたのです。とくに、ドミニカ共和国への移民政策に関しては、移住者による国家に対する訴訟が数年前まで続いていました。「ドミニカ共和国移住問題訴状」の「第一　事件の概要と本件訴訟にかける原告らの心情」において、「第二次大戦後、日本は、敗戦によって台湾、樺太などの全ての海外領土を失い、産業基盤も破壊され、狭小な国土に七〇〇〇万人にも達する海外引揚者と復員軍人を抱え、巨大な人口圧力に苦しんでいた」と説明しています。つまり、ドミニカ移民は、日本国家が危機的状況から逃れるための苦し紛れの対策であったことがわかります（小林忠太郎『ドミニカ移住の国家犯罪』創史社、二〇〇四年、一四二頁）。

ドミニカへの移住政策は、一九五六年から一九五九年にかけて実施され、日本政府は当初、独立自営農を前提とし「一所帯当たり三〇〇タレア（一八ヘクタール）の土地が無償譲渡され、そのうち一五〇タレアは開墾済で直ちに耕作でき」、また「入植地は中程度の肥沃土であり、灌漑施設の整備も予定されている」という説明をしました（小林、前掲書、一四三頁）。しかし、「ドミニカ共和国移住問題訴状」では、次のような異なる実態が書かれています。

しかし、そこに待ち受けていたのは、「楽園」ならぬ、ハイチ国境のドミニカの最貧困地の「地獄」であった。被告の事前の説明とは全く異なり、移住地の大部分は炎熱の塩が地表に吹き出る透水性の乏しい粘土性の土壌であったり（ネイバ）、大量の礫を含有する石ころだらけの土地であったり（ドゥベルヘ）、集約的な生産の不可能な樹林に覆われた傾斜地であったり（アグアネグラ、アルタグラシア）、大規模な整地ないし灌漑排水設備の設置抜きには利用の困難な茨の生い茂る乾燥地（ダハボン）であった。しかも、その荒れ地ですら約束の土地面積（三〇〇タレア〜一〇〇タレア＝一八ヘクタール〜六ヘクタール）にはほど遠いものであった。また、原告らの中には、全く土地を与えられなかったものも数多くいた。（小林、前掲書、一四三－一四四頁）

こうしたドミニカ移民には、引揚経験者も含まれていました。国外移住政策は、外地からの大多数の帰国者によって生じた人口増加問題を解決する、日本政府の戦後政策の一環としてあったのです。見方を変えれば、引揚者を邪魔者として国外に追放するための方便であったと考えられなくもありません。

また、ドミニカ移住に関する謎に迫る小林忠太郎は、ドミニカ移民政策を「偽装・海外派兵」だったとし、「実は、ニクソン（当時アメリカ副大統領）の意を受けた日本政府によるアメリカのキューバ革命包囲戦略への、軍事同盟（日米安保）員としての一種の「後方支援」であって、隠れた違憲行為であった」とも推測しています（小林、前掲書、一二二頁）。もしこれが本当であるのならば、ドミニカへの移民政策からは、反共・反ソ政策を推し進めたアメリカと、人口増加問題を不用意に解決しようとした日本政府との共犯性が浮き彫りにされます。いずれにせよ、ドミニカ移民が、戦後の引揚者たちの終わらない「棄民」化であることには間違いありません。

以上のような事実を知ると、引揚者の歴史のなかに、ひとまず被害者性を読み取ることは簡単です。しかし、その歴史は、「日本被害史」＝「他国による日本国民の被害の歴史」ではありえず、「日本国家からの被害の歴史」の一例であったといえるでしょう。

植民地主義の歴史の記憶

一方で、引揚者の歴史は、かつての日本の植民地主義の歴史にまつわる加害者性の問題にも密接に関わっています。

あまり注目されていませんが、引揚者が被害者なのか加害者なのかといった問いは、一九七〇年代に、日中国交回復の気運が高まるなかで地道に議論されました。たとえば、一九七一年八月号の『潮』では、引揚者の体験談全般を批判的に検証する竹内好と鶴見俊輔の対談が掲載されています。

またその雑誌では、「引揚者一〇〇人の告白」（以下、「告白」）という、まさに一〇〇人の引揚者の体験談が載せられ、それに対する森本哲郎の論考も併せて載せられています。ただ、『潮』が引揚者の声に着眼した背景には、引揚者たちの体験談を批判するという目的があったようです。それは編集者の次の言葉からもわかります。

今回の特集では、実際に現地で体験された方百人の証言、告白を中心に「日本人の侵略と引揚げ体験＝集団自決と惨殺の記録」をとり上げました。どれも悲惨ということばに尽きるような、なまなましい体験の羅列ですが、一貫してそこに流れているのは被害者意識というか、自分たちはこんなにひどい目にあったという体験談になっています。つまり、そこには加害者であり、侵略的な行為につながっていたという自分たちの立ち場の認識は半ば欠落しているように思います。（竹内好・鶴見俊輔「本当の被害者は誰なのか」『潮』一四二号、一九七一年、九〇頁）

竹内と鶴見は、インタビューのなかで、この編集者の言葉に応じるかのように、これまでの引揚者の体験談で浮き彫りにされる被害者意識を断罪していきます。とくに鶴見は、地理用語のアンティポディース（対蹠地点）という概念に着目し、「自分が足をつけている場所と逆のところに足の裏をつけて立っている人がいるはずで、その人の体験とともに自分の、いまの体験を見る力」が必要だとし、日本に強制連行された朝鮮人の姿に着眼します（竹内・鶴見、前掲誌、九二頁）。つまり、鶴見は、かつての大日本帝国の植民地主義の問題を提示するのです。

また、「極限状態からの出発」において、森本は「告白」を綿密に分析し、かつての日本の植民地主義の負の歴史を議論の対象としています。そして、森本は、引揚者の立ち位置の複雑さを明らかにし、「引揚げのなかに、被害者が加害者であり、加害者が被害者であった歴史を読まなければならない」（森本哲郎「極限状況からの出発」前掲誌、一〇四頁）と述べます。いわば、竹内、鶴見の意見よりも、森本のそれは、引揚者の歴史が被害者－加害者という厳格な二項対立的思考では説明できない点を浮き彫りにしようとするのです。

引揚経験の世代間ギャップ

また、さらに重要な点は、引揚者の歴史から大日本帝国の植民地主義の歴史の記憶を想起しようとする声が、一九七〇年代において、引揚者たち自身のなかからも発せられるようになったという事実でしょう。一九七〇年代は、自分たちが生まれ育った（旧）植民地とは雰囲気が大きく異なる本国での生活の違和感、および絶望感を告白するような、引揚者たちの物語が顕著になりつつあった時期でした。

植民地と本国とのあいだの違和感を表明した語り手の多くが、植民地で生まれ育った植民者の第二世代であった点は特に重要です。たとえば、自らも引揚者である本田靖春は、一九七九年七月号の『諸君！』で「日本の〝カミュ〟たち――「引揚げ体験」から作家たちは生れた」という特集を組み、「昭和三年から同一二年まで」に生まれた引揚者たちにインタビューを行っています。インタビューされるのは、五木寛之、日野啓三、尾崎秀樹、赤塚不二夫、大藪春彦、池田満寿夫、三木卓、別役実、小田島雄志、山田洋次、後藤明生、生島治郎、澤地久枝、山崎和正、天沢退二郎、藤田敏八でした。インタビュアーである本田の次の言葉は大変興味深いものです。

中国の路線変更で、日本の罪はもう許されたかのような雰囲気が広がっている。この国の人たちは、日本が中国で何をしたかを、具体的には知らない。われわれの父母にあたる引揚者一世の多くは、現にそこに身を置きながら、懐しさでしか過去を語ろうとしない。日本を出たことのない人たちを、その意味では責められないのかも知れない。だが、日本人はあまりにも知らなさすぎる。われわれは、日本が何をしたかを、幼いながらに見た。（「日本の〝カミュ〟たち」『諸君！』一一巻七号、一九七九年、二二四頁）

ここで本田は、引揚者の世代間における感覚の違いを明らかにしています。植民者二世たちが、植民地経験を「懐かしさ」とともに振り返ることのできる引揚者一世とは異なる戦後を生きていたことがわかるでしょう。植民者二世は、自身が生まれ育った植民地にも、また一方で、戦後の日本社会に対しても帰属意識が持てないという、居場所のない経験を繰り返していました。そして、彼／彼女たちは、一国単位で被害者性や加害者性を振り分けるような枠組みにおいては、より曖昧な存在であったといえます。

4　わりきれない経験・感情

引揚者たちの歴史は、「日本被害史」という枠組みに収めるだけでも、あるいは、植民地に対する加害の歴史に位置づけるだけでも、十分ではない点をここまで検討してきました。ここでさらに、元来民《くたみ》開拓団員によって発せられた、次の声を聞いてみましょう。

そんな、打ちのめされた奈落の底で、私は思った。日本がゆくべき道を踏み誤っていたことを……。〝国策〟という至上命令で渡満したとはいえ、開拓とは名ばかりで、実際には現地人が汗水流して耕作した土地や家屋敷を、二束三文の金で強制的に買収し、全員を立ちのかせたあとに、われわれが入植したにすぎない。八・一五を境に、それまで耐えに耐えてきた地元民の怒りが爆発したとて不思議はない。その結果が、非戦闘員である老人、子供を自決にまで追い込んだのである。私たちの妻子や同胞はもちろん、現地の人々とて同じ〝戦争〟という悪魔の悲しい犠牲者なのだ。豊田一義（元来民開拓団員・町会議員）

（「引揚げ者一〇〇人の告白」『潮』一四二号、一二四－一二五頁）

来民開拓団は、熊本県鹿本郡来民町の被差別部落M地区出身者によって結成された満洲開拓団です。当時、この開拓団のなかには、部落差別からの解放という夢を実現するために渡満する者も少なくありませんでした。しかし、来民開拓団は敗戦後、集団自決により、ほぼ絶滅しました。ここでもまた、国家に見放された「棄民」としての姿が浮かび上がります。いずれにしても、引揚者たちの歴史を考える際、引揚できなかった者たちがいたという事実も忘れるべきではないのです。「引揚」はその歴史に関する複雑な問題を想起させる言葉でなければなりません。ちなみに、右の証言からは、現地の人々の犠牲者としての立場に目を向けつつも、満洲開拓と引揚にともなう自分たちの犠牲者意識が強調されているように感じられるかもしれません。けれども、それと同時にそこには、かつての植民者としての加害者意識が反復強迫的に表されている点も見逃せないでしょう。この証言においては、引揚をめぐる問題と植民地主義の問題が錯綜した関係にあることが示唆されています。

西川長夫は、植民者二世としての自身の経験をふりかえり、「引き揚げ者の問題は複雑である。そしてその複雑さは植民地と植民地主義の複雑さに通じている」（西川長夫『植民地主義の時代を生きて』平凡社、二二〇頁）と述べました。引揚者の入り組んだ問題は、植民地主義を二項対立的な枠組みとは異なる奥ゆきをもって理解するうえで重要だといえます。しかしながら、引揚者の問題が、一国史という枠組みで理解されようとするとき、植民地主義の複雑な力学は、国家・国民単位での被害・加害の枠組みにおいて単純化されてしまいます。現在、必要とされるのは、一国史のイデオロギーに抗いつつ、「日本人」の被害・加害関係ではわりきれない引揚者の歴史経験に注意深く向き合う姿勢ではないでしょうか。

第四章　「占領」とは何か

西川祐子

1　はじめに——「終戦／敗戦／休戦」そして「占領」

言葉の政治

占領下を知る人が少なくなった現在、「占領」は自明のものではなくなりました。一九四五年八月一四日の御前会議によるポツダム宣言受諾の決定、そのことを天皇が国民に告げた八月一五日の玉音放送、九月二日ミズーリ号艦上における降伏文書の調印式がありました。八月の終わりからポツダム宣言に「日本本土諸島」と規定されている領域に、連合国占領軍が上陸を開始しました。占領軍の上陸からサンフランシスコ講和条約と日米安保条約が発効する一九五二年四月までを占領期とするなら、あしかけ八年、月数まで計算するなら六年七か月、つまり約七年間の、連合国軍による日本占領期が戦後史にもつ意味は何か。占領期はまだ戦争中なのか、それともすでに戦後なのかという疑問も生じるでしょう。

占領期に子ども時代を過ごした私の認識はしばしば「言葉の政治」に左右されました。日本のポツダム宣言受諾確認の日を敗戦日と呼ぶか、終戦日と呼ぶかが議論されていました。「終戦」は八月一五日のいわゆる玉音放送のテキストを「終戦の詔書」と呼び、ラジオ放送を「終戦の詔勅」と報道して始まりました。学校では「終戦」を使っていました。これにたいしては「終戦」は国民の戦争責任を問うことをしない偽善的な用語であるという批判がありました。その一方で、戦争は軍部が独裁的に行ったのだから日本帝国軍隊の敗戦であって、人民にとっては「終戦」でいいのだと言われました。

しかし「終戦／敗戦」にもう一つ「休戦」をつけ加えると、記憶に裂け目が生じます。ポツダム宣言の受諾を日本国の降伏が確認された「休戦」の瞬間とするなら、占領期は戦闘が終わったが戦争は継続していた時期となり、「敗戦／終戦」論争自体がほとんど意味を失うのではないでしょうか。たしかに上陸してきた連合国軍は武装した軍隊でした。それならば「占領」とは何なのか。たとえば遠くでは「武漢三鎮占領」、太平洋戦争中なら「シンガポール占領」などが日本軍の「赫々たる戦果」として報道されましたが、この占領と、連合国軍による「日本占領」の占領とは同じなのか違うのか。

何故「進駐軍」と呼んだか

日本占領期には新聞ラジオの報道においても、アメリカ軍を主力とする連合国軍を「占領軍」でなく、「進駐軍」と呼ぶと定めていました。「占領する」は他動詞ですから被占領の立場となると、「占領」という言葉を忌避し、占領する側も懐柔のために婉曲話法をえらんだ結果が「進駐軍」だったでしょう。被占領は個人として忘れたい以上に、国家として忘れさせたい記憶です。占領期研究では記憶におとらず、忘却と隠蔽が問題となります。

占領期には「進駐軍」としか言わなかった「連合国軍」を、「占領軍」と分析的に呼ぶことから日本占領期研究がはじまりました。思想の科学研究会の『共同研究　日本占領軍　その光と影』別冊『日本占領研究事典』（現代史出版会、徳間書店、一九七八年）にある「進駐軍」の項目には、「占領軍と呼ぶようになるのは、講和発効後もよほどのちのことで」と書かれています。

「占領」一般と「日本占領」にそそぐ視線

それにしても、すでに蓄積の厚い占領研究、占領期研究のほとんどが改めて「占領」を定義することなく、「占領」を所与のものとしているのは何故か。ある時期から、とくにアメリカ合衆国の公文書公開原則により占領国軍側の記録が閲覧可能となって以来、日本占領研究はGHQ／SCAP（連合国軍最高司令官総司令部）が英語で記録した膨大な文書の分析を中心にして行われたことが原因かもしれません。占領する側にとっては自分たちの行ったことが「占領」であって、「占領とは何か」というように改めて問い直す必要はないでしょう。

「占領」の一般的な定義と「日本占領」という具体的事例について再考するには、従来の研究に加えて被占領側からも見る複眼的視線が必要なのだと思います。「占領とは何か」を考えるには、文書分析だけにとどまらずに、占領期を具体的な場所で生きた個人の経験と日付のある文章にまで降りてみる必要がありそうです。

第2節では、占領期を生き、「占領」を自分の経験から、ただし法学徒として法的に、定義しようとした宮崎繁樹著「占領に関する一考察」（『法律論叢』、明治大学法学部、一九五〇年）をとりあげます。第3節ではこの論文の最後に「昭二五、六、一、脱稿」とある日付に注目します。宮崎論文と当時の論壇において戦後知識人が展開した議論との微妙な違いにも注目したいと思います。第4節では、その時その場所を生きた人の記憶と、日付が記入されている記録とを合わせることで、何がどう見えてくるかを整理し、今現在、自分たちはどこにいるかを知る手掛かりにしたいと思います。

2　「占領」の定義——宮崎繁樹「占領に関する一考察」を手がかりに

復員青年がえらんだ法学

宮崎論文は現在もインターネットで全文を読むことができます。論文の冒頭は以下のように始まります。

日本は現在連合国軍の占領下にあり、その支配の下に立つ非独立国である。休戦後媾和（ママ、現代では「講和」と表記−引用者記）迄かかる長期間を要しその間一国が全部的に占領された事は未だ世界歴史に例を見ず、その法的性質については多くの問題を包含している。（宮崎繁樹「占領に関する一考察」『法律論叢』明治大学法学部、一九五〇年、一一六頁）

私は次の二点においてこの論文に注目しました。第一に宮崎論文は、執筆の時点で自分がおかれている状況を「休戦」と呼んで、私に衝撃をあたえました。

第二に、前述のように論文の終わりには昭和二五年六月一日脱稿と日付が記されています。同年六月二五日にはじまる朝鮮戦争（朝鮮戦争がはじまる時期については諸説があることについては本書第六章原論文を参照ください）を目前にひかえるこの日付は、連合国軍の占領政策が大きく転換した時点にあります。後の時代から占領を定義するのでなく、占領期のただなかのこの時点において「占領」を定義しようとした行為に注目したいと思います。

後に出版された宮崎繁樹略歴・著作年表（『現代国際社会と人権の諸相――宮崎繁樹先生古稀記念』成文堂、一九九六年）によると、宮崎青年は一九二五年に旧日本陸軍中将宮崎繁三郎の長男に生まれ、軍人養成コースである陸軍幼年学校、陸軍士官学校を卒業しています。よりくわしい自伝（『わが心の旅路』、私家版、二〇一〇年）には、一九四五年八月一日に陸軍少尉に任官、九十九里浜に上陸が予想されていたアメリカ軍をむかえうつよう配置された機関銃中隊の小隊長として訓練中に十九歳で敗戦をむかえ、連隊旗手として連隊旗を「奉焼」したとあります。宮崎繁樹の自宅への復員は、一九四五年の晩秋です。敗戦直後には高齢者と女子どもに偏っていた人口構成のなかで二〇歳前後の復員青年たちは目立つ存在でした。黒澤明監督の映画では「野良犬」と呼ばれました。復員青年たちは、それまで死に向かって教育されてきた自分を一八〇度転換させて生へと向かわせなければなりませんでした。彼らが内的葛藤をかかえ煩悶し、ときには暴れる光景を、当時は子どもであった私もじっさいに目にしています。

宮崎青年は彷徨の末、明治大学法学部に入学、司法試験に合格します。しかし一四日間といえども軍人であった経歴があったため公職追放をうけ、裁判官、検事となる道は閉ざされます。弁護士をめざす一方で、法学論文を書き続けました。「占領に関する一考察」は彼が学術誌に発表した最初の論文でした。二四歳のときです。

「戦時占領／保障占領／特殊占領」

一般に辞書、事典類の「占領」定義は「ハーグ陸戦条約」（一八九九年）第四二条「一地方が事実上敵軍の権力内に帰したときは占領されたものとする。占領はその権力を樹立し、かつこれを行使できる地域をもって限度とする」に拠っています。ハーグ条約は国際条約なので、日本は一九一一年に条約批准を行い、国内法「陸戦ノ法規慣例ニ関スル条約」に読み替えて一九一二年に公布しました。小学館『日本国語大辞典』の「占領」の項はこれをうけて「交戦国の軍隊が敵国にはいって、その地域を軍事的支配下におくこと。ふつう、戦闘継続中に行われるが、休戦条約などの協定によって合意の上で行われることもある」としています。

宮崎繁樹は「占領」の一般定義をする前に、占領の原因である戦争の観方の変遷は国家観の変遷に起因すると考えはじめます。支配者である君主の意思により戦争が行われていた過去の第一段階があった。ネーションステート（宮崎は当時の通念にしたがい民族国家と訳しています－引用者記）概念がうまれ他国家の主権をみとめ、対立する当事者国家の間に戦時国際法概念が成立する第二段階が現在である。ついで未来の第三段階では、国際法というより世界法的な戦争観となり、国家をこえた国際法団体の強化があって国家間の戦争はこれを（出来る限り－この括弧は宮崎繁樹）禁じ国際法団体が科す制裁の場合だけ兵力使用が認められるであろうという予想です。第二次大戦後には国際連合に世界中から期待が寄せられていました。

そのうえで宮崎繁樹は『日本国語大辞典』の定義前半にあたる「交戦国の軍隊が敵国にはいって、その地域を軍事的支配下におくこと」を「戦時占領」と呼び、後半の「休戦条約などの協定によって合意の上で行われる」占領を「保障占領」と呼んで区別します。「保障占領」とは「一定条項（多くは講和条約の条項）の履行を確保する為に一国の軍隊が他国の一部（又は全部）を占領することであり」（一二四頁）という再確認の文章もあります。宮崎繁樹は武装解除と民主化を要求するポツダム宣言そのものが一種の講和条約、やがて実現すべきサンフランシスコ講和条約の締結と発効が、講和条約の履行と考えています。「即ち一定条項の履行が目的であるから、占領軍が直接施政を行ふ必要無く、況んや軍政を施く事は予想されず、被占領国の機関を利用した間接施政が行はれる」（一二四頁）という文章があります。

宮崎論文は一九五〇年現在において完全な武装解除が行われている点、日本政府の存在をみとめた上での間接統治である点で日本占領は「保障占領」に近い形をとっているが、天皇と日本政府そのものが連合国軍総司令官の下に置かれているのだから主権を有する独立国ではなく、したがってこの占領を「戦時占領」と考えることもできるとし、けっきょくは第三の立場、「日本占領特殊説」をうちだしました。「特に国内事項について迄立入つた占領である点に於いて従来の占領とは類を異にしている（一三一頁、傍点引用者）という結論に達しています。

日本占領が特殊化した理由が五つあげられています。1.「戦争自体が持久戦化」、2.「戦争目的が領土の獲得よりも実質的経済利益の面に移って来たこと」、3.「右に伴って必然的に被占領国の経済的、思想的面の改造が要求される」、4.「世界法主義的戦争観の影響」、5.「二つの世界の対立」です。宮崎繁樹が挙げている五点には、宮崎からみた同時代世界の現実がよくまとめられているのではないでしょうか。

ポツダム勅令

宮崎繁樹はこの論文の中で「連合国占領軍の占領目的に有害な行為に対する処罰に関する勅令」である政令三一一号にふれます。これが「ポツダム勅令」です。宮崎は、連合国軍最高司令官の指令に違反することを禁じる当勅令は、連合国占領軍総司令官の指令自体を立法行為となすものだとします。直後に「勅令といふ日本政府の立法行為によつて法的性格を与へられたものであるから厳密には直接立法と呼ぶべきではない。寧ろそれは特殊な行政的行為である」（一三〇頁）と屈折し回りくどい但し書きをつけます。占領下では「間接統治」とは名ばかりの占領軍直接支配だ、と端的に言うことが許されなかったからでしょう。

ポツダム勅令は当時、おそれられていた法律でした。勅令とは天子が直接に下す命令という意味ですから、ポツダム宣言にもとづく、つまり占領国軍命令という形容と併用すると強烈な皮肉の響きをもちます。私は長いあいだ戦後憲法成立後に勅令という言葉が使われるはずはない、ポツダム勅令とは俗語的表現にちがいないと思っていました。しかし占領軍の軍事裁判記録を参照すると勅令三一一号および改定された政令三二五号が英語で imperial code と記されています。ポツダム勅令は宮崎論文以外の法学関係の論文にも使われ、研究対象にもなっています。だとすれば「ポツダム勅令」以上に、間接統治における権力の二重構造と、占領軍による天皇制利用を表現している例は他にないと言えるかもしれません。

前節で触れたようにポツダム勅令三一一号とこれを改定してつくられた政令三二五号は、一九五〇年前半にはとりわけ反体制運動弾圧のために濫用されました。「立入つた占領」という宮崎の日本占領特殊説には国際法研究者の立場からする抗議がこめられていると考えることができるでしょう。

3　「昭和二五年六月一日脱稿」という宮崎論文の日付とその後

朝鮮戦争とサンフランシスコ講和条約／日米安保条約

宮崎繁樹がこの論文を書きあげた時、日本の旧植民地にはさまざまな独立国が成立していました。一九四八年八月一五日の大韓民国、九月九日の朝鮮民主主義人民共和国、翌一九四九年一〇月一日の中華人民共和国の成立宣言などです。連合国軍の占領下にあった旧枢軸側の国々も主権回復をしていました。イタリア共和国はすでに一九四七年二月一〇日に連合国とパリ平和条約を結んでいます。一九四九年九月七日にはドイツ連邦共和国（西ドイツ）、一〇月七日にはドイツ民主共和国（東ドイツ）が成立しました。第二次世界大戦後の世界の国家間体制がようやくできあがりつつある、という一般の認識があったでしょう。

じじつ一九四九年一一月一日にアメリカ国務省が対日講和条約検討中との声明を出しました。日本国内の出版物のGHQ検閲は事前から事後へ移るなど変化がみられます。『世界』（岩波書店）をはじめとする総合雑誌には、全面講和か片面講和かの議論がさかんに掲載されます。他方で宮崎論文脱稿のときには、朝鮮半島では戦火が燃えあがろうとしていたのでした。前述のように日本国内における労働組合運動をはじめとする社会運動、思想運動にたいする弾圧が激化しました。つまり宮崎論文脱稿の日付「一九五〇年六月一日」は、占領終焉方向と戦時占領へ逆戻り方向という矛盾する二方向が交差する時点にありました。

宮崎繁樹が最初の論文にひきつづいて発表した法学論文のテーマは三群に分類できそうです。第一に士官学校時代から親しんできた戦時国際法からする戦争と占領についての考察です。「占領に関する一考察」につづくものとして、日米安保条約、集団自衛権問題を考察する論文があります。第二群は、国際赤十字や国際連合など国家の上位におかれるべき国際機関・国際機構についての考察です。第三には、基本的人権の問題、それも「国際社会における基本的人権の保障」（『法律時報』三三巻一〇号）という題名が示すように国際条約や国内法の条文の間から漏れ落ちる人権の問題がしだいに関心事となりました。これらの論文はのちに共著『近代戦と国際法』（明治大学国際法研究室、一九五一年）、以下は単著『国際法における国家と個人』（未来社、一九六三年）、『出入国管理――現代の「鎖国」』（三省堂、一九七〇年）、『戦争と人権』（学陽書房、一九七六年）、『世界の人権と同和問題』（明石書店、一九九六年）などの著書にまとめられます。宮崎繁樹は一九五一年の公職追放解除、教職追放解除後に明治大学法学部で教える法学者となります。同大学の法学部長と総長でおわる職歴を歩みました。

国際機構／国家／個人

宮崎繁樹は戦後社会が期待した国際機構、国際機関に個人の権限を委譲しようとしても国際機構はけっきょく大国に支配されるという現実に直面してゆきます。それでも国際機構に個人が提訴する権利を認めさせる訴え、基本的人権を国際的に保障する運動を支持しつづけました。専門書を出版するたびに、あとがきに「戦後一〇年」、「戦後二〇年」、「戦後三〇年」と記し、平和時にこそ戦時国際法の研究が必要という警告をくりかえしています。

宮崎はかつて軍人として所属した帝国の崩壊を見極めなければならず、その一方で戦後の国家再編成に早々に組み込まれることもできませんでした。宮崎繁樹は士官学校時代に知った戦時国際法を手がかりにして逆説的に、平和と民主主義をその根源において考察しはじめています。彼は所属をとかれた谷間の時代に焼け跡の復員青年として生きたおかげで法的概念としての「個人」をつかみ、これを手放さずにその後を生きたようです。国家装置の最たるものである法のなか、法学者として生活した宮崎繁樹ですが、彼は法学的見地から「国際法の主体は国家だけではなく、国際機関や個人にも国際法主体性が認められている」(『戦争と人権』三三頁)と述べています。国民として生きざるをえない個人は同時に国家に吸収されない社会生活をいとなむ権利をもつとします。宮崎青年が獲得した戦後価値を「基本的人権」と呼ぶことができるでしょう。

歴史的時間に戻るなら、この頃『世界』(岩波書店)の一九五〇年から一九五一年の各号にはくりかえし来るべき講和条約の締結についての記事が掲載されています。平和問題談話会の「講和問題についての声明」は安倍能成、天野貞祐、大内兵衛、羽仁五郎、丸山眞男、末川博、鶴見和子、久野収、桑原武夫、松田道雄、生島遼一など、その後六〇年安保の時代においても論壇を先導する戦後知識人たちを糾合してまとめられました。声明は全面講和、経済的自立、中立不可侵と国際連合への加入、軍事基地反対の四点に要約されます。後に冷戦構造とよばれる二つの世界の片方に加担する片面講和にたいする危惧が、「全面講和」、「中立不可侵」に表現されました。しかしこの声明にも、世界の国家間体制を前提とするのであれば、すべての国同士の平和条約締結が完了するまで戦争状態がつづくとするほどの未来にたいする不安は感じられません。『世界』に執筆していた戦後知識人たちは当時の宮崎青年よりも一〇歳から三〇歳の年長であって過去への悔恨は深くあったが、未成年として戦争と被占領下を生きた世代のいだいた不条理感や未来への深刻な危惧を必ずしも共有していなかったようです。また占領期を脱して独立国家をめざす時代の潮流が勢いをもっており、進歩的と言われた戦後思想は個人よりも民族と国家を強調し、「平和」をしだいに経験から遊離する大きな概念として語りはじめていたのではないでしょうか。本書第二章があつかう「戦後歴史学」がはじまった時期にあたります。

自分の目で現在の時点からあらためてサンフランシスコ講和条約を読むと、第一条に「日本国と各連合国との間の戦争状態は、第二十三条の定めるところによりこの条約が日本国と当該連合国との間に効力を生ずる日に終了する」とあります。宮崎繁樹が「休戦」と言ったように、一九五二年四月二八日の条約発効日まで戦争状態が続いていたのでした。すると講和条約締結のない国とはいまだ戦争状態にあることになります。もっといえば世界のすべての国々が互いに不戦条約を結ばない限りは国々は互いに潜在的な休戦状態あるいは戦争状態にあるのではないか。

それをうけて同じ日に発効した（旧）日米安全保障条約の前文には「日本国は、武装を解除されているので」で始まる文章があります。「前記の状態にある日本国には危険がある」とつづき、「よってアメリカ合衆国との安全保障条約を希望する」と書かれています。条約の締結相手国が限られていた平和条約ともまたちがって、日米安全保障条約はアメリカとのみ結ぶものです。

戦後、「軍事国家」にたいする「平和国家」が新しい国づくりの指標とされました。しかし「平和」の根拠が日米安全保障という排他的な二国間条約にかぎられていることとの危険性については多くの人がその後忘れてしまったのではないでしょうか。「休戦」と「占領」は過去でなく、現在を説明します。戦後の平和と民主主義はこの二国関係のなかでしか成立していなかったのかもしれません。六四年前に執筆された宮崎論文が用いた「立入つた占領」の意味内容が日米関係を軸とする日本占領後の戦後史そのもので充填され今にいたったとしたら、つまり「立入つた占領」が今現在も続いているのだとしたら、私たちは平和と民主主義をうたった戦後思想まで戻るだけですまさずに、その時代にはできなかったさらに根源的な問いをたてることをし、考える必要に迫られているのだと思います。

4　おわりに

言葉の政治は命名行為と解釈行為によって行われます。不戦条項である憲法九条に反対する安倍首相が「積極的平和主義」を唱えています。彼が言う「積極的」とは武装を意味するが、武装平和という形容矛盾を隠蔽してこのような名づけを行う。憲法改正でなく憲法「解釈」でことを進めるという言説がまかりとおる。「集団的自衛」は、戦後のあいだ今にいたるまで非対称、相互補完的であった日米関係、端的に言うなら自衛のかわりにアメリカ軍により一方的に庇護されてきた関係を、軍隊をもつふつうの国同士の同盟にする、国民には戦争に参加して殺し死ぬ権利を与えると言っています。

それがわかっていながら、国内問題は多数決原理で決められ、国際問題の主体は国家なのだから国民は従うしかないという絶望的な無力感がひろがっています。かつて廃墟のなかの光であった「民主主義」が今では少数意見や個人の尊重ではなく、多数決暴力の肯定という解釈になろうとしています。

戦後史を再考するとはけっきょく、わたしたちそれぞれが生きている現在を考えることでした。もし、戦争の廃墟のなかで構想された国際機構・機関＞国家＞個人という関係をあえて逆転させて考えるなら何が見えるだろう。宮崎繁樹が言うように、国際機構・機関や国家だけでなく、ひ弱な個々人にも国家や国際機構・機関と対等な主体性があるとしたら、個々人が積極的に出会い交渉し互いに変化して生きてゆく希望があるのではないか。言葉を専門家にまかせるのでなく、国家意思の表現である法律や条約を自分で読み自分で考え表現し、隣人のする表現行為をも支持してゆきたいです。「休戦」感覚を手放さないことによって集団に依存するのでなく逆に個人の視線で集団を対象化し、集団の外にある他者を理解することにむかった宮崎繁樹の実例もまた戦後史の部分なのだと思います。この例からは生存権と抵抗権の内容は個人の行動がつくるということを学ぶことができるのではないでしょうか。その全体が「立入つた占領」であったかもしれない戦後史については、この後の章において様々な現場から考察がなされることでしょう。互いに互いをサポートしながら希望をみいだすことをしたいと思います。

第五章　占領と民主主義
民主主義の矛盾と「私論」の可能性

沈煕燦

1 なぜ民主主義なのか

二〇一三年一二月一八日、誕生日会見で天皇は「戦後、連合国軍の占領下にあった日本は、平和と民主主義を、守るべき大切なものとして、日本国憲法を作り、様々な改革を行って、今日の日本を築きました」と述べました。もちろん、天皇の意見が日本全体を代弁するとは思いませんし、戦後日本の民主主義が不徹底なものであることはすでに多く指摘されてきました。しかしながら、少なくとも「平和と民主主義」というものが戦後日本の自己認識に深く根ざしていることは事実でしょう。日本では、しばしば「反民主主義」という言葉に「反社会的」な意味が加えられる場合があります。それは日本の社会が民主主義社会であるべきという一種の信念と関係していると思います。ところで、このように天皇も自ら強調する「平和と民主主義」とは、戦後の日本において具体的に何を意味してきたのでしょうか。

周知のように、最近の安倍晋三内閣の特定秘密保護法や集団的自衛権の行使を含むいくつかの動きは、「民主主義」を再び中心的話題として登場させました。右傾化を煽る動きから民主主義を守ることが大事なのは、多言を要しないでしょう。ただし、そのための議論において、民主主義そのものを抜本的に考え直す試みがあまり見当たらないのは、非常に残念なことであるといわざるをえません。今日盛んに叫ばれている民主主義の危機を突破するためには、なによりもまず、それが確立した占領期に戻って考察を行う必要があるのではないか。とりもなおさず、戦後民主主義とは何だったのかを、その根底から捉え返さなければならない、ということです。日本の戦後がGHQによる民主化の推進を出発点にしているとすれば、その民主主義を検討することは、戦後史の再考においてもっとも核心的な役割を担うはずです。

この作業は、戦後日本を――肯定的であれ、否定的であれ――民主主義国家として規定してきた一般的な認識に異議を申し立てるものとなりますが、それは以下のような問いを韓国人である私が皆さんとともに考えてみたいからです。

> あなたにとって、自らを「民主主義者」と言うことには意味があるのか。意味がないとすれば、なぜか。そして、意味があるとすれば、その言葉のどのような解釈によってであるのか。
> （G・アガンベン他編『民主主義は、いま？』河村一郎他訳、以文社、二〇一一年、七－八頁）

本章では、占領期における民主主義の輸入および定着の過程を検討し、日本の戦後民主主義の特徴を概観しながら、今日の民主主義のあり方に関する若干の考察も加えたいと思います。

2　占領期における民主主義の輸入と変容

天降る民主主義

戦後日本の民主主義は、ポツダム宣言の受諾とともにはじまりました。ポツダム宣言は、日本に対して武装解除や連合国軍の日本占領、民主主義的な傾向の復活などを通告しましたが、それによって日本は「今後の進路」を「民主主義による新国家の建設」と定めることができたのです（『日本歴史　下』文部省、一九四七年、二一〇頁）。

一九四五年一〇月二日、東京に設置された連合国軍最高司令官総司令部（GHQ／SCAP）は民間情報教育局（CIE）を設立し、日本の民主化や再教育のためのプログラムの構成を推進します。CIEは、主に学校教育とメディアをつうじて民主化のための社会教育を施しましたが、それに関わる基本的な目的と方針はすでに戦時中に計画されていました。アメリカがはじめて占領政策の骨子を明らかにした「降伏後ニ於ケル米国ノ初期ノ対日方針」は、一九四五年九月二二日に発表されたものですが、草案そのものは六月から計画されていました。そこに書かれている内容のうち、とりわけ重要だと思われるところを以下に抜粋しておきます（外務省特別資料部編『日本占領及び管理重要文書集』第一巻、東洋経済新報社、一九四九年、九一－一〇八頁）。

①国際社会およびアメリカの目的を支持する政府を樹立する。
②その政府は民主主義の原則に合致することが望ましいが、もし日本の人民の意思に反する政府が樹立されてもアメリカは責任をもたない。
③集会や公開討議の権利を有する民主的政党は奨励するも、占領軍の安全に危害をもたらす場合は制限する。
④日本の国民はアメリカなど民主主義国家の歴史・制度・文化およびその成果を勉強する必要がある。

「解放軍」として迎え入れられた占領軍の目的がどこにあったのかがよくわかります。一九四五年一〇月一一日の五大改革指令をはじめ、数々の民主化政策が展開されるわけですが、その裏面にはアメリカの利益保障やイニシアティブの確保、安全な目的達成という意図があったのであり、当初から制限的な性格を帯びていたのです。しかし、一九四六年文部省が家永三郎らの歴史家に執筆を依頼し刊行した『くにのあゆみ』に、「今度こそ、ほんたうに、國民が力をあはせて、日本を民主主義の國にするときであります」（下、五二頁）とあるように、敗戦後――あるいは休戦状態（第四章参照）――の日本はその民主主義を全面的に受け入れていました。

こうした一連の過程は、ファシズムからの解放や新たな出発という認識を日本にもたらしました。戦前と戦後を断絶とみなすその境界に民主主義の言説が据えられたのです。一九五〇年に中高生や一般人のために著述された『新しい日本の歴史』では、「日本を再建する基礎を民主主義におこうとする」ポツダム宣言が、「生活や社会全体」における「民主化」の「大切」さが「いまこそわかった」「若い国」日本に、「もういちど世界の仲間入りをしてゆくこと」を許してくれたといいます（家永三郎他著、毎日新聞社、三一八・三二八―三二九頁）。

だが、「戦時中の「八紘一宇」のプラカードの裏を使って「民主主義」のポスターを作っている」という表現からもわかるように、当時の民主化政策を「政治的な看板の書き換え」にすぎないと皮肉る視点も同時に存在していました（ジョン・ダワー『増補版　敗北を抱きしめて（上）』三浦陽一・高杉忠明訳、岩波書店、二〇〇四年、三〇五頁）。そもそも「近衛文麿や吉田茂が、国体護持＝天皇制護持を最大の目標として終戦工作をおこない、米国務省も、天皇制には手をふれず、日本国民にその運命をまかせることによって降伏政策を推進したことが、ポツダム宣言の発出と受諾で見事に実をむすんだ」（神田文人『昭和の歴史　第八巻　占領と民主主義』小学館、一九八三年、三九頁）のであり、そうした意味では戦後日本の新たな国家建設はアメリカと日本の政治的合作の産物でもあったといえます。第七章で内藤由直が指摘する「戦後のアンビバレンス」と「日本国憲法の問題」も、この点に起因していると思われます。

さらに、占領直後の日本政府は民主主義から自らの権益を守ろうと必死であったことを忘れてはなりません。アメリカ国務省が一九四六年四月一日に提出した調査書「日本における市民的自由の問題」では、幣原内閣が「社会の安寧に害があるならば、言論・出版・集会・結社の自由」を制限すべきだと主張し、その方策を閣議で議論していたことが報告されています（粟屋憲太郎編『資料日本現代史』第三巻、大月書店、一九八一年、三三七頁）。また天皇のマッカーサー訪問の話を掲載した新聞の発売禁止や警察力の増強をGHQに請願したり、政治犯の釈放が総選挙に影響を与えることを避けるため釈放の時期を延ばすといった姑息な手法まで用いていたのです（同書、三三七頁）。その他、政府は一九四五年八月一八日、各地方長官に「これからやって来る占領軍向けの性的慰安施設を設置することを指令」し、数日後には「占領軍に対して、どういう方法で売春婦を提供するかという会議」を開きます（加太こうじ「犯罪と売春」、思想の科学研究会編『共同研究　日本占領軍（上）』徳間書店、一九七八年、四九四頁）。「いかなる占領軍対策よりも、売春婦が先だということを、日本政府は自己の侵略の体験にもとづいて思いついたわけ」です（同書、四九四頁）。

戦後民主主義と国民国家

このように、様々な思惑が錯綜するなかで、アメリカ型の民主主義を日本に根付かせようとする施策が行われました。しかし、民主主義の輸入と伝播がGHQと日本政府の政治的合作によってなされたとはいえ、その理念や内容が斉一的に理解されたわけではありません。一九四七年、CIEの指示で民主化教育を担う社会科が誕生し、文部省は翌年度から「今の世の中に」「はんらんしている」民主主義の定義を明確にし、「だれもが信頼できるような地図となり、案内書となることを目的として」『民主主義』上・下を刊行します（上、一－二頁）。

この本では、アメリカにおける民主主義の理念にもとづいて、成熟した近代的市民意識の自覚と自由な競争による繁栄の追求、そしてそれを調停する国家の役割などが重視されます。すなわち

「すべての人間を個人として尊厳な価値を持つものとして取り扱おうとする心」が「民主主義の根本精神である」と述べつつも、それは「公共の福祉」に合致すべきだと強調する（同書、一・八二頁）。ここでいう「公共の福祉」とは、要するに「八千万の国民」と「国民生活の向上」を意味しますが、そのためには「労働者の賃金が高く」なるのは望ましくなく、当分は「国民のすべては苦しい生活を送らなければならないが、これは敗戦国として、当然忍ばなければならないところ」だといいます（同書、一八〇－一八一頁）。しかも「社会主義的な経営方法」の短所を指摘しながら、「仕事に精を出せば出すほど利益があがるという資本主義の強味を発揮」することが大事だと論じます（同書、一九〇－一九一頁）。

こうした『民主主義』の論調は、「民主国家の国民たるにふさわしい社会道徳を備えている」「民主主義者は、国家の重んずべきことを心得ている。祖国の愛すべきことを知っている」（同書、一五一・一四四頁）という記述からもわかるように、民主主義を国家の理論のなかに縫合しようとするものでした。しかし、ここで注意すべきことは、個人の自由と権利を国家の利益に結びつけるその論理の由来です。

そのため、ここではまずルソーの民主主義論をみてみましょう。ルソーの理論を手短にまとめると、人間は誰もが他人に譲渡することのできない本来的な権利を有するため、自由で平等な存在となるし、民主主義は、そのような人間本来の自由と平等にもとづくべきだといいます。ところが、ルソーは、もし諸個人が各自の自由と権利だけをいい張ると、公共的な意思の決定が不可能に陥ってしまうのではないかと懸念しました。かれは、公的な秩序を保つためには、個人に社会的義務と道徳的責任を課さなければならないと考えました。

文部省の『民主主義』が「社会生活における民主主義の成否は」「社会公共の福祉のために尽くそうとする誠意と勇気とを持った人々が、多いか少ないかによって決まる」と述べているのも（前掲『民主主義（上）』一五一頁）、この問題と関係します。ここで民主主義はある矛盾に直面します。すなわち、民主主義社会において人びとはいったん手に入れた自由と平等の権利を、その民主主義のために「社会公共の福祉」に譲らなければならず、それによってはじめてそうした権利が社会のなかで再び獲得できるという矛盾したプロセスが生じてしまう。要するに、古典的な民主主義の理論においては、人間本来の権利はより上位に位置する普遍的な理念に拘束される必要があり、そのように自由を諦めることが、むしろ自由を保証してくれる契約になるのです。

民主主義という課題

ルソーはこの「自由な拘束」という形容矛盾を解決するため、社会の構成員なら誰もがしたがわざるをえない「一般意志」や「市民宗教」の概念をもちだします。だが、このルソーの論理は、かえってそうした普遍的・抽象的な概念を用いずには自らを基礎づけることができない民主主義の薄弱さを暴露してしまいます。西川長夫が「直接民主主義の提唱者ルソーの理論のなかに天皇制の必然性を読みとるという」「奇抜」な課題を提示したのは（西川長夫『国民国家論の射程』柏書房、一九九八年、一九三頁）、本章の考察においてとても大事な意味をもっています。

もちろん西川長夫は、国民統合という視座から明治期の天皇制を問うているのであって、民主主義そのものを俎上に載せているとはいいがたいでしょう。ただし、本章で私は西川長夫の問いをさらに拡張――あえて誤読――して、民主主義そのものの問題にまで推し進めていきたいと考えます。直接民主主義とは、たとえば天皇制――あるいは国家・民族・社会など――のような観念的・抽象的な概念に頼らざるをえないのではないか、と。これは戦後日本にのみ限られる問題ではないでしょう。戦後民主主義の諸問題は、戦後日本特有の問題ですが、同時に民主主義一般の問題と関係づけて考えてみる必要があると思います。それは戦後民主主義を一国史の枠だけで問うのではなく、より広い観点から見直すためであり、そこにこそ長い間「戦後の進歩的知識人」を「呪縛」してきた「民主主義」を今日の状況において再び問い直す道が（西川長夫『パリ五月革命 私論』平凡社、二〇一一年、四五〇頁）、そして韓国人である私も参加できる議論の場が形成されるのではないでしょうか。

3　翻訳される民主主義

占領期の思想

ところで、占領期という空間に生きていた民衆は、民主主義を多彩な形で解釈していました。焼け跡になってしまったとはいえ、人びとの日常を強力に抑圧していた国民国家が崩壊し、いまだ支配的な言説が確立していなかった占領期の日本には、「運動らしくない不逞の運動」がほとんどではあったものの、「大衆自身が生きるために自らの権力を形成する」新たな政治が出現していました（菅孝行『戦後精神』ミネルヴァ書房、一九八一年、一四一―一五頁）。西川長夫は占領期の日本について以下のように述べます。

《われわれはアメリカの占領下にあったときほど、自由であったことはなかった》〔……〕じっさい今から考えてみて、日本人の歴史のなかで戦争直後ほど自由な時代はなかったのではないでしょうか。われわれの日々の言動から服装の細かな部分に至るまでを監視し、命令を下していた強大な国家権力は殆ど麻痺状態に陥り、軍隊は完全に崩壊していました。〔……〕彼らはすべてを失ったかわりに、想像力の自由、理想的な社会、おそらくはユートピアを想像する自由を得たのです。すべてを奪われ、既成のあらゆる価値が崩壊したあとにはたしかに、黒々とした悔恨とニヒリズムが残されはしていたが、同時に仄白い期待の地平がひらけていたことも事実です。（西川長夫『日本の戦後小説』岩波書店、一九八八年、一四―一五頁）

普遍的・抽象的な上位の概念に自らの日常を一方的に吸い込まれる状況が瓦解し、占領期におけるアナーキーな状況とも相まって、当時の民衆は民主主義を「想像する自由を得た」かもしれません。人びとは各々の現場から民主主義について考えはじめました。羽仁五郎は「日本の民衆は革命というのを敗戦と同時に体験」したと述べていますが（『自伝的戦後史』講談社、一九七六年、一四六頁）、米よこせ、闇市、やくざ、子供たちのパンパン遊び、カストリ雑誌などといった占領期における新たな文化の形成とともに、民主主義もまた様々な形で翻訳・流用されていきました。

たとえば、ある労働者は民主主義を「国民全部が政治に参与して政治的奴隷より脱却することであり、経済的には労働者の経営参加となって現れ」ると思っていましたが（吉見義明『焼跡からのデモクラシー（上）』岩波書店、二〇一四年、一七六頁）、こうした考えは労働者たちが自分たちの職場や工場の掌握をめざす生産管理闘争の根拠となりました。ある人は「愛国の情熱に燃えて」いた「青春を今になって「間違ってゐた」「騙されてゐた」」と振り返りつつ、「自由に論じ合ひ、自由に集り合う権利」を生かし「労働組合」を組織すべきだと考えていましたが（同書、一七六頁）、実際、一九四五年には五〇三箇所の組合に約三七万人が加入していたのに比べて、三年後の四八年には組合が約三万五〇〇〇箇所まで、そして組合員も約六七三万人まで爆発的に増加します（天川晃他編『ＧＨＱ日本占領史』第三一巻、日本図書センター、一九九七年、一一七頁）。

よって大規模なストやデモも頻発し、デモ隊が皇居に押しかける場合もありましたが、同時に、たとえば一九四七年の二・一ストに関して「官公労の労働者の月給は上がったが、その穴埋めの課税で弱い農民から税が取り上げられ」た点を厳しく批判する若い女性もいました（吉見前掲、一八八頁）。

Democracy：「でも暮しいい」

もちろん、こうした民主主義への自覚にはアメリカが大きく影響していました。島根県のある女性は「農村女性の解放を」目指していましたが、彼女に大きなインスピレーションを与えたのは「アメリカの独立宣言」でした（同書、一七九―一七八頁）。一九四五年、フィリピンで死にかけていた一人の日本兵士は、敗戦直後にアメリカ軍の保護を受けるようになり、かれらの人格と親切な配慮に対する尊重から「アメリカ民主主義を痛切に体験した」と述懐します（同書、一八二頁）。NHKのラジオ番組「カムカム英会話」の講師平川唯一は、言葉の「いのち」のなかから「デモクラシーの真髄」を見いだそうとしました（竹前栄治「戦後デモクラシーと英会話」、思想の科学研究会編『共同研究　日本占領』徳間書店、一九七二年、一三四・一四〇頁）。

しかし、一方では「猫もシャクシも口をひらけば民主主義。だけど、天皇が二人いる民主主義なんぞあるものか」といい（ダワー前掲、下、一七五頁）、天皇とマッカーサーを同時に罵る芸人もいました。また、「デモクラシーといえば西洋流に聞こえるかもしれないが、民をもって本となすことは」「東洋思想にほかならない」と述べ、アメリカの民主主義に対する不信感を示していた労働者もいます（吉見前掲、一八九頁）。

そしてなによりも強調しておきたいのは、当時の民衆にとって民主主義は単なる政治や制度の問題に止まるものではなかったということです。長崎県のある労働者は「戦争中に日本人が犯した「人道に対する罪」を認め、今度はヒューマニストとして生きること、そのために精神革命が必要だという」ことを決心していました（同書、一八一頁）。民主主義は「選挙とか農地改革を超えた非常に広い意味に理解」されていたのであり、「人間の魂をつくり変えること」であると受け止められていたのです（アンドルー・ゴードン『日本の200年（下）』森谷文昭訳、みすず書房、二〇〇六年、四九三頁）。

マッカーサーは、日本の民主主義は人間の年齢にたとえるならまだ一二歳にすぎないという、いわゆる「一二歳論」をアメリカで述べましたが、子供たちがデモクラシーを「でも暮しいい」と言い換えていた例からもわかるように（ジョージ・ビー・ド・ハッザー『民主主義の実際的応用』加賀谷林之助訳、七星社、一九四九年、一九七頁）、占領期の日本の民衆はそれぞれの生と日常の現場で民主主義を翻訳していたのです。

このように、民主主義は占領空間におかれていた多くの人びとに歓びや期待、不安と混乱を同時にもたらしていました。アメリカは「市民的自由」の確立や進展が「総司令部の諸指令」と「政策表明の結果」であると自慢しましたが（「降伏後の日本における市民的自由の進展に関する評価」粟屋前掲編、三四五頁）、その水面下では「「マッカーサー」ヲ生カシテハオカナイダラウ」、「天皇陛下トイフモノガアルカラコンナコトニナルノヤ。一層ノコト鉄砲デ射チ殺シテシマヘバヨイ」といった、アメリカと日本政府にとってすこぶる不穏な「流言蜚語」が流布していたのも事実です（粟屋前掲編、第二巻、一九八〇年、二二三・二五三頁）。

4 「私」たちの民主主義のために

前述した事例をとおして本章でいわんとすることは、自分の日常に根ざしている民主主義を「想像する自由」と、抽象的・普遍的な公共性とを安易に混同してしまってはならず、とりわけ、「私」の意志を国民・国家・民族などの概念に無自覚的に等置させてはならない、ということです。民主主義が異議を申し立てたり問いかけたりすることをやめて制度化してしまえば、他者の排除という国民国家が孕む二分法が民主主義を蚕食することになります。民主主義には、その構成員を包摂しつつ、他者を外部に追いやる側面があります。

たとえば、一九四九年四月四日に制定された「団体等規正令」は、「反民主主義団体の結成ならびに指導」を禁止するものでしたが、その矛先は「在日本朝鮮人連盟」に向いていました。「朝連」を解散に追い込んだ論理的根拠の一つは、「反民主的暴力主義団体」という当時の新聞記事からもわかるように、民主主義に求められていました（鄭栄桓『朝鮮独立への隘路』法政大学出版局、二〇一三年、二六六・二七九頁）。なお、一九四五年一二月には衆議院議員選挙法が改正され女性参政権が認められるものの、日本在住の朝鮮人・台湾人など旧植民地出身の人びとの参政権は「停止」されました（水野直樹「在日朝鮮人・台湾人参政権「停止」条項の成立」『世界人権問題研究センター研究紀要』一号、一九九六年）。その後ＧＨＱの「逆コース」、朝鮮戦争の勃発（第六章）、五五年体制の成立（第七章）、高度経済成長（第九章）などを経て、占領期における民主主義の生き生きとした側面は色褪せていきます。

このような排除の論理を戦後日本でみつけることは、残念ながらさほど難しいことではありません。「個人の尊重でなく、多数決暴力の肯定」（第四章）として形骸化してしまった民主主義の姿が、沖縄（第一〇章）や川崎（第一三章）、もしくは外国人労働者の事例（第一四章）から垣間見られるのではないでしょうか。しかし、同時にそこには――おそらく占領期がそうであったように――戦後史が、ないしは歴史が破れる瞬間が宿っているかもしれません。

本章は、民主主義の矛盾を見据えた上で、それを抽象的な概念ではなく、自分の現場に立脚して翻訳することを提案するものですが、西川長夫の「私論」には、その実践の可能性が潜んでいると思います。戦後歴史学に対する強烈な批判としての「私論」については第二章で詳しく論じられていますが、要するに「私」の立場から歴史と現実を眺める、ということです。ただし、「私論」は「原風景」や「原体験」といった個人の経験を絶対視したり、不変なものとして把握したりするものではありません（西川長夫『植民地主義の時代を生きて』平凡社、二〇一三年、二四五頁）。それは自分探しでは決してありません。「私論」は、「生存それ自体が孕んでいる絶対の孤独」を抱こうとする実践的な行為であり（西川長夫『増補 国境の越え方』平凡社、二〇〇一年、三四五頁）、したがって、ただ単に内面に沈んでいくことでも、社会の言説と自分を同一化させることでもありません。

すなわち、「私論」は個人と社会の裂け目において新たな共同性を開く営為になります。それぞれの「私」が「共に在ること」（西川前掲『パリ五月革命 私論』四五二頁）、その制度化以前の豊かな共同性は、民主主義を完結した理想的なシステム、あるいは志向の対象という終着点とみなすのでなく、民主主義が達成されたと思われるやいなや、それに対して再び運動を起こすものになるでしょう。今日の日本の民主主義が陥っている困難さを突破し、他者との真の対話を可能にする道程を、ここから見いだせるのではないか。その道のどこかで、戦後史の終焉が告げられる瞬間が訪れるかもしれません。

第六章　戦後文学の「夜の声」

朝鮮戦争と戦後日本の誕生

原佑介

1　日本の戦争と朝鮮の戦争

日本の戦後史の原点とは何か、その原風景とはどのようなものか。このような問いを立てるとしたら、多くの場合、「玉音放送」や「平和憲法」、焼け跡、墨塗りの教科書、昭和天皇とマッカーサーの写真、極東国際軍事裁判といった言葉やイメージが挙がるのではないでしょうか。これらに対して本章では、日本の戦後が立ち上がっていく中で、最も決定的な影響をおよぼしながらも等閑視されてきた原点の一つである朝鮮半島の分断について、その歴史的意味を再考したいと思います。

一九四五年九月二日、戦艦ミズーリ号上での降伏文書調印式の後、北緯三八度線を境にして米ソが朝鮮半島における日本軍の武装解除を分担することが布告され、朝鮮の国土分断が現実化します。一九四八年、半島南部と北部をそれぞれ実効支配する大韓民国（韓国）と朝鮮民主主義人民共和国（北朝鮮）の建国が相次いで宣言され（八月一五日および九月九日）、互いの存在を認めない政府が並び立つ事態となりました。

それから二年後の一九五〇年六月二五日、金日成《キム・イルソン》率いる朝鮮人民軍の南侵によって、ついに内戦が本格的に始まります。実質的にほぼ米軍で構成された国連軍が韓国の防衛と反攻に乗り出したのを受けて、中華人民共和国が北朝鮮側について参戦します（秘密裏にソ連も）。こうして、国際戦争としての性質を露わにし、半島全土が戦場と化した朝鮮戦争は、結果的に二〇世紀で最も破壊的な部類に入る大戦争にまで発展しました。五三年七月二七日に休戦協定が結ばれますが、戦争状態は終息しないまま二〇一四年現在に至っています。

朝鮮戦争は、一般に韓国では北朝鮮の侵略行為を強調する意味合いで「六・二五《ユギオ》」（戦争勃発の日付）と、北朝鮮では「日帝」にとって代わった「米帝」を駆逐する民族独立闘争という意味合いで「祖国解放戦争」と呼ばれてきました。一方、このような国家主義や政治的イデオロギーの角逐とは縁遠かった民衆にとっては、朝鮮戦争とは、隣人が突如殺人鬼と化す悪夢的な「同族相残」であり、（米軍を含む）公権力の極限的な国家暴力化が引き起こした民間人集団虐殺でした（金東椿『朝鮮戦争の社会史』金美恵ほか訳、平凡社、二〇〇八年）。

これに対して、すぐ隣の日本では、おおむね特需景気の国民的記憶のみが残され、アメリカと同様に、朝鮮戦争は外国で起きた「忘れられた戦争」となっていきました。しかしこの戦争は、日本の戦後史において、決して外部化できるようなものではありません。少なくとも、たとえばベトナム戦争が外部化できないのであれば、それとは比べ物にならないほどいっそうそうはできない、そのような戦争です。

朝鮮戦争について、日本の戦後歴史学が傾聴すべき意見に、ブルース・カミングスによる次のようなものがあります。彼は、朝鮮戦争は一九五〇年に始まったのではない、と明言します――「朝鮮戦争は、はるか昔のあの植民地支配の歴史のなかに、とりわけ一九三一年に日本による侵攻が始まった地、つまり（満洲と呼ばれた）中国東北部で蒔かれた種から生まれた戦争であった。〔……〕朝鮮の紛争は、日本と朝鮮の反目を、つまり一九三〇年代に満洲で一〇年も続いた武力抗争を引き起こした反目を受け継いでいた。その意味でこれは、八〇年来の確執だといえよう」（『朝鮮戦争論』栗原泉ほか訳、明石書店、二〇一四年、一二一－一三頁）。

カミングスはさらに、事の本質を次のように大胆に要約します。

太平洋戦争は一九三一年に始まり一九四五年に終結した。朝鮮戦争は一九四五年に始まり、たとえ戦闘が一九五三年に終わったとしても、終結を迎えていない。一九三一～三二年に始まった北朝鮮と日本の戦争も終わってはいない。〔……〕北朝鮮の視点からすればこれらふたつの戦争は「終わって」いない。どちらの戦争も適切な解決にいたっていないのだ。〔……〕歴史にこだわりの深い北朝鮮は、遠い昔の一九三二年三月一日にまでさかのぼり、その時点と現在をまっすぐに結びつけて捉えるのだ。戦争で苦しんだ者は、戦争がいつ始まりいつ終わったかについて、より研ぎ澄まされた感覚をもっている。（カミングス、同書、二六六頁）

このようにカミングスは、朝鮮戦争が始まったのは一九五〇年ではなく、また二つの分断政府が出現した一九四八年でもなく、一九四五年である、と指摘します。朝鮮戦争が連なる争いの流れの本筋は、米ソ冷戦というよりむしろ、大日本帝国による朝鮮と満洲の植民地支配に由来する闘争である、と喝破しているのです。つまり、朝鮮戦争は、ベトナム戦争などと同じような冷戦の一環である前に、日本の植民地支配と「一五年戦争」の脈絡の上に置くべき戦争だ、ということです（これは同時に、ベトナム戦争をよりフランス植民地支配と関連づけてとらえ直すことを意味します）。このことは、日本の戦後史において一体何を意味するのでしょうか。

2　地下茎化した大日本帝国

二〇一一年一二月、北朝鮮で金正日《キム・ジョンイル》が急死し、その三男の金正恩《キム・ジョンウン》が最高指導者の地位を継承しました。そのちょうど一年後の一二月、日本では第二次安倍晋三内閣が発足します。さらに同じ月、韓国では朴槿恵《パク・クネ》が大統領選挙に当選しました。

折しも、日本と朝鮮半島の二つの分断国家（および中国）の関係が戦後最悪の水準に落ちこんでいる二〇一〇年代前半のこの時、これら三人の人物が申し合わせたかのようにそれぞれの国家の最高権力者の座に就いたことには、歴史的な象徴性があると言う他ありません。というのも、彼らの権力はいずれも、大日本帝国の国家運営の実験場であり、帝国の植民地支配とそれに対する抵抗の激戦場でもあった満洲に淵源を持ち、しかもそれらは相互に深く絡み合っているからです。この三者揃い踏みは、端無くも大日本帝国が生み出した民族的軋轢が日本列島と朝鮮半島にまたがって今もなお継続していることを雄弁に物語っています。

金正恩は、朝鮮民主主義人民共和国の建国者金日成の孫です。金日成は、一九三〇年代から満洲で中国共産党の影響のもと大日本帝国の支配に抵抗したパルチザンでした。朝鮮解放時にはソ連軍大尉であった彼は、「親日派」を根絶やしにした朝鮮半島の北半分に、特異な社会主義国家を建設していきます。現在その権力を象徴する金日成父子の巨大な銅像がそびえ立つ丘陵地には、かつては大日本帝国が建てた平壌神社が鎮座していました。

次に安倍晋三ですが、周知のように、その母方の祖父は、一九五五年の自由民主党結成の舵を取り、六〇年には国民的反対運動を押し切って日米新安保条約に調印した首相経験者の岸信介です。岸は、大日本帝国の中枢を担う人物でした。満洲経営で頭角を現し、東條英機内閣の閣僚として「大東亜戦争」を主導した彼は、「A級戦犯」容疑者になるものの釈放され、他でもない朝鮮戦争を機に政界に復帰していきます。かくして、岸信介とその権力を受け継いだ彼の子孫は、「戦後レジーム」の最大の受恵者となりました。

最後の朴槿恵ですが、その父は、一九六〇年代初頭から二〇年近くにわたって韓国で軍事政権を指揮し、飛躍的な経済成長を実現した朴正熙《パク・チョンヒ》です。大日本帝国の軍人だった彼は、大戦末期には日本名を持つ満洲国軍中尉として抗日運動の鎮圧に当たっていました。分断後の朝鮮半島における朴正熙と金日成の対決には、満洲での前哨戦があったことになります。また、一九六五年、佐藤栄作首相が日韓基本条約を朴正熙と結ぶ際に陰で大きな役割を果たしたのは、佐藤の兄で満洲の記憶を朴と共有する岸信介でした（姜尚中・玄武岩『大日本・満州帝国の遺産』講談社、二〇一〇年）。

このように、彼ら三人の政治権力の系譜を遡ると、いずれもカミングスが朝鮮戦争の種がまかれた地と呼んだ満洲にたどり着きます。米占領軍が大日本帝国の支配体制を利用する選択をしたことで帝国との連続性を保った戦後日本、米軍政が温存した大日本帝国の統治機構の上に建国された、潜在的親日たらざるをえないジレンマを構造的に抱える韓国、そして抗日独立運動にその国家的正統性を見出しながらも、大日本帝国による破滅的反米戦争の残夢を倒錯的に引き継いだかのような北朝鮮——これら三つの戦後国家は、植民地帝国日本の遺制を三様に継承しています。

現在の日本列島と朝鮮半島における三極的権力配置図は、地図上から消滅した大日本帝国が日本と朝鮮の政治的土壌に地下茎化して這い伸び、時に激しく喰い合い、時に奇妙に癒着しながら東アジアの戦後史を隠然と生き延びてきたことを、集約的に表現しているかのようです。昨今非常に先鋭化している（中国を含む）東アジアの国家の歴史と国民の記憶をめぐる諍いの根底では、それぞれの大日本帝国に対する認識と評価、そして自身と帝国の関係の歪みが軋み合っています。その意味で、戦後東アジアは、大日本帝国の亡霊が今も徘徊する一種の古戦場であり、帝国に対する憎悪や不信感、自尊心、ノスタルジア、羞恥心、負い目などが逆巻き、地域の安定を脅かす負の情念を生み出し続けています。そしてそれらは結局のところ、「親日」、「反日」、「抗日」、あるいは「排日」や「克日」といった具合に、戦後日本自身も含め、ことごとく「日」——大日本帝国との関係性に強固に呪縛されています。

3　朝鮮分断と閉ざされた戦後日本

ドイツの場合と異なり、日本の敗戦の結果国土を引き裂かれたのは、日本ではなく、朝鮮でした。このことは、どのような立場からも、ひとまずはこの上なく不可解だと思われてしかるべきです。理由はどうあれ、戦争を起こしたのは確かに大日本帝国でした。にもかかわらず、その敗北の最も残酷な復讐を受けたのは、大日本帝国に植民地化され、その大理想に付き合わされ、自身その一部であるところのアジアの「解放戦争」に動員されていた朝鮮だった、というきわめて不自然な歴史的事実が、戦後日本ではそれほど不自然だと意識されませんでした。しかし、戦後世界に生じた幾多の民族的不条理の中で、朝鮮民族を見舞った祖国分断の悲劇はその最たるものであり、かつそれが日本に起こる可能性は当然十分にあった、ということは決して見過ごされるべきではありません。

朝鮮のように、首都からわずか数十キロのところに日本本土の分断線が引かれなかったのは、日本人の誰かが英雄的行動をとったからでも、マッカーサーが昭和天皇の人柄に惚れこんだからでもなく、単なる国際政治力学上の偶然だったのであり、実際には、善意どころか敵愾心と懲罰の欲求に燃えていたアメリカは、米英中ソによる本土四分割占領案まで準備していました（五百旗頭真『米国の日本占領政策（下）』中央公論社、一九八五年、二一六―二二一頁参照）。四分割ならずとも、米ソによる二分割は十分にありえたし、当初ソ連は北海道北部を要求していました。日本の場合は、南樺太や千島列島といった最周縁部が切除されるにとどまったために、そして、米軍が上陸作戦を計画していた南九州や房総半島ではなく、もともと周辺化されていた沖縄が本土（とその先にあるアメリカ）を守る「防波堤」に仕立て上げられたために、国土分断の不条理がほとんど知覚されなかっただけのことでした。

朝鮮半島の分断線は、ソ連軍の対日侵攻開始の直後、一九四五年八月一〇日から一一日にかけて開かれた米国務・陸軍・海軍の三省調整委員会の会議中、わずか三〇分の時間を与えられた二人の将校（一人は後にケネディおよびジョンソン政権の国務長官としてベトナム分断に深く関与することになるディーン・ラスク）によって、ほとんど気まぐれと言っていいような性急さで、最初に画定されました。なぜ北緯三八度線だったのか――それは、そこにあった地図に他にちょうどよい線が見当たらない中、その線ならば首都を南側に含みこむことができ、かつソ連が承諾する程度には公平な山分けになるだろう、と彼らが考えたからであり、それだけです。ソ連による朝鮮半島の単独占領を防ごうと焦る政策決定者たちには、そこで長く暮らしてきた民衆の意見を聞こうとする一片の誠意を想像する余裕さえありませんでした。

その結果朝鮮戦争が起こり、当時三〇〇〇万の人口であった朝鮮半島で、四〇〇〇万とも言われる数の人間が死に、一〇〇〇万人とも数えられる「離散家族」が生じることになりました。各地の村落で、敵軍に一晩の宿を貸した、あるいは一族から「アカ」を一人出したといった理由で、しばしば皆殺しが起こりました。北朝鮮の被害はすさまじく、第二次世界大戦中に太平洋戦域全体で投下された総量よりも多くの爆弾が米軍によってあの狭い領土に注ぎこまれ、平壌を筆頭にほぼすべての都市が灰燼に帰しました。そして、死亡や難民化によって、実に総人口の四分の一が失われたと推定されています（和田春樹『朝鮮戦争全史』岩波書店、二〇〇二年、四六二・四七九－四八一頁参照）。

ところが、わずか数年前まで「一衣帯水」、「唇歯輔車」などと運命共同体論がしきりに唱えられていた日本で、そのとてつもない不条理の報に接した吉田茂首相を含む一部の指導者たちの口をついて出たのは、「天佑」の快哉でした。敗戦の荒廃の中にいた多くの日本人の本音だったと言う他なく、「一視同仁」や「内鮮一体」の大号令の欺瞞はここに極まったと言うべきでしょう。占領下であったとはいえ、戦時中あれだけ熱狂的にアジア諸民族の解放と連帯を叫んでいた日本人の大多数が、隣のアジア民族、それも同じ「皇国臣民」だとしていた朝鮮民族の未曽有の受難を前に示したのは、圧倒的で継続的な沈黙と無関心、さもなくば敵意でした。

敗戦後、非軍事化と民主化を柱とする急激な変革が進められていた日本でも、朝鮮戦争の影響を直に受けて、絶対平和国家への道は途絶します。自衛隊のもとになる警察予備隊が創設されたのも、日米安全保障条約が最初に締結されたのも、全面講和への道が閉ざされたのもこの時期であり、それらすべては、アメリカの朝鮮戦争を日本が支えるためになされたことでした。強要された日本再軍備の第一義的理由が、日本人の生命財産というよりむしろアメリカの日本占領体制の防衛にあったことは明らかです。銃口は、占領軍不在の間隙を突く外国の敵というより、むしろ日本人自身に向けられていたのです（酒井直樹『希望と憲法』以文社、二〇〇八年、二〇頁参照）。

戦後日本の内向的な平和と繁栄は、（極東国際軍事裁判に象徴される）大日本帝国の制度的・思想的解体や、（日本国憲法第九条に象徴される）民主主義をはじめとする諸価値の移植ではなく、むしろそれらの過程を実質的に断ち切った朝鮮戦争時の事実上の戦時体制の上に築かれました。沖縄の異様な要塞化という犠牲によって、本土ではこの戦時体制が不可視化されました。その意味で、朝鮮戦争の前に発布された憲法第九条は、戦後日本が「戦前」を脱して戦争とは無縁な丸腰の平和民主国家に生まれ変わった（生まれ変わらされた）という、朝鮮戦争による歴史的断絶の産物――自衛隊、単独講和、沖縄など――を棚上げにした自国幻想を下支えしてきた面があったと言わざるをえません。

一九四八年の朝鮮分断から五三年の朝鮮戦争休戦までの時期は、日本ではほぼ占領後期に当たります。いわゆる「逆コース」が進行したこの時期に、日本は朝鮮との関係を急速かつ徹底的に遮断していきます。大日本帝国憲法下の最後の勅令である外国人登録令（四七年、日本国憲法施行の前日に公布）、国籍法（五〇年）、出入国管理令（五一年）、そして外国人登録令の後身である外国人登録法（五二年、サンフランシスコ講和条約発効と同時に施行。二〇一二年まで存続）が次々に出され、戦後日本が朝鮮、そしてアジアの運命から自らを強固に閉ざす国民管理体制が構築されます。

そもそもなぜ朝鮮戦争は、たとえばベトナム戦争のように一九六〇年代ではなく、他でもない日本の占領期（再建期）に起きたのでしょうか。それは、この戦争が、戦後日本の「建国」と不可分に連動する戦争だったからです。戦後日本とは、端的に言って、朝鮮半島の二つの分断国家と同じく、朝鮮戦争の戦時体制の上に築かれた国家です。今私たちがその中に生き、見ている戦後日本は、敗戦前はもちろんのこと、朝鮮戦争前にも存在しませんでした。

4　始まらない「戦後」のために

戦後とは何か。西川長夫は「戦後に作られた現行憲法が存続する限り私たちは戦後にある」（本書第一章）と書き残しましたが、これに対してここでは、次のような命題を提起したいと思います――朝鮮戦争が終わっていないという意味で大日本帝国の戦争は終わっておらず、したがって私たちは今もまだ「戦後」にあると言えない。戦後に起こった朝鮮戦争が存続する限り私たちは「戦後」にない。

私たちは、どうすればこの「戦後」を構想することができるでしょうか。最後に、戦後日本と朝鮮戦争の深いつながりを、それがほとんど意識されない日本社会に向けて必死に訴えかけてきた在日朝鮮人文学の可能性に触れて、本章を終えます。というのも、朝鮮戦争の記憶とその歴史的重要性を日本社会に発信する役割を主に担ったのは、在日朝鮮人による日本語文学だったからです。

朝鮮戦争が存続する限り私たちは「戦後」にない――一般的に見てあまりにも極端なこの命題は、しかしながら朝鮮半島では紛れもない現実です。そしてそれは、在日朝鮮人にとっても一貫して重大な現実性を持ち続けてきたと思われます。

一九四九年八月、吉田茂首相が、山積する戦後処理問題のうちの重要な一案件について、連合国軍最高司令官ダグラス・マッカーサーに一通の書簡を出しています。在日朝鮮人の処遇に関する意見書です。その中で吉田は、この「余分な人々」の朝鮮半島への全員送還を主張しました（袖井林二郎編訳『吉田茂＝マッカーサー往復書簡集』講談社学術文庫、二〇一二年、四四八－四五〇頁）。結局この完全追放計画は実行されませんでしたが、それでも、大勢の密航者や刑事被告や社会主義者が、無差別殺戮の横行する韓国に強制送還されていきました。

戦後、日本に留まったり朝鮮での貧窮や戦乱に押し出される形で日本に密航してきたりした朝鮮人のほとんどが半島南部の人たちでしたが、とりわけ多数を半島の南方に位置する済州《チェジュ》島の出身者が占めていました。日本政府が在日朝鮮人を厄介払いしようとしていたその時、すでに済州島では、その後タブー化して歴史の闇に葬り去られることになる壮絶な国家暴力の嵐が吹き荒れ、数万人の民衆が虐殺されていました。

分断体制の確定を意味する南朝鮮だけの単独選挙（五月一〇日）をアメリカが強行しようとしていた一九四八年春、いわゆる「済州島四・三事件」――選挙を阻止すべく武装蜂起したパルチザンたちに対する苛烈な弾圧と、それに続く島民大虐殺が起こります。残忍極まりない殺戮に手を染めたのは、大日本帝国の軍事機構を引き継いだ南朝鮮の軍と警察、そして抜本的な農地改革が断行された半島北部で既得権益を失い、復讐心に燃えて南に流れこんできた旧支配階級の青年たち――要するに、大日本帝国の暴力を内に宿した「親日派」の人々でした。

戦後在日朝鮮人文学を代表する作家金石範《キム・ソクポム》は、半世紀にわたって、済州島で起きたこのタブーに敢然と挑み続けてきました。彼は、米軍政下で人間狩りの修羅場と化した島から日本に脱出してきた民衆が密かに伝える話を聞く中で、大日本帝国と大韓民国、そしてアメリカの植民地主義が絡み合う国家暴力の現実に、深い悲しみと怒りとともに目覚めていきます。

その金石範が書いた衝撃的な証言文学の一つに、「乳房のない女」（一九八一年）があります。朝鮮戦争勃発の直前、大阪に住む若き日の金石範が、遠い親戚に当たる男に頼まれて、済州島から密航して対馬に潜んでいる依頼者の妻ともう一人の女性を迎えに行った時の話で、ほぼ実話で構成されています。集団虐殺を逃れてきた二人の女性と対馬の隠れ家で一夜を明かすことになった主人公は、真暗闇の中で、「平凡な島の女」たちから想像を超える凄惨な拷問や処刑の話を聞きます。

「この人には乳房がないんだよ、胸がないのよ。乳房が二つとも拷問で切り取られてしまったの……。これが済州島の話であった。闇、開いたきりの眼を黒い液体のようにひたした闇に、白い女の肉体がぽっかり浮かんでくる。拷問者の黒い姿は見えない。闇の手が鉄の刃になって女の肉体を裂き、一つの乳房からもう一つの乳房へと削り取りながら、闇のなかへ連れ去ってしまう……。のたうちながら全身血の海に浸ったその肉体」（大岡昇平ほか『コレクション　戦争と文学12　戦争の深淵』集英社、二〇一三年、六八一頁）。

被害者にとって、この姿の見えない拷問者は誰か――しばしば拷問は、アメリカの手先となった韓国の官憲によって、かつて日本の特高が用いていた尋問室で行われました。同行者が受けた凌辱について語る女性のほうも、夫の前で裸にされ、陰毛にライターで火を点けられ、おそらく強姦されたのだ、ということを主人公は後に知ることになります。

私はなにをしに対馬へ来たのだろう。二人を連れに来たのははっきりしているが、互いの顔も見えない闇のなかで彼女たちから話を聞くために来たようなものではなかったのか。そう、

闇のなかの、夜の声を聞くためにやって来た。（大岡昇平ほか、同書、六八二頁）

その「夜の声」が静かに打ち明けたのは、小屋を出た後は一切語られることのなかった戦後史の真実の断片でした。しかし、国民国家の起源に絡みつく民衆虐殺の記憶を語る被害者たちの声は、大日本帝国の治安維持法をもとにしたとされる国家保安法の敷かれた韓国では、徹底的に抑圧され、凍てついた沈黙の底に沈んでいくことになります。たとえば、幼少期に済州島での狂乱的虐殺を体験した作家の玄基榮《ヒョン・ギヨン》は、一九七八年、国家的タブーを初めて破って島民の受苦を描いた文学作品を世に問いますが、ただちに当局から過酷な拷問を受け、その後長く沈黙を余儀なくされます（『順伊《スニ》おばさん〈新装版〉』金石範訳、新幹社、二〇一二年）。皮肉なことに、被害者たちの声は、彼らが日本に逃れ、伝え聞いた金石範が日本語で書いたからこそ、日本と朝鮮双方の国民の歴史の埒外に置かれながらも、忘却の闇からひとまず這い出すことができたのでした。

金石範の証言文学の真実性は、その後韓国の民主化が進展する中で重い口を開き始めた体験者たちの証言によって、裏づけられていきます——「倉庫の中にはいろんな村の人が囚われていましたが、情け容赦のない暴力とともに目を覆いたくなるような場面が繰り広げられました。男女を呼び出して殴りつけながらむりやり性交をさせ、女性の局部を火であぶったりもしました。夜になるとその腐った匂いで眠れないほどでした」（金石範・金時鐘著、文京洙編『なぜ書きつづけてきたか　なぜ沈黙してきたか』平凡社、二〇〇一年、二三六頁）。これが、当時日本政府が在日朝鮮人たちに「帰れ」と指差していた土地で起こっていたことでした。

焼きゴテで乳房をえぐりとられた女性は、日本に逃れるも定着することなく、一九五九年に始まる「帰国事業」により、南の故郷ではなく見知らぬ北に旅立っていきます。しかし、政治思想や愛国心から北を選んだわけではない彼女を待ち受けていたのは、超大国と対峙する中で極度に硬化し密閉された要塞国家でした。

大日本帝国、大韓民国、戦後日本、朝鮮民主主義人民共和国、そしてそれらに覆いかぶさるアメリカ……虐げられ、逃れ、また迫害され、どこにも安住の地を見出すことができず、日本列島と朝鮮半島の複数の時代と国境を越えて遍歴せざるをえなかった済州島の民衆。彼らは、大日本帝国の崩壊後に建設された互いに敵対する複数の国家の狭間にはまりこみ、国家暴力の碾き臼に砕かれるようにして国民の歴史から消し去られた人々でした。金石範が漆黒の闇の中で受けとり、経済的繁栄に明るく沸く戦後日本社会に伝えようとした「夜の声」は、今も朝鮮戦争の呪縛のもとにある日本の戦後史が記述しえなかった歴史の裂け目から漏れ出たうめきでした。

大日本帝国の崩壊から朝鮮戦争にかけての戦後日本の「建国期」には、無数の「夜の声」が鳴り渡っていました。日本人の中にも、崩れゆく植民地帝国の瓦礫に押しつぶされるような運命を強いられながら、その越境体験を語る言葉を封じられていく引揚者やシベリア抑留者のような人々がいました。このような幾百万の越境者たちの「夜の声」を抑圧していくのは、朝鮮戦争を機に本格化する国民再統合と対アジア「鎖国」によって担保された戦後日本の内向的平和それ自体でした。その平和と表裏を成す戦時体制を戦後日本にもたらした朝鮮戦争レジームの脱却には、国民国家の枠を乗り越える歴史への想像力が求められています。

第七章 〝戦後〟のアンビバレンス
五五年体制と日本国憲法の問題

内藤由直

1 一九五五年の原点

問い直される憲法

二〇一二年四月、自由民主党は「日本国憲法改正草案」を発表しました。これは、天皇を国家元首と位置付け、憲法改正の発議要件を衆参両院各々の過半数の賛成に緩和するなど、現行の「日本国憲法」を著しく改変しようとするものでした。

発表時、本草案は賛否両論を惹起しましたが、なかでも最大の議論となったのが「第九条」の内容です。改正草案第九条の項目では、これまで一切の戦力保持を認めず国の交戦権を否定してきた現行憲法の規定を転換し、「我が国の平和と独立並びに国及び国民の安全を確保するため、内閣総理大臣を最高指揮官とする国防軍を保持する」(自由民主党「日本国憲法改正草案」『自民党ホームページ』二〇一二年四月二七日）ことが明記されています。改正草案は、戦後約七〇年の間、日本が保持してきた非戦の理念を手放し、安全保障の名の下に再軍備を目指すものであったのです。

この改正草案に先立って、憲法改正の具体的手続きを定めた「日本国憲法の改正手続に関する法律」（『官報』号外、二〇〇七年五月一八日）が公布されています。戦後初めて成立した、いわゆる〝国民投票法〟と呼ばれる本法律に則って、近い将来、憲法改正の是非を問われる日が来ると予想されます。戦後日本の形を規定してきた「日本国憲法」を変えるのか、または現状のまま維持するのか、審判を下す準備は既に始められているのです。

憲法の制度化

現実的な政治日程に上ってきたかに見える憲法改正問題ですが、改憲を行い再軍備を成そうとする議論は、戦後日本の歴史の中で幾度も提起されてきました。しかし、憲法改正論議は、それが提起される度に否認され、国民投票法さえ成立することはなかったのです。

戦後の長期間に亘って、変えられることなく維持されてきた「日本国憲法」が不動の制度となったのは、いつのことだったのでしょうか。歴史を振り返れば、その原点を一九五五年に見出すことができます。

では、一九五五年は、どのような時代であり、そこでは何が起こっていたのでしょうか。本章では、一九五五年前後の時代状況を考察しながら、制度化された「日本国憲法」と歩みを共にしてきた〝戦後〟の意味を再検討していきます。一九五五年の起点に遡り、憲法によって支えられてきた

〝戦後〟を問い直すことは、今後、直面するであろう憲法改正問題と向き合う際に、そして、戦後史の延長線上にある現在を内省することに、大きな示唆を与えてくれるはずです。

2　〝戦後〟の両義性

戦後の終わり

一九五五年は、開戦－戦闘－敗戦－占領－戦後（復興）という一連の戦争時代が終わった時機と認識され、戦争と切り離された新たな時代が始まったと考えられた年です。

一九四五年八月まで続けられた戦争によって、日本の各地は焦土と化し、壊滅的な被害を被りました。しかし、日本は、廃墟が点在する焼け跡から目覚ましい復興を遂げ、既に一九五四年には敗戦前と同じ水準の経済状況にまで回復することができたのです。

敗戦から一〇年間をかけて進められた経済復興を総括して、当時の経済企画庁は、「戦後日本経済の回復の速かさには誠に万人の意表外にでるものがあつた」（『昭和三一年度年次経済報告』経済企画庁編・発行、一九五六年、四二頁）と記しています。日本は、類例を見ない驚異的な早さで復興を実現したのです。

この復興は、敗戦時に最底辺まで落ち込んだ経済を、活発な消費や投資によって回復させることで成し遂げられました。けれども、そうした上向きの経済活動が永続することはありません。経済企画庁は、一九五五年になって消費や投資の欲望が減退してきたことに注意を喚起し、今後はこれまでのような経済の上昇が見込めないと分析しました。そして、「もはや「戦後」ではない」（同前）と記し、戦後復興時代の終焉を宣言したのです。

「もはや「戦後」ではない」という言葉はこのように、敗戦直後と同じような経済復興の見通しが立たないことを悲観するものでした。ところが、この言葉は、苦難に満ちた戦争時代が漸く終了し、日本が戦争と切り離された新時代へと進み出たことを揚言したものとして、当時の人々に受け止められたのです。

戦後レジームの出発

「もはや「戦後」ではない」という言葉は、一連の戦争時代の中で疲弊を極めた日本が復活したことを宣言する言葉として流行しました。では、一九五五年において、本当に戦後が終わり、戦争の時代は過去の歴史となったのでしょうか。

経済ではなく、政治の側面から一九五五年を眺めてみれば、戦後は終わったのではなく、むしろ逆に、本格的に出発したのだという見方を取ることができます。

一九五五年一〇月、それまで分裂していた日本社会党が統一され、国会内で三分の一以上の議席を占める最大野党となります。それに対抗する形で自由党と民主党が合同し、一一月に自由民主党が結成され、与党第一党となります。自民党が政権を担い、社会党が対峙するという政党構造が一九五五年に現出し、以後、長期に亘ってこの政党間関係が継続することになったのです。

この政党間の関係によって変えることができなくなったものこそが「日本国憲法」でした。日本の憲法は周知のように、占領期にアメリカ軍から与えられたものです。アメリカが敗戦国である日本にこれを授けた目的は、「日本国憲法第九条」が明示するように、日本が再び敵とならないよう半永久的に武装解除をすることでした。本書第四章で西川祐子が戦争状態の継続としての〝休戦〟に焦点を当て日本占領の始まりの意味を問うていますが、「日本国憲法」はその休戦が再度、交戦に転化することを抑止する牽制だったのです。そのように考えれば、一九五五年は、休戦が憲法の固結を通して制度化されたことによって、アメリカによる日本占領が最終的に完了し、ようやく戦後が到来した時であったと捉えることができるでしょう。

近年、戦争時代の遺産ともいうべき「日本国憲法」に束縛された社会体制は、「戦後レジーム（体制）」という言葉で批判されています。例えば、二〇〇七年当時、首相であった安倍晋三は、「戦後レジーム」という言葉を初めて用い、その意味を戦後の「憲法を頂点とした、行政システム、教育、経済、雇用、国と地方の関係、外交・安全保障などの基本的枠組み」（「衆議院議員逢坂誠二君提出経済財政改革の基本方針二〇〇七に関する質問に対する答弁書」『衆議院ホームページ』二〇〇七年七月一〇日）を指すものであると説明しています。二〇一二年に再び首相となった安倍は、この「戦後レジーム」からの脱却を最重要政策として掲げ、憲法改正を目論んでいます。

このように、「もはや「戦後」ではない」と戦後の終わりを告げた一九五五年は同時に、現在にまで続く、憲法を改正できない政治体制が確立した出発点であり、戦後のレジームが動かしがたい制度として固定化した年でもあったのです。つまり、戦争の時代によって形成された「戦後レジーム」を所与として内在化しつつ、「もはや「戦後」ではない」と戦争の時代を過去として切断する両義的な態度が、一九五五年に出来したのです。

では、〝戦後であって戦後ではない〟というアンビバレントな時代は、現在とどのように繫がっており、私たちに何を残したのでしょうか。次節では、〝五五年体制〟と呼ばれる、一九五五年に確立した政治・社会体制をより深く検討しながら、日本の〝戦後〟を再考していきます。

3　五五年体制と日本国憲法

五五年体制の意義

五五年体制とは、前述のように、一九五五年に自民党が政権を担う与党第一党となり、社会党が野党第一党として対峙するようになった戦後日本の政党構造を指します。これは、升味準之輔によって見出され、意味付けられた認識の布置でした。升味は一九六四年に、当時の政治体制の構成が成立した起源の年として一九五五年を前景化し、この時に出来上がった「政治体制の額縁」（「一九五五年の政治体制」『思想』一九六四年六月、五五頁）の構造と機能について分析しています。

五五年体制に関しては幾多の研究成果があり、その意義を一概に決定することは困難ですが、敢えて一つ取り出すならば、先にも述べたようにそれは憲法の改正を阻むことのできる政治体制を確立したことと言うことができるでしょう。ジョン・W・ダワーも、「一九五五年二月の総選挙の結果、二院制で重要な鍵となる衆議院で、左右両派（引用者注－左右社会党）はあわせて三分の一をわずかに上まわる議席（定数四六七のうち一五六）を獲得した。意義ぶかいことにこの議席配分は、彼ら両派が手をくめば、国会の三分の二以上の議員による承認を必要とする憲法改正を、合同で阻止できる力を与えたのだった」(『忘却のしかた、記憶のしかた』岩波書店、二〇一三年、二三一頁)と述べています。

日本の憲法を改正するためには、「日本国憲法第九十六条」で定められているように、衆参各議院の総議員の三分の二以上の賛成を以て国会が発議し、国民投票で過半数の賛成を得なければなりません。しかし、五五年体制が確立して以降、社会党を中心とした野党が常に改憲を阻止できる三分の一以上の議席を確保し、憲法改正を阻んできました。五五年体制とは、自民党に代表される保守政党と社会党に代表される革新政党とが国会で拮抗し、「日本国憲法」を改正することができなくなった政治体制であると理解することができるのです。

日本国憲法と〝戦後〟

五五年体制は、一九九三年に自民党が野党に陥落するまで、実に三八年間も持続しました。その間、日本の政治は「憲法改正・安保擁護を主張する保守党の主導下にあったけれども、安保反対・憲法擁護を主張する革新野党によって憲法改正だけは歯止めをかけられていた」(神島二郎「序説」『55年体制の形成と崩壊』日本政治学会編、岩波書店、一九七九年、二頁)状態にあったのです。

ところで、「日本国憲法」は、二〇一四年の現在に至るまで、一度も改正されていません。これは、五五年体制によって不動のものとなった、憲法を頂点とする戦後の枠組みが今なお継続していることの証左であると言えるでしょう。本書の第一章で、西川長夫は、「戦後に作られた現行憲法が存続する限り私たちは戦後にある」（二八頁）と述べています。これを踏まえるならば、「日本国憲法」が改正されるまで、戦後は続くことになります。〝戦後〟とは、過去の歴史の中に見出される特殊な時代ではなく、私たちが今、生存している場そのものであるのです。

では、「日本国憲法」が改正された時、〝戦後〟は終わりを告げ、私たちは「もはや「戦後」ではない」と言うことができるのでしょうか。これを考えるために、次に憲法を変えるとは何を意味するのかについて検討していきます。

4　日本国憲法のパラドックス

自主独立のジレンマ

「日本国憲法」は、敗戦後の占領下において、アメリカ軍によって作られ、日本に与えられたものでした。ゆえに、他者によって宛てがわれた憲法を自らの手で変え、自分たちの意志に基づいた憲法を制定することは、日本が本来の意味で自律することであると考えられました。占領時代の名残である「日本国憲法」を改正することは、アメリカの影響下から脱却して、自主独立を果たすために望まれたのです。

自主独立を目指す上で、最も重要な課題として浮かび上がってきたのが再軍備の問題です。周知のように、「日本国憲法第九条」は、戦争の放棄を謳い、一切の戦力保持を禁じています。けれども、軍隊を持たない国家というのは、矛盾した存在です。なぜなら、H・ルフェーヴルが

「いかなる国家においても、軍隊は国家装置の一部をなしている」（『パリ・コミューン（上）』岩波書店、二〇一一年、一八三頁）と指摘するように、国家である以上は必ず国民軍を保持するものであるからです。外敵から自国を守るため、そして、国家に命を差し出す国民を形成するために、軍隊は国家にとって必要不可欠な装置なのです。「日本国憲法第九条」は、そうした国民国家が存在する前提となっている論理に亀裂を生じさせる画期的な条文でした。国家の論理に拠らないオルタナティブな社会を作り出す可能性を、それは潜在させているのです。

この条文を変え軍隊を持つことは、既存の社会関係を解体して新たな生存様式を模索することを止め、国家の論理をこれまで以上に強固なものとすることに他なりません。しかし、それによって国家の独立自尊が保たれるのかと言えば、決してそうではないのです。例えば、三島由紀夫は「たとへ憲法九条を改正して、安保条約を双務条約に書き変へても、それで日本が独立国としての体面を回復したことにはならぬ」（「問題提起」『決定版 三島由紀夫全集36』新潮社、二〇〇三年、一三二頁）と述べています。ではなぜ、憲法改正が独立国としての体面の回復にならないのでしょうか。その理由を、丸山眞男が次のように説明しています。

そもそも改憲問題の現実的発生が、第九条の問題をめぐっておこり、第九条問題自体が、冷戦の激化に伴う日米合作の軍事的な防衛力の設置および増強と不可分に発展してきたということは争えません。こんな分りきったことを最初に申し上げるのも、民主的な憲法というものは「不磨の大典」ではないのだから、不断に改正を検討し、また個別的に不都合な条項を改めてゆくということは当然だという一般論――それはその限りで正論ですが――と現実にわれわれに投げかけられて来た改憲問題とのレヴェルを混同してはならない、後者の政治的核心は、あくまでアメリカの戦略体制の一環としての日本再軍備にあったし、今でもあるということを、あらためて確認しておくことが必要だと考えるからであります。（「憲法第九条をめぐる若干の考察」『後衛の位置から』未来社、一九八二年、二八―二九頁）

ここで丸山が指摘しているように、憲法を変え、日本が軍隊を持つことは、第二次世界大戦後のアメリカの世界戦略に捲き込まれていくことを意味しており、アメリカの利益のために、アメリカが引き起こす戦争に参加していくことであるのです。つまり、アメリカによって宛てがわれた憲法を改正し、アメリカの影響下から脱却しようとすればするほど、逆にアメリカに従属していくことになるというジレンマが生じるのです。

擬制の平和

一方、戦争放棄を明示した平和憲法を守るという主張にも、看過できない問題があります。それを鮮明にするためには、国家にとって不可欠な軍隊を持たず、どうして日本が存立し得たのかを検討する必要があります。

国家が国際紛争の解決手段としての戦争を放棄し、一切の戦力と交戦権の保持を否認することは、前述したように大きな矛盾であり、「国家としての破産宣言」（鶴見良行「日本国民としての断念」『鶴見良行著作集2』みすず書房、二〇〇二年、九三頁）を意味します。国の自衛権を放棄することは、国家として存立する基本要件を欠くということであるのです。にもかかわらず、日本が国家として存続し得たのはなぜなのでしょうか。

それは、日本にアメリカ軍が駐留しているからに他なりません。日本とアメリカは、「日本国とアメリカ合衆国との間の安全保障条約」（『官報』号外、一九五二年四月二八日）を締結しています。この安保条約は、アメリカ軍が日本の防衛を保障する代わりに、日本が国内にアメリカ軍の駐留を認めるというものです。日本は、アメリカ軍に自国の土地や駐留経費を提供することで国家の防衛を任せ、そのことによって軍隊を持たない国家という矛盾した存在としてあることが可能となっているのです。

この矛盾の渦中で大きな犠牲を強いられてきたのが沖縄です。沖縄は、本書の第一〇章で大野光明が詳述するように、敗戦後二七年間、アメリカ軍の軍政下にあり、朝鮮戦争やベトナム戦争などアメリカが関与する戦争を支えた重要な軍事的拠点でした。また、沖縄は、一九七二年の復帰まで「日本国憲法」が適用されなかった領域であり、基本的人権の尊重・国民主権・平和主義という憲法の三大基本原理の埒外に置かれていました。そして、敗戦後から現在に至るまで、国内の都道府県の中で最大の面積の土地をアメリカ軍に占領され続けています。

そもそも沖縄は、進藤栄一が明らかにしたように、武装解除され無防備となった日本を守るため、昭和天皇が自らアメリカに差し出した土地でした。昭和天皇は、「アメリカによる沖縄（と要請があり次第他の諸島嶼）の軍事占領は、日本に主権を残存《リテインド》させた形で、長期《ロング・ターム》の――二五年から五十年ないしそれ以上の——貸与《リース》をするという擬制《フイクション》の上になされるべきである」（進藤栄一「分割された領土」『世界』一九七九年四月、四七頁）というメッセージをアメリカに伝えたと言われています。つまり、日本本土の安全保障と引き替えに沖縄をアメリカ軍に与え、切り捨てたのです。

そうした歴史を踏まえるならば、「日本国憲法」の理念として掲げられている平和主義は、他国の軍隊と沖縄のような一部特定地域の人々に対する犠牲の強要とによって成り立ってきたと言うことができるでしょう。これは、果たして平和と言える状況なのでしょうか。それを平和と考えることは、擬制《フイクション》でしかありません。国家存立の基本要件を欠く日本国家の矛盾は、〝戦後〟の中で常態化した擬制《フイクション》の平和によって覆い隠されているのです。

現行憲法をそのままの形で守っていこうとする際には、これまでなぜ軍隊なき国家が存続し得たのかという問いかけが不可欠です。この問いを介在させることで、「日本国憲法」によって維持されてきた日本の〝戦後〟が他者の痛みの上に成立してきたのだということ、そして、その痛覚を平和という幻想によって隠蔽してきたことに気付くことができるはずです。

5　〝戦後〟と現在

終わらない〝戦後〟

五五年体制によって変更しがたいものとなった憲法を改正して再軍備を望む立場は、アメリカの世界戦略に従属する戦後のレジームへ、より深く組み込まれていくことを意味しました。他方、改憲を阻止し現行憲法を守ろうという立場も、敗戦後の占領期においてアメリカによって枠付けられた戦後日本の形を維持していくことであり、他者の略取の上に成立する擬制の平和の中に居続けることを意味すると言えます。

五五年体制は、「日本国憲法」に起因するそうした〝戦後〟の矛盾を、矛盾のままに現在へ継承してきたと考えることができるでしょう。保守政党と革新政党が国会で拮抗し、憲法改正を巡って対峙し続けてきたという状態は、平和主義を貫徹してきたのでもなければ、国家としての自主性を確立しようとしてきたのでもなく、〝戦後〟が生起させる矛盾の解決を先延ばしにすることであったのだと評価することができるのです。

戦後レジームからの脱却を目指し憲法を改正しても、あるいは憲法をそのままの形で守っていったとしても、常に既にアメリカの影にある日本の〝戦後〟が抱える矛盾を解決することなしに、私たちは「もはや「戦後」ではない」などと言うことはできません。アメリカが日本にもたらした〝戦後〟から、そう簡単に離脱することはできないのです。日米安保体制や軍事基地化され続けている沖縄が象徴するような、戦後占領期に起源を持つ日本とアメリカとの相互依存関係を解消することなくしては、〝戦後〟は終わらないのです。

〝戦後〟が残したもの

それでは、アメリカとの関係を解消することが〝戦後〟の終わりなのでしょうか。確かに、アメリカによって道程を決定づけられた日本の〝戦後〟を終わらせるためには、敗戦直後から現在に至るまで一貫して、強大な影響力を行使し続けてきたアメリカとの関係を清算することが必要でしょう。

戦後史を紐解けば、沖縄は元より砂川（現・東京都立川市）や内灘（石川県河北郡）など、これまで日本の各地で、アメリカへの抵抗が試みられてきたことを看取することができます。なかでも、一九五九年から翌六〇年にかけて展開された安保闘争は、反アメリカの旗幟を鮮明にした全国規模の大衆運動でした。それは、五五年体制によって強大な抑圧機制として制度化された日米合作の〝戦後〟に対する、未曽有の異議申し立てであったと捉えることができます。敗戦以後、占領を継続するアメリカに対して試みられた市民の抵抗は、〝戦後〟という戦争時代の遺構を自らの手で解体しようとする闘いでした。

しかし、アメリカを退け、その支配下から脱却することで、直ちに〝戦後〟が終わるわけではありません。なぜなら、〝戦後〟は、近代日本の植民地主義や帝国主義によって苦難の人生を背負わされた数多くの他者を遺棄し、戦争時代の傷痕を剝き出しのまま放擲してきた歴史でもあるからです。

五五年体制と憲法の問題に引きつけてその例を想起すれば、五〇年代前半の国民化の過程を挙げることができます。

敗戦後から一九五二年四月二八日に独立するまで、日本政府は、植民地の領有権が依然として日本に帰属すると主張していました。日本は敗戦後においても様々な人種や民族が混在する国家だったのであり、当時、日本国籍を所持する日本国民には台湾や朝鮮半島に出自を持つ多様な人々が包含されていたのです。しかし、内地戸籍を持たずに日本に在住していた在日台湾・朝鮮人の人々は敗戦後直ちに、「戸籍法ノ適用ヲ受ケザル者ノ選挙権及被選挙権ハ当分ノ内之ヲ停止ス」(「衆議院議員選挙法中改正法律」『官報』号外、一九四五年一二月一七日、三頁)と参政権を奪われ、「日本国憲法」施行の前日に最後の勅令として公布・施行された「外国人登録令」(『官報』号外、一九四七年五月二日)によって、日本国籍を持ちながらも外国人と見なされていきます。そして、「日本国との平和条約」(『官報』号外、一九五二年四月二八日)が発効すると同時に日本国籍が一方的に剝奪され、非日本人として日本国民から排除されることとなります。これにより、在日台湾・朝鮮人の人々は、日本国内で行使し得る権利の一切を失うこととなったのです。その後、在日外国人としてこの国で暮らすことを余儀なくされた人々は、現在に至るまで「当然の法理」(「日本国籍を喪失した場合の公務員の地位について」『人事小六法』人事法制研究会編、学陽書房、二〇一四年、八二二頁)という理屈の下、「国家意思の形成への参画」(同前)を阻まれ続けてきました。

そうした抑圧体制への抵抗拠点であった日本共産党は、五〇年代前半には日本政府やアメリカ軍に対する組織的な抵抗を実践していましたが、一九五五年七月の第六回全国協議会において、武装闘争方針を掲げたそれまでの活動を自己批判し、同時に「在日朝鮮人との組織的二重性を解消して「日本人」のみの党に」(道場親信『占領と平和』青土社、二〇〇五年、三一五頁)なります。共闘していた在日朝鮮統一民主戦線との関係を清算し、日本人でない者を革命の主体から排除していったのです。

即ち、五五年体制が確立していく途上には、非日本人の存在を排除していく国民化のプロセスがあり、共にこの国の社会を構成する人々を憲法改正などの意思決定に参画できないようにしていった歴史があるのです。

こうした国民化の過程が〝戦後〟にもたらしたものは、戦後史を国民の歴史として見る狭隘な認識の枠組みであったと言えるでしょう。アメリカに対峙する日本という国家間構図で歴史を振り返ってきた本稿もまた、国民史の隘路に陥っているという誹りを免れるものではありません。ここで再生産される国民史の裂け目には、国民国家によって歴史から弾き出された、国民化され得ぬ他者の存在があるはずです。

戦争時代からの切断を宣言した「もはや「戦後」ではない」という言辞は、一連の戦争時代の中で生起し〝戦後〟へ持ち越された種々の問題を不問に付し、現在にまで続く終わらない〝戦後〟を意識の外部へと押し出すレトリックであったとも言えるでしょう。このレトリックは、自らの外部で排除される、そしてまた自らの内部で抑圧される、他者の怒りや悲嘆、あるいは痛覚を遺却するものでしかありません。国民国家の暴力が、この国の領域に生きる人々を抑圧・排除してきた歴史を批判し尽くすことなくして、決して〝戦後〟は終わらないのです。

コラム2

外国人労働者、農村、人的資源

崔博憲

外国人労働者の受け入れをめぐって「国内にも仕事を求める人はいるのだから、その人たちを活用すれば外国人に頼らなくても済むはずだ」と求人と求職者のミスマッチを指摘する意見をよく聞きます。しかし、産業構造が大きく変化した日本社会では、3Kとかデッド・エンド・ジョブと呼ばれる仕事を担う労働者を国内だけでまかなうことはもはやできず、外国人労働者への依存を深めています。

そうした事態は都市部以上に地方や農村で進行しています。

昨年(二〇一三年)、人口減少と高齢化が進むある地方で、外国人技能実習生の受け入れ農家から話を聴く機会がありました。ある養鶏農家は、「子どもに後を継がせるような仕事でもないし、規模拡大や大きな機械を導入する大手とも張り合えない。でも年金だけでは足りないから仕事を続けるために外国から人を入れた」と言っていました。「日本人は募集しても来ないし、来てもほとんど使い物にならなかったり直ぐに辞めてしまうから外国人を入れるしかない」と言う野菜農家は、積極的に中国や東南アジアから外国人技能実習生を受け入れ、年々耕作面積を広げて経営規模の拡大を図っていました。また、その野菜農家は、「働きが悪かったり文句が多い外国人はすぐに国に帰らせる」、「これからも外国人を使って儲かる農業をして日本の食料自給率を向上させたい」と語っていました。

外国人労働者は、農家や農業が生き延びるために活用すべき資源なのです。

一九四七年、現行憲法の下、初めて開かれた国会の第一回衆議院本会議で、民主党（当時）の北村徳太郎議員が次のように発言したと記録されています。「私どもは、軍国主義の完全敗北とともに、たとえ人間を人的資源などと考えるほどに堕落した人間観、人間性を否定するところの哲学が、軍国主義とともに完全に打ち砕かれましたことを喜ぶものであります。（拍手）」（この発言記録は、吉田敏浩『人を〝資源〟と呼んでいいのか』〔現代書館、二〇一〇年〕から教えられた）。

戦後を歩み始めた日本では、こうした発言に拍手が起こっていたのです。しかし、再び外国から労働力を移入しているいま、「人的資源」という言葉に違和感をもつ者はほとんどいません。

忘れてはならないのは、自分たちが生き延びるために外国人を資源として活用している地方や農村出身者たちこそ、戦後の日本社会において真っ先に資源とされ活用されたということです。朝鮮戦争の特需景気、高度経済成長は、人的資源となった彼／彼女たちによって支えられたのです。人の資源化だけではありません。土建国家、原発国家となった戦後日本は、地方や農村そのものを資源化してきたのです。わたしが話を聴いた、年金のために、儲けるために外国人を受け入れている農家の手は厚く指は太いものでした。その手や指にもまた彼／彼女たちを資源化してきた戦後が刻まれています。

再考し、打ち砕くべきなのは、幾重にも人間を資源化してきた戦後なのです。

コラム3
「当然の法理」について

崔勝久

「当然の法理」は法律でもなんでもありません、一九五三年に内閣法制局が出した政府見解です。「公務員に関する当然の法理として、公権力の行使または国家の意思形成への参画にたずさわる公務員になるためには、日本国籍を必要とする」というもので、サンフランシスコ講和条約発効後の朝鮮人、台湾人公務員の地位をめぐって出された方針です。外国人を公務員にはさせないとするこの「当然の法理」は、その後の政府の方針になり、現在でも全国の地方自治体において守られなければならない約束事になっています。

神奈川県川崎市は全国の政令指定都市の中でも外国人施策に関して積極的で、「多文化共生の街」として有名です。外国人への門戸の開放のために、川崎市は市の職員と組合、そして市民運動体と協力しあい、市職員一般職の国籍条項を撤廃する方策を検討しました。その結果、川崎市は「市民の意志にかかわらず権利・自由を制限する職務」を「公権力の行使」の判断基準にして「外国籍職員の任用に関する運用規定」を作り、一八二の職務を除いて、一九九六年五月、外国籍者に門戸を開放しました。それが「川崎方式」です。

しかしそれは同時に、政府見解の「当然の法理」を根拠とし、外国籍公務員には市民に命令する職務に就かせず、課長職以上の管理職への昇進を禁じるという差別を制度化することにもなりました。地域の在日のお母さんたちが、「川崎市は門戸を開放したが後ろ手で閉めた」と言っていたのはまさにその通りでしょう。

一九九四年に東京都の課長職の試験を受けようとした鄭《チョン》・香均《ヒャンギュン》は、「当然の法理」を理由に彼女の受験を拒んだ鈴木俊一都知事を提訴し、九七年の東京高裁では違憲判決を勝ち取りましたが、二〇〇五年の最高裁で敗訴しました。しかし、最高裁は、どのような職務が「公権力の行使」や「公の意思形成」にあたるのかを明確にせず、その判断を各地方自治体に委ねました。そのため、政令指定都市として初めて国籍条項を撤廃して門戸を開いた「川崎方式」は、外国籍公務員の処遇をめぐって全国の注目を集めるようになったのです。

その「川崎方式」によって、川崎市は、市職員採用の門戸を外国籍者に開き、「多文化共生」を主張していますが、その職務や職位を制限しているため、結局は外国籍者を日本人とは異なる「二級市民」としています。

この差別の論理は、つまるところ、フランスの人権宣言にも見られるような外国人と女性を排除する国民国家の成り立ちそのものに起源がありそうです。日本国＝日本社会とは日本人のものであるということが、疑う余地がないほど当たり前のこととされています。そこに住む外国人はどのような存在なのか、これは近代の国民国家において解決されていない問題です。

国民国家を絶対的な基準にしている限り、この問題は残りそうです。地域に住む人同士が、国籍や性の違いや障がいの有無などにかかわらず、同じ住民としてあるがままを認めあう時代がくるのでしょうか。

第三部　せめぎあう／ゆらぐ戦後

第八章

ベトナム戦争体験とは何であったか

「対岸の火事」から見える日本

岩間優希

1　はじめに

『ナンバーテン・ブルース　さらばサイゴン』（長田紀生監督）という「幻の映画」を観ました。この映画は一九七四年一二月から七五年四月にかけて、まだ砲弾が飛び交う南ベトナム各地で撮影されたものの事情によりお蔵入りとなり、三〇年以上を経た二〇一四年に初めて商業公開されたという伝説的映画です。ストーリーはハードボイルド・エンターテイメントで、特に反戦や政治的主張を趣旨とするものではないとのことですが、戦争には「無関係」と気ままな生活を送っていたサイゴン駐在の日本人商社員がふとしたきっかけで戦時下のベトナムに人生を飲み込まれていく展開は誠に異様という他ありませんでした。監督は大島渚の『青春残酷物語』（一九六〇年）で怒れる若者を演じた俳優の川津祐介にぜひこの日本人商社員を演じて欲しかったのだといいます。一五年たって牙を抜かれ、「エコノミック・アニマル」に成り下がった日本人を象徴するためにです。

六〇年代に激しい学生運動や反戦運動が起こり権力に抗うムーブメントが起こったことは今や教科書でも言及されますが、一般的な趨勢として人々はただ戦争に巻き込まれないことを望み、右の映画の主人公のように高度成長の中で豊かな生活を追い求めていたことに留意する必要があります。さらに日本がアメリカのベトナム戦争遂行に不可欠な役割を果たしていたことや、逆にこの戦争が日本の戦後史に決定的な影響を与えたことなどは十分に認識されていません。反戦運動に携わった人々がベトナムと向き合い、翻って自らの立場を見つめ直していったことはこうした前提の上でこそ理解されるべきでしょう。本章では、日本がベトナム戦争にいかに関わっていたか、そしてその展開や反戦意識の中から生まれてきた思想が戦後日本においていかなる意味を持っていたかを考察していきたいと思います。

2　日本とベトナムの関係史

はじめに日本とベトナムとの歴史的関係を見ていきましょう。一五年戦争中にインドシナを占領した日本は、戦中・戦後も続く経済的・人的関係を一貫して保ち続けていました。例えばインドシナ駐留日本兵のうち、戦後もそこに住み続けた残留日本兵は七六六名にのぼります（小倉貞男『ドキュメント ヴェトナム戦争全史』岩波書店、一九九二年〈のち岩波現代文庫、二〇〇五年〉）。そのうちの何割かはベトミンに加わってフランスとの戦いに従事し戦死したり、その後帰国したりしましたが、彼らの中には戦後のベトナム賠償や企業進出の際に日越をつなぐ存在として活躍した者も少なくありませんでした。ベトナム戦争時には日本のジャーナリストが現地取材する手助けなどをし、記者たちはそのネットワークを使って解放区の農村やジャングルに入り込むケースも多々あったのです。

そもそもベトナムの南北分断に日本が関係していることには、朝鮮半島の分断とよく似た構図があります。第二次大戦の終結後、ベトナムはインドシナを占領していた日本が敗戦したことに伴う戦後処理のために北緯一六度以北を中国軍、南部を英印軍が分担管理するようになったことで分断されますが、五四年のジュネーヴ協定後は北緯一七度線が暫定軍事境界線となり、五九年に日本は南ベトナムのみと総計五五六〇万ドルに上る賠償・借款協定を結ぶのです。しかしこれは同じように損害を被った北ベトナムを排除するということであり、また仏教徒や反対派を激しく弾圧していた南ベトナムのゴ・ディン・ジェム政権を容認するということでもありました。こうした形で日本は南北分断を強化する役割を果たしたのです。

また、安保闘争をめぐる言説を考察した大井浩一によれば、五九年一一月二七日の「国会乱入デモ」の際に労組員や全学連などの運動家が「安保改定交渉即時打ち切り」と同時に掲げたのは「ベトナム賠償反対」という要求でした。ベトナム賠償問題は「安保改定の前哨戦」とも見られていたわけです（大井浩一『六〇年安保　メディアにあらわれたイメージ闘争』勁草書房、二〇一〇年、五八頁）。しかし日本全体として見れば、この頃はまだベトナムで起こっている紛争そのものに注目がなされていたとはいえません。「前哨戦」たるベトナム賠償は安保闘争の展開とともに霧消し、安保が収束した後の人々は「デモは終わった、さあ就職だ」(『週刊文春』)の流れの中で高度経済成長に邁進していきました。ところがベトナムは日本をそのままにしてはおかず、六〇年代半ば、より一層激しい戦争という形で再び姿を現すのです。

3　メディアに映し出されたベトナム戦争

「醜い日本人」と「死の商人」

GHQが日本の戦争責任を指導者層のみに帰する政策を採用したことや、東京裁判においてアジア諸国の声が反映されなかったこと、そして冷戦体制を背景にした「寛大な講和」がなされたことなどによって、日本国民はアジアに対する戦争責任から逃れたまま六〇年代を迎えることとなりました。ベトナム戦争はそのような中で起こった戦争です。

日本で本格的にベトナム戦争が報道され始めるのは六五年に入ってからのことでした。六四年のトンキン湾事件や六五年の北爆開始以降にベトナム戦争に対する世界的な関心が高まりますが、日本のメディアがサイゴン支局を開設するのも六四年末から六五年にかけてのことです。これ以降はほとんど連日ベトナム戦争が報道され、七五年四月三〇日にサイゴンが陥落して戦争が終結するまで一〇年以上にわたって続けられることになります。

本書第六章で原は朝鮮戦争に対して日本人が示したのが「圧倒的で継続的な沈黙と無関心、さもなくば敵意」であったと述べていますが、確かに朝鮮戦争に対する反応とベトナム戦争に対するそれとは全くといってよいほど異なるように見えます。なるほど朝鮮戦争勃発時に新聞は号外を出すとともに翌日の一面トップで報道してはいますが、その基本姿勢は日本がこの戦争には「関係なき第三者の立場にある」（『朝日新聞』一九五〇年七月一日）というもので、反戦運動など広まる余地もありませんでした。

当時、占領下日本のメディアは現地取材を許されていませんでしたので全ては間接情報です。日本人でもPANA通信社のように外国メディアに所属していた記者は早くから取材できましたが、日本メディアの日本人記者が報道できるようになるのは五一年夏の休戦会談が開始されてからのことです。もちろん直接の報道が可能であったとしてもベトナム戦争ほどの敏感な反応があったかは疑問だといえます。しかし、ベトナムでは岡村昭彦や本多勝一のような日本のジャーナリストが現地取材したことで日本の戦争協力がクローズアップされたことを考えれば、制度的要因も軽視することはできないでしょう。

岡村は『南ヴェトナム戦争従軍記』（岩波新書、一九六五年）の中で、朝鮮戦争時に物資を運ぶ船の船員をしていたという友人の兄の話を引き合いに出しながら次のように述べています。「彼の兄というのは、いま南ヴェトナムに船員として上陸する、不思議なLST［戦車揚陸艦］の乗組員と同じような仕事をしていたのではないだろうか。アメリカ軍のもとで、横浜－フィリピン－南ヴェトナムという航路で、弾薬や戦略物資を陸揚げしてゆく、覆面の「醜い日本人」」（六七頁）。また本多も「このように、目にふれるだけでも、ベトナムの戦場には日本色が濃い。日本の果たしているこうした役割を、韓国のセネガル兵にあたるような言葉で説明しようとすれば、私はこういう表現はなるべく避けたいと思っていながらも、どうしてもそれ以外にぴったりした言葉が見つからないので、やはり書かざるを得ない。――「死の商人」」と表現します（『戦場の村』朝日新聞社、一九六八＝一九八一年、二二三―二二四頁）。「醜い日本人」や「死の商人」といった強烈な言葉で自国民を形容するような態度はそれ以前の戦争報道ではあり得なかったものです。現地取材を重ねる中で日本がアメリカのベトナム戦争に加担する姿を描写し、自らがその一員である国家を批判的に捉える視線が形成されていきます。

「戦争の記憶」の喚起

もうひとつの重要な論点として、ベトナム戦争が一五年戦争の体験や占領体験を想起させるものであったことを挙げておきます。一五年戦争を一定以上の年齢で経験した人々にとって、米軍による北爆はB29による空襲に怯えた自らの姿を思い起こさせ、ベトナム人女性を連れて歩く米兵の姿はGHQ占領期の日本の情景そのままだったのです。しかし戦争の被害者としてベトナム人に同化しているままではいられません。彼らの中で、自分たちがかつてアジアの人々に行った加害行為を思い出す記憶の扉が開き始めたのです。

象徴的な例は六五年五月九日に放送された日本テレビの『ノンフィクション劇場　ベトナム海兵大隊戦記』への反応でしょう。同番組は南ベトナムの海兵隊員が「ベトコン」容疑者の首を切り落とすシーンが挿入されていたことで内閣官房長官の橋本登美三郎が苦情を申し入れ、続編の放送中止という事件につながったものです。しかし視聴者から放送局に寄せられた声は批判よりも理解と激励を伝えるものが大半だったといいます。その中には次のような声もありました。「自分は戦時中、中国で八路軍相手の匪賊討伐戦をやった陸軍の大尉だった。自分は今夜この番組をみて、戦争というものが一つも変ってないことを強く印象づけられた。自分がやった匪賊討伐はあなた方が放送したものと全く変ってない。自分は当時の行為をこの放送で再び強く反省した」（佐々木久雄「ベトナム海兵大隊戦記 取材記その二」『テレビドラマ』（八）、ソノレコード、一九六五年）。このようにベトナム戦争はアジアへの戦争責任という回路へとつながっていくのです。人々が同時代の戦争加担を認識するとともに、過去の戦争における加害を顧みるようになった契機としてベトナム戦争がありました。

世界的なベトナム反戦運動

ここで、日本独自の文脈に加え、ベトナム戦争から見た日本を考える上で念頭に置くべき世界的な動きについて付言しておきます。

ベトナム戦争はそれ自体が複雑な構造を有しており、その性格は自由主義と社会主義の代理戦争であるとする考えと、アメリカ帝国主義に対する民族解放戦争であるとする考え、あるいはその組み合わせだとする考え方があり論争を呼んでいました。しかし世界中で起こった反戦運動は基本的にこれを民族解放のための戦争であるととらえ、アメリカ・南ベトナム政府に抵抗するベトナムの「民衆」に連帯しようとする姿勢であったということができます。この共闘意識が各国の社会運動と密接に結びつき、フランスの「五月革命」やアメリカの公民権運動、日本の全共闘運動などにおいても反戦運動が繰り広げられていくのです。また、このような各国の運動はベトナム反戦を軸として結びつき、世界的なネットワークを形成していきます。前項で述べたように日本には独自のベトナムとの結びつきがあり、一五年戦争を想起させるような歴史的・社会的背景がありましたが、六〇年代の世界的な潮流の中にそれらを位置づける必要があるのです。

さらに見てきたとおり、メディアによってベトナムや各国の状況が結びつけられたこともこの時代の新しい特徴でした。ベトナム戦争はテレビで日常的に報道された初めての戦争で「お茶の間の戦争（Living Room War）」とも呼ばれましたが、テレビだけでなく写真やより身近になった雑誌などによって遠くの「戦場」が人々の日常に侵入してきたのです。そのことこそ、自分が安住する生活の問い直しへと人々を向かわせる契機となったのでした。日本では高度成長下で印刷技術が向上し新聞の写真面やグラフ雑誌が増加したこと、そしてテレビの家庭への普及率が六四年の東京オリンピック時に九〇%を超えていたことなどが「戦場」との落差を一層痛感させる前提になっていました。

こうしてベトナム戦争は運動や思想の面で世界中にインパクトを与え、さらには国際政治的にも戦後世界の展開に大きな変革をもたらしました。そして次に見るように、ベトナムをめぐるアメリカの政策および世界戦略のまさに精確な反映として、この戦争は日本の戦後史にも決定的な影響を及ぼしていくのです。

4　「アメリカの戦争」への随伴

日米安保体制とベトナム

ベトナム戦争に反対する声があがっていた一方で、日本政府としてはアメリカのベトナム政策を支持していたわけですが、もちろん実際にその協力活動を遂行するのは個別の国民です。だからこそ「支援」や「協力」という形で戦争が身近に訪れると、各地で激しい抗議活動が起こるようになりました。早い時期では、六四年一一月に初めてアメリカの原子力潜水艦が佐世保港に入港し激しい反対闘争が起こりますが、これは原爆の悪夢と恐怖に後押しされていたことはいうまでもありません。

六五年二月に北爆が開始されると各地の抗議もいっそう盛んになります。二月一五日には沖縄の労組や平和委員会がアメリカのベトナム侵略に抗議するデモを行い、四月に入ると一日に東京経済大学の教職員一二〇名が合議署名をアメリカ大使館に手交、二〇日に大内兵衛ら九二名の知識人が佐藤首相にベトナム和平の申し入れを行いました。続いて同月二四日、日本最大規模の活動を展開することになる運動体「ベ平連」（「「ベトナムに平和を！」市民文化団体連合」、後に「「ベトナムに平和を！」市民連合」）が生まれるといったように、北爆開始の直後から抗議活動が盛んに行われ、反戦運動も次々と組織されていきます。

沖縄がアメリカのベトナム戦争の重要基地となっていたことは第一〇章で大野が論じている通り

ですが、六五年当時、本土にも一一七の米軍基地があり約三万四千人の米兵が駐留していました。彼らの戦闘機の修理や燃料補給、休暇の遊び場に至るまでを提供し支えていたのは他ならぬ日本人です。「後方支援」がまるで第三者的立場でなされてきたかのような幻想はイラク、アフガニスタンでの戦争を経ても現在まで続いていますが、日本は紛れもなく戦争をアメリカとともに戦ってきたのです。

六四年一一月には南ベトナム中部の町ダナンで日本人が南ベトナム憲兵に射殺されるという事件が起こります。彼はまさに米軍の軍需物資を運ぶLSTの乗組員でした。このLSTや米軍施設で働く日本人の雇用は日米安保条約による基本労務契約に基づいて日本政府によりなされていたもので、アメリカの戦争に対する日本の協力を問うたときには必ず安保が影を落としているのに気づきます。この点で安保条約は日本国憲法で謳われた平和よりも事実上重みを持って日本の在り方を規定してきたといえます。

韓国・中国との国交回復

ベトナム戦争の帰趨は、アメリカを媒介にして日本と韓国・中国との国家間関係にも重大な影響を与えることになります。六五年六月に急ぎ足で日韓基本条約が結ばれますが、それまで棚上げにしていた条約の締結がこの時期に急がれたのは、アメリカがベトナム戦争を円滑に進めるために日韓の国交回復を強く望んでいたためでした。アメリカは韓国がベトナムへ派兵を行う代償としての経済援助を日本に求め、日本は韓国に三億ドルの無償援助、二億ドルの有償援助を行います。代わりに韓国は植民地時代に被った損害の賠償請求権を放棄し、日本は過去の植民地支配の歴史的清算をしないままに国交を「正常化」させました。国家間の論理で弥縫された秩序は冷戦崩壊後に矛盾を露呈し、「従軍慰安婦」問題などの様々な事項が懸案となっていることは周知のとおりです。

経済面でベトナム戦争がもたらした利益についても見ておきましょう。ベトナム特需は朝鮮戦争ほどの規模はないものの日本経済の発展に寄与し、米軍への施設・サービス提供、基地労働者の雇用、アメリカや韓国、南ベトナムへの物資輸出などで日本は利益を上げます。敗戦以来赤字が続いていた対米輸出も六五年に一気に黒字化しました。一方、韓国は日本より直接的にベトナム戦争の恩恵を受け、同国が六五年から七二年の間にベトナム特需で得た利益は累計で一〇億ドル以上にもなるとされています（朴根好『韓国の経済発展とベトナム戦争』御茶の水書房、一九九三年）。日本の戦後復興の裏に朝鮮戦争があったのと同じように、韓国の成長の裏にベトナム戦争があったのです。

さらに七〇年代に入ると、アメリカはベトナム戦争の行詰まりによってその覇権を相対的に低下させ、対アジア戦略を変更するとともにベトナムからの「名誉ある撤退」を模索するようになります。中国の脅威を取り除くために七二年二月にはニクソン訪中と米中共同声明を実現し、日本もその流れに乗じて九月に田中角栄内閣が日中共同声明に調印します。しかしこの経緯においても日韓と同じように日本の戦争責任は曖昧なまま進み、世論も明確な加害意識を持たない状況が続くことになりました。日中国交が回復しなければ「大きな市場をのがす」という経済主義的回復論が主たる動機のひとつとしてあったことも注目に値します（吉田裕『日本人の戦争観』岩波書店、一九九五年〈のち岩波現代文庫、二〇〇五年〉）。こうしてベトナム戦争を直接・間接の要因として、韓国と中国という本来であれば日本が戦争責任を問われるべき二つの国との国交回復がこの時期になされたのです。しかも公的にその責任は棚上げにされ、国民の間でもそれを十分に問うことなく経済活動に邁進できる環境が整えられました。

5　ベトナム戦争と国家

「アジア」への対峙

右のような動きがある中だからこそ、ベトナム戦争を機に日本人が自らの加害に目を向け始めたことは小さくない意味を持ちます。例えば本多勝一は七二年に『中国の旅』（朝日新聞社）を書き、中国大陸で日本軍が行った戦争犯罪を初めて大々的にとりあげたことで話題となりました。本多は中国の取材をするに至った主な理由としてベトナム戦争や加害記録の必要性などを挙げていますが、この点については後にも次のように回顧しています。「一九六六年の年末にまず南ベトナムに行って一〇カ月ほど滞在しました。米軍の最前線まで従軍して悲惨な現実を目撃したあと、これと戦う解放戦線の側にも従軍した中で、それでは日本軍はどうだったのだろうと思いついたのです」。その上で、「日中国交回復を問題にするとき、中国を侵略した日本の過去について不問にしてはならないという思いがあ」り、また「日本人にとって広島・長崎・東京大空襲等々の被害の記録を残すことはもちろん大事ですが、それと同時に加害の記録を残すこともっと大事ではないかと考えてい」たといいます（本多勝一『本多勝一の戦争論』新日本出版社、二〇一一年、一四、一七－一八頁）。

この「中国への旅」は七一年八月から一二月にかけて『朝日新聞』で連載され、反響を呼びました。

さらにベトナム戦争は女性たちの運動にも新しい局面をもたらしました。一九七〇年、日韓基本条約やベトナム戦争、安保反対を背景に「侵略＝差別と闘うアジア婦人会議」が組織されましたが、一〇年ほど継続された同会議はそれまでやはり「被害者」としての側面を重視しがちだった婦人運動に批判的な視点に立つものでした。発起人である飯島愛子は、戦後革新の平和運動や民主主義擁護が「過去の侵略戦争における、また冷戦構造下でアメリカの核の下で朝鮮戦争、ベトナム戦争で前線基地、補給基地として高成長を遂げたという加害性を忘れた意識構造」の上にあり、「ことに女の運動の場では、自分たちを戦争被害者とする感覚は強かった」と述べています（飯島愛子「なぜ「侵略＝差別と闘うアジア婦人会議」だったのか」（『新編日本のフェミニズム9　グローバリゼーション』岩波書店、二〇一一年、四五頁）。

彼女らはそのことを踏まえた上で「私たち女性のうけている差別を部落や沖縄県民や在日朝鮮人のそれと同質のもの」とすること、「日米帝国主義のアジア侵略を私たちへの侵略としてとらえ、私たちじしんの個別の闘いを追求し、同時に運動の先進国としてのアジアから学ぶ」ことを呼びかけました（同書、四六頁）。彼女たちが自らの被害と加害の同時性を意識し始めたのは、ベトナム反戦運動や学生運動など社会運動の中にも抜きがたく存在していた「自民族男性中心主義」と戦わねばならなかったからです。性差や民族をはじめとする様々なカテゴライズと排除の連鎖の中で、被害と加害を超えて繋がろうとする試みが始められていったのです。

「被害者＝加害者」論と個人原理

よく知られているように、ベトナム戦争を通じて加害という問題を深く掘り下げたのは「ベ平連」の代表を務めた作家の小田実《まこと》でした。小田も、人間が加害者であると同時に被害者となる存在であることを指摘し、国民を「被害者＝加害者」へと至らしめる国家原理に対して個人原理の確立を謳いました。

小田はベトナム反戦運動をする理由として、ベトナムに対して加害者である日本の一員であることを断ち切らなければならないからだといいます。「加害者であることを続ける、それを永遠に続けるということになると思います。これでは困る。これでは困るので、私はそこから自分を切り離さなければならない」（小田実、「平和への具体的提言」『資料・「ベ平連」運動〈上巻〉』一九七四年、一〇八頁）。日本がベトナム戦争でアメリカを支援している限り、その一員である自分も加害者の立場におかれるのです。そうした場合に、反戦・平和の態度をはっきりと打ち出すことによって、加害者たることをやめようとしなければ、原理的には例えば国家が弾を撃てといったら自分は撃たなければならないわけです。小田はこうもいいます。「そしてその弾によってだれかが倒れる。そして自分はその場合、加害者の立場に立つ。しかし同時に、国家からみれば、国家に対しては自分自身は被害者である。そういった奇妙な関係が成り立つと思います。〔……〕そうしたメカニズムをはっきりとした形で示してきたのは、このベトナム戦争であると思います」（同書、一〇八頁）。

こうした被害と加害の関係を断ち切らなければならないし、国家の原理に代わる個人の原理を確立しなければならないというのが小田の主張でした。普遍的な原理では人殺しは許されないはずなのに、国家の原理はそれを要求する。自分たちは国家の原理と手を切って人類の普遍の原理に従わなければならないし、従う権利があると論じるのです。

このようにベトナム戦争は、「加害者」「被害者」といった国民国家体制の内部での認識転換にとどまらず、その枠組み自体を内部から破っていく歴史経験につながるものでもありました。小田らが行った脱走米兵を国外へと亡命させる活動も、文字通り国家という体制を掻い潜る個人原理の実践だったといえます。ベトナム戦争は国民に戦争を強いる国家の姿を浮かび上がらせるとともに、それに絡めとられまいとする人々の実践をも生み出していったのです。

6　おわりに

本章ではベトナム戦争という視点から戦後日本を考察してきました。日本にとってベトナム戦争がいかに政治的、経済的、思想的に重要な体験であったかが見えてきたのではないかと思います。ベトナム戦争に向き合った人々はそれまでとは質的に異なる「戦後史再考」をしました。歴史認識を棚上げにした韓国や中国との国交回復（と、そのネガとしての北朝鮮や台湾との亀裂）が成立する一方で、それまで忘却してきた過去の戦争責任に向き合い始めたきっかけとしてベトナム戦争があったのです。さらにベトナム戦争は「加害」「被害」という国家主体の思考様式そのものを俎上に載せ、国家原理ではない個人原理を立ち上げようとする動きにもつながりました。

このことは、国民史でない歴史の在り方を探究する本書の意図とも通底するものがあります。しかしもちろん、国家に個人を対置して済む話ではありません。自律的な個人は脱政治化と自閉的な経済成長路線を助長するようにも働き、個人や私的領域においてこそ国家は再生産され続けるのです。それは国家からの自由を称揚するグローバル自由主義の帰結を見ても自明のことでしょう。現在のグローバリゼーションの起点が六〇年代後半にあることは偶然ではないのです。ここから先は次章以降、あるいは本書以降へと問いを開いておきたいと思います。七〇年代以降の様々な景色を眺めることによって見えてくるものは決して少なくないはずです。

第九章
映画『家族』から見た高度経済成長

番匠健一

1　はじめに

六〇年安保を経て、岸信介の後を引き継いだ池田勇人内閣は「所得倍増計画」を打ち出しました。東京オリンピックという一大国家プロジェクトが開催され、一九六八年には国民総生産（GNP）がアメリカに次ぐ世界第二位となります。数値の増大は経済成長の恩恵を全国民にあたかも「平等に」分け与えるかのようですが、この恩恵は誰が受け取ったのでしょうか。ここでは一九七〇年に撮影されたロードムービー『家族』（監督：山田洋次、キャスト：倍賞千恵子、井川比佐志、笠智衆）を手がかりに日本列島における高度成長とグローバリゼーションの意味を考えたいと思います。山田監督は、「釣りバカ日誌」シリーズの脚本や、渥美清が演じる寅さんの「男はつらいよ」シリーズの監督として知られていますが、民子三部作（『家族』・『故郷』・『遥かなる山の呼び声』）に見られるように日本列島をそこに生きる「民」の側の視点から描こうと意識してきた映画監督だといえるでしょう。また引揚者としての自身の経験から日本という場所に対して独自の視点をもっていることがわかります（山田洋次『映画館《こや》がはねて』中公文庫、一九八九年）。『家族』を一九七〇年という時代に置かれた挑戦的なテキストとして再検討することはあながち外れていないと思います。山田監督の切り取った一九七〇年の日本列島の映像を通して、余暇を楽しむためのレジャーとしての旅行ではなく、「故郷」に安住できない家族の軌跡をたどる旅に出たいと思います。

2　映画『家族』から見た高度経済成長

シーンⅠ　長崎県伊王島：エネルギー政策の転換

映画『家族』（写真1）が描き出すのは、長崎県の伊王島で親子二代にわたって炭坑夫である風見一家です。炭鉱会社の倒産にともない、風見精一（井川比佐志）は北海道の東に位置する中標津町の開拓村へ移住し、かねてからの夢であった「アメリカ式の酪農」で生活の立て直しをはかることを決心します。当初は単身での開拓村入りを考えていた精一ですが、これまで全く農業をやったことがない夫を心配する民子（倍賞千恵子）のはからいにより、夫と妻と祖父、それに子供二人を連れた家族総出による「家族の運命」をかけた「移動」を行うこととなります。

一九六〇年代には石炭から石油への「エネルギー革命」も急激に進行します。石炭専業の中小企業の多くは倒産し、石炭合理化計画にもとづいて三井鉱山の大合理化計画をはじめ各地で大量の人員整理が断行されました。採炭地域であった北海道、福島県、山口県、福岡県、佐賀県、長崎県などでは地域経済が大きな打撃を受け、職を失った人びとは新たな生活基盤を求めて都会などに移動をはじめます。風見一家に託されたイメージは、こうした生産基盤が成り立たなくなり、故郷にとどまることができない流民の群れと切り離せないでしょう。

シーンⅡ　広島県福山市：家族における老人問題と住宅問題

風見一家をのせた列車は、最初の目的地である福山市へとむかいます。過酷な北海道開拓の暮らしでは生きていけないだろう祖父の風見源蔵（笠智衆）を弟夫婦にあずけるのが目的です。車窓の外に広がるのは、北九州の八幡製鉄所がもつ巨大コンビナートであり、工業化が進む瀬戸内海の沿岸部です。精一の弟・風見力が働くのも、福山近郊のこうした工業地帯のコンビナートです。

マイカーで駅まで迎えに来た弟が乗るのは、スズキフロンテ360。憧れのマイカーに乗って大喜びする風見一家は、福山市の沿岸部に広がる巨大なコンビナートを見せつけられます。2DKのマイホームに妻と二人の子どもと暮らす弟夫婦は、家のローンや間取りを理由に父親を引き取ることに難色を示します。三六万円のマイカーのローンは毎月一万円ずつ二年間とボーナス払い、そして三六〇万円したという戸建てのマイホームは月々一万八〇〇〇円のローンが二〇年あるのだと、会社勤めの生活苦をこぼす弟・風見力。精一夫婦が泊まった夜は、片方の部屋に子供と祖父が川の字になって、ほとんど身動きが取れない状態で寝ることになりました。

一九六〇年代はモータリゼーションが進み、乗用車の保有台数が一九六〇年の四四万台から一九七〇年の六七五万台へと飛躍的に上昇します。こうしたマイカーの保有は、個人住宅（マイホーム）を購入することとセットでした。個人住宅の購入を奨励する住宅金融公庫法が一九五〇年に成立し、一九五一年には国や地方公共団体が低所得者に対して住宅を賃貸する公営住宅法が、一九五五年には日本住宅公団法が成立します。戦後住宅の出発点にあたる51C型住宅では2DKの間取りが採用され、食事の場所と寝る場所の分離（食寝分離）、夫婦の寝室と子供の寝室の分離（就寝分離）という二つの原則が打ち立てられ、生活レベルでの五五年体制が形成されます（西川祐子『住まいと家族をめぐる物語』集英社新書、二〇〇四年、一三九頁）。この間取りにおいては、若い勤労者夫婦の暮らしが想定されており、そもそも両親を引き取って共に暮らすことは想定されていません。五〇年代末から六〇年代にかけてはニュータウン開発事業が行われ大規模な宅地の造成が進み、都心部で住宅難に苦しむ人びとは新たな価値を求め郊外へと移動しました。

写真1　『家族』 監督／山田洋次（1970年） 写真提供／松竹

一九六〇年代には安保闘争から全共闘まで社会運動が大きく盛り上がりますが、並行して起こったのが右肩上がりの経済成長の恩恵が生活レベルまで大きな影響を与えたことです。一九五〇年代の三種の神器（テレビ・洗濯機・冷蔵庫）に代わる新・三種の神器（カラーテレビ・クーラー・自動車＝3C）が登場し、親世代と同居せずにすむ次男、三男の都市移民らによる核家族の急増、雇用者比率が自営業者比率を追い越すなど、こうした中流階級の出現のなかで六〇年代の「生活革命」が起きます（岩崎稔他編『戦後スタディーズ2　60・70年代』紀伊國屋書店、二〇〇九年、二二頁）。二児の「パパ」であり、ローンに苦しみながらも安定した給料をかせぐサラリーマンの弟・力は、同じく二児の「とおちゃん」である兄・精一の北海道移住という選択を安易な思いつきとして、「これからは工業の時代たい」「何でもっと現実を見んのかね」と非難します。弟・力にとっての「現実」とは、四人家族が暮らすマイホームの生活水準を保つことであり、長男・精一にとっての家族の運命を賭して移住によって切り開かなければならない「現実」は、逃避に見えるでしょう。結局、民子の説得により、弟一家の家族の「器」に入りきらなかった祖父も連れて北海道へと向かうこととなり、風見家の「老人問題」は開拓村へと持ちこされます。

シーンⅢ　大阪府万博会場：進歩と調和の不均等

次に風見一家が立ち寄るのは人混みにあふれ返る大阪です。阪神百貨店に「EXPO'70」の垂れ幕がかかり、大阪駅前の国鉄の看板には「春一色の国鉄沿線、ご家族・グループで楽しさいっぱい」の文字がみえます。一九七〇年三月から約六か月にわたって開催された日本万国博覧会（通称：大阪万博）は、アジアで最初の国際博覧会です。現在、万博記念公園では当時の鉄鋼館を利用した「EXPO'70パビリオン」で大阪万博の世界観に触れることができます（写真2）。

吉見俊哉は、万博とは「六〇年代の「所得倍増＝地域開発」の流れを受けながら、一方では、高度成長の成果たる一人ひとりの豊かさを、氾濫する未来イメージのなかで自己確認させる場所として「万博」を機能させ、他方でそのような「未来」への信憑にもとづいて国家予算の投下を可能にして、周辺の地域開発を進めていく言説＝戦略上の仕組み」と整理しています（吉見俊哉『万博幻想』ちくま新書、二〇〇五年、三三頁）。

阪神百貨店のレストランで食事をする風見一家ですが、旅の疲れを癒すためビールを飲みながら食事をとります。すぐ後ろでは子供用スーツを着た少年を連れた家族がお行儀よく食事をしています。中流階級の家族と同じようにお子様ランチを食べ、オレンジジュースを飲むことで、風見一家の長男・剛は高度経済成長がもたらした物質的な豊かさを満面の笑みで享受します。

写真２　万博記念公園に建つ「太陽の塔」

ここ大阪ではもう一つの象徴的なシーンがあります。新幹線の待ち時間を使っての万博見学のシーンですが、風見一家は万博のゲートの前までは行くものの（時間的、金銭的な問題によって）会場のなかには入れません。精一が係員に尋ねた「アメリカ館」（前年アポロ11号が持ち帰った月の石が展示されていた）の待ち時間は長く、彼らを移住先へと運ぶ新幹線の出発時刻には間に合いません。ゲートの外から「太陽の塔」を眺め、万博に来たことをしっかり記憶しておくように息子（剛）を諭す精一、そしてパビリオンには入ることができず、ゲートにもたれながら太陽の塔を見つめる剛。エネルギー政策の転換により島での生活基盤を失った風見一家は、「人類の進歩と調和」の象徴である万博のなかには入らず、その門の外側から憧れとも羨望ともつかぬあいまいな視線を人類の未来へと差し向けるのみです。

万博の象徴ともいえる「太陽の塔」は、内部にDNAの二重螺旋構造をもち、頭頂部には金色に輝き未来を象徴する「黄金の顔」、正面には現在を象徴する「太陽の顔」、背面には過去を象徴する「黒い太陽」、そして地下には人間の祈りや心の源を象徴する「地底の太陽」（現在行方不明）という四つの顔を持っています。正面から太陽の塔を見る風見一家は、「過去の顔」を見ることができません。彼らはすでに故郷を棄てて、先へと進むことしかできない。風見一家は、厳しい表情と何ともいえない視線で太陽の塔の「現在の顔」と「未来の顔」を眺めます。

この年初めて稼働した原子力発電所のエネルギーによって煌びやかに輝く万博の光は、日本の未来を明るく照らすはずのものでした。しかし、これから酪農家として身を立てていこうとする精一にとって、万博のテーマである人類の科学技術の進歩からは、直接その恩恵にあずかることはできないのではないかという不安が表情に表れています。太陽の塔の不気味な顔は、科学技術の明るい未来を照らすであろう光の「不均等」な恩恵を象徴するかのようです。大阪万博については、浦沢直樹の漫画『20世紀少年』でも夢と狂気の両側面が取り上げられ関心を持っている方も多いと思います。第一三章にあるように、三・一一以後を生きるこの本の読者は、万博が見せた未来の内実が四〇年前の想像力をはるかにこえた狂気に満ちたものであったことを知っています。

シーンⅣ　北海道：死と再生

「たった一年耕作しただけで、今年は減反」。東北本線で聞こえてくる、米の生産調整にとまどいをみせる農業者たちの会話です。直前の東京において長女の早苗が死亡し、旅の疲れがでたのか精一や源蔵はぐっすり眠っており、民子だけが虚ろな目線で夜のとばりが下りた真っ暗な闇を見つめています。シーンⅠを通して工業化による日本列島の変化を見ておきましたが、同じ時期の農村ではどのような変化が起こっていたのでしょうか。

ポツダム宣言受諾ののち、農村では占領軍の「民主化」政策として「農地改革」が行われ、一九四七〜五〇年にかけて国家買収方式により大規模に土地が地主から買い上げられました。土地は小作農に分配され、農業経営の基本単位として自作農が作りだされます。第六章では朝鮮戦争と高度成長の関係が論じられていましたが、軍事工業関連の需要が増えると農村からは三大都市圏へ農業労働力が流出し、農家の労働力不足は年々深刻になっていきます。一九五二年の農地法、そして一九六一年の農業基本法のもとでは戦後のいわゆる独立自営農民を中核とした農村設計がなされ、戦前にひきつづき農業の機械化・集約化・販路の拡大が目指されていました（戦後日本の食糧・農業・農村編集委員会編『基本法農政下の食料・農業問題と農村社会の変貌』農林統計協会、二〇〇四年）。そうした日本の農村の近代化が進む一方で、IMFやGATT（現・WTOの前身）がつくる国際貿易体制のもとでアメリカの世界政策と連携した形で輸入自由化が進められます。馬肉、羊肉は五六年、鶏肉、鶏卵は六二年、豚肉は七一年、牛肉は九一年に輸入が自由化され、農産物の輸入割合が増大するなかでアメリカ産の主要穀物への依存が強まります。『家族』が撮影された一九七〇年は、米の大豊作に恵まれたのを機に日本政府が米の減反政策に転換していく大きな転換点でした。財界や通産省（現・経産省）が求めたのは農家世帯の工業労働力化であり、農村政策と一体化して都市部もしくは地方の中核都市での工業労働力を募集する政策を展開します。農村においては、肉類など近代化農業のなかで生産価値の高いものとされた商品作物がどんどん輸入自由化され、競争にさらされていくことになります。日本列島の内部で起こった人の流れは、グローバリゼーションという世界規模での変動とも結びつくものでした。

映画『家族』では、中標津の開拓村に到着してからさらに祖父の死を経験した家族が、酪農を軌道に乗せ幸福をつかむような形でラストを迎えます。五人家族の運命をかけた過酷な「移動」は、家族のなかで最も弱者である赤子と老人という二人の死をもたらしました。新天地で冬を越した後に、乳牛の子どもの誕生と、民子のお腹に授かった新しい生命によって幸せな未来が予感されます。しかし戦後北海道農業の困難を考えると、ユートピアに至る結末のシーンは東北本線の闇を見つめる民子の眼が見た闇夜の向こう側、さながら夢の世界のように見えるのではないでしょうか。

3　日本列島改造と北海道

戦後北海道の出発

植民地を喪失した戦後日本において、北海道は国土開発の対象として再浮上します。一九四六年三月、北海道庁による「北海道開拓者集団入植施設計画」の策定から戦後開拓と食糧増産のための緊急の事業として、五か年で七〇万ヘクタールを開墾して二〇万戸の新しい農家を創設する計画が進められ、千島・樺太からの引揚者をはじめ全国から入植者たちが国内移動を始めます。また日本帝国において農政学・植民政策学の権威であった北海道帝国大学総長・高岡熊雄は、公職追放が解除されたのち戦後の北海道総合開発委員会の委員長に就任します。こうした北海道開発の流れは、日本帝国における植民地開発計画から戦後日本の国土開発計画への連関を考察する重要な例を提供しています。

風見一家がたどりついた道東の中標津は、戦後の食糧増産と復員兵や引揚者、戦災者の就業確保のための戦後開拓事業が行われた場所でもありました。戦後開拓の中心であった俣落地区、西竹地区においては一九四五年の冬に千島からの引揚者と復員軍人が入植し、その後は元満蒙開拓義勇軍の人びとも入植しています（『中標津町五〇年史』一九九五年、三二九頁）。中標津、標津、別海を含む根釧原野では、一九五三年より、アジアへの農機具販路の拡大を模索していたアメリカの農業機械メーカーのインターナショナル・ハーベスター社が土地を調査し、機械開墾による酪農化計画案を作成します。一九五五年、世界銀行の融資により石狩地方の「篠津泥炭地開発」、青森県の「上北パイロットファーム」とともに、「根釧パイロットファーム」として開拓事業が開始されます（写真3）。機械化した近代酪農のモデル開拓地をつくるための農業機械が輸入され、ジャージー牛がオーストラリアから輸入されました。入植地の開墾は二年ほどで終わったようですが、輸入した牛のブルセラ病の発生、入植者が初期費用として借入れることのできた二五〇万円という負債

写真3　輸入機械による機械開墾の様子
（© The World Bank Archives）

が重荷になり離農者が続出し、一九六五年には入植計画が打ち切られています。中標津、標津にまたがる春別地区では一九六二年から国営開拓パイロット事業が開始され、政府の莫大な予算を利用した高度集約農業のモデルとして農業機械を活用した農業が行われましたが、経営規模の拡大によって酪農家としての基盤を獲得する農家がある一方、経営規模を拡大できない零細農家は離農していきます（吉井宣『中標津町酪農発達史』一九六八年、一三七頁）。乳牛を飼育している農家の数は一九六〇年の九七九戸をピークに減少し、七〇年代後半にはその数は半分になり離散と再定住が続きます（『中標津町史』一九八一年、五四七頁）。

　山田洋次の『家族』は、高度経済成長を輝かしい未来とその反面である物質的な分け前にあずかれない人の視点から描かれていました。家族が未来をかけて移住するさきの北海道は、すでに戦後日本によって開発の対象として再発見された「国内植民地」ではないかという疑いを消すことはできません。

「日本列島改造論」と農村の変容

一九六二年より政府は全国を「過密地域」「整備地域」「開発地域」の三種のブロックに分け、それぞれの地域の特性に応じて拠点開発方式を導入する全国総合開発計画、いわゆる旧全総を策定します。そして一九六九年からはじまる新全総は、それまでの拠点開発方式に代わり、国土空間全体を新幹線や高速道路網の建設によってネットワーク化し、大規模プロジェクトで地方をくまなく開発していこうという政策であり、日本列島全域の風景を根こそぎ変容させていくような性格のものでした。

ベストセラーにもなった田中角栄の『日本列島改造論』（日刊工業新聞社、一九七二年）を見てみましょう。日本列島改造は、大阪万博のイメージでもあった「自然との調和」を引き継ぎながら、重工業の拠点を地方の中核都市に分散し、交通網の整備によって都市と地方都市、農村をより密接につなげる役割を果たしました。列島改造論に挙げられている重点項目を羅列すると以下のようになります。

①国土計画を進める法整備・開発行政体制の確立
②都市の改造（立体高層化、郊外住宅地の造成による住宅難・交通戦争・公害からの解放）
③地方での開発拠点都市の育成と道路交通網の整備による都市・農村の接続
④都市の土地利用の適正配置（開発地域にある農地の工場用地への転用）
⑤国土改造への民間資金の導入（都市改造銀行、地方開発銀行、産業銀行の創設）

太平洋ベルトを中心とした都市と農村の格差を是正するために行われた地方開発が、格差をより深刻なものにしてしまう。地方へ工場を分散するために作られた高速道路網は、地方の農産物を日本全国に送る物流網に接続させましたが、またそれは世界市場との競争へとつながる道でもありました。

「日本列島改造論」（一九七二年六月）が出たとき、私たちはそれが地方の産業の発展を目指したものだと誤解していた。しかしその翌年には第四次中東戦争が勃発し、第一次石油危機が始まる（一九七三年一〇月）。そして翌七四年には電源三法が出て、日本における原発体制が進行すると同時に、都市と農村の変容と構造的格差が際立ってくる。国策として企業と政府が一体化して、国土の辺境、つまり周辺部の農漁村の経済的な疲弊に付け込むようにして土地が買い叩かれ買収が進み五四基の原発体制・原発大国が成立する。この国策の実現のために原発企業から地方自治体などに莫大な金がばらまかれ、推進派に転じたジャーナリズムや学界の御用学者たちがいかに活躍していたかを、私たちは今では知っている。だがこのような原発体制は実はアメリカの資本と一体化した世界政策で、世界の原爆／原発体制化の中の一環として進行していたのであった。グローバル化の中核にエネルギー産業（原子力エネルギー）を置いてみるとき私たちは初めてアメリカ化（アメリカ支配－日本の従属化）としてのグローバル化の本質に気付くはずである。（西川長夫「廃墟と生体実験」『植民地主義の時代を生きて』平凡社、二〇一三年、五七六頁）

現在から『日本列島改造論』を読み返す時に、付け加えておくべきは田中角栄と電源開発の関係です。「一寸先はやみ、停電のピンチ」として、火力・水力に加えて原子力発電による電源開発の必要性が説かれています。田中角栄は、一九四九年の国土計画委員会の地方開発小委員会で電源開発の立法化を担っており、一九五二年の電源開発促進法の策定にもかかわっています。万博イデオロギーが高度経済成長期の原子力の平和利用言説（Atoms for Peace）だとするならば、日本列島改造論は地方の農村をアメリカの世界戦略の根幹である原子力の体制のもとに組み込むことになったのではないだろうか。『日本列島改造論』のなかでは、占領軍への抵抗として語られる電源開発法の立法過程ですが、一九七四年の電源三法の成立によって起こったことは、「地域振興」の名のもとにアメリカの核の世界戦略と日本の潜在的核保有能力という共犯関係に、地域社会を組み込んでいくことでした。戦後北海道は日本列島改造の呼びかけにもいち早く反応し、苫小牧東部開発計画を策定し工業用地の開発に乗り出しますが、莫大な借入金を残して計画は頓挫します。北海道唯一の原子力発電所である泊原発の誘致活動が始まったのは、それに先立つ一九六七年でした。

4　故郷に安住できないものたちの軌跡

北海道を終着駅にした移住の物語はいったん終わります。物語の終わりにそえられた新しい生命の存在をどう考えるべきでしょうか。『家族』が撮影された一九七〇年の時点では、生命の再生産は希望の物語として描くことができました。子供の誕生は家族の再生の物語です。しかし『家族』の一〇年後である一九八〇年に公開された続編『遥かなる山の呼び声』（監督：山田洋次、キャスト：高倉健、倍賞千恵子、武田鉄矢）においては、父親はすでに死亡し、残った家族は民子と息子の二人のみです。高度集約農業のモデルともいえるような工業化された酪農の傍らで、警察から逃げる犯罪者（高倉健）を労働者として抱え込みながら家族経営の農業が維持されますが、最終的に零細酪農業から離農するというストーリーとなっています。

精一が北海道で夢見た「アメリカ式の酪農」という家族の形は、誰もが手にすることのできるものではありません。北海道の戦後開拓で多くの離農者を出した「根釧パイロットファーム」の経験とも響きあう物語だと思いますが、戦後日本が平等な共同体ではなく、格差や暴力、貧困を抱え込んでおり、それが隠されていることを明確に描いています。

（山田洋次）ロケハンをしていて、寅さんが旅行する旅先をあちこち捜して歩くんですけれども、あ、ここいいなと思う、懐かしいような景色にめぐり逢いますよね、田舎の。で、懐かしいって何だろうと、そのとき思うんですよ。だって、そこに暮らしたことないんだから。ぼくの住んだのは、あの荒涼たる、地平線まで山も見えない満州なんですからね。でも確実に懐かしいんですよ、それは。（本田靖春「日本の〝カミュ〟たち」『諸君！』一一巻七号、一九七九年、二〇三－二〇四頁）

同じく山田洋次監督の「寅さん」シリーズは「望郷」がテーマだと思われがちですが、天性の渡世人である車寅次郎は「故郷」である葛飾柴又をいくら思い焦がれても、心を落ち着ける場所としてそこに安住することはできません。一九三一年に大阪で生まれ、終戦まで内地と外地を行ったり来たりしながら奉天（瀋陽）、ハルビン、新京（長春）、大連などを転々としてきた山田洋次にとっても、経験的にも記憶の上でも安住できる「故郷」と呼べる場所があるとはいえないでしょう。映画のロケを通じて訪れる日本各地の風景は、外地教育のなかで獲得した想像上の「故郷」を自らの足で再発見していく過程であったかもしれません。『家族』は、引揚者として「移動」そのものが持つ暴力性を経験し、戦後日本で石炭運び、進駐軍への労務提供、闇屋まがいの行商などで生活費をかせいだ山田洋次だからこそ撮ることのできた映像作品だといえます（切通理作『山田洋次の〈世界〉』ちくま新書、二〇〇四年）。

映像のなかで家族の移動に与えられた具体的な日付（一九七〇年四月六日から一〇日）と、三部作に共通する「民子」（倍賞千恵子）という名前を与えられた存在は、時代を刻印された一人の「民衆」の姿を映しているかのように見えます。しかし山田の描く「民」とはどのような存在なのでしょうか。戦後において、「民衆」は「国民」との強い結びつきが前提とされていました。「民衆」は「全体性」のなかの「一部分」であり、集合体としての「国民」を構成する一要素という属性を与えられます。映画『家族』に登場する民子は、こうした集合体を補完するだけの存在なのでしょうか。

ここで『家族』をはじめとする山田洋次監督の作品には、中心となる物語とは別に名前の与えられていない役柄が多数登場することを思い起こしておきましょう。山田洋次シナリオ集（『息子・家族』岩波同時代ライブラリー、一九九一年）には「名前」こそ書かれていませんが、映画『家族』において子どもを亡くし悲しみに暮れる民子が青函連絡船を待つまさにその瞬間、渥美清演じる「無名の旅人」は民子のすぐ隣に座っています。映画のストーリーの中心的な存在と瞬間的にすれ違い、ほんの一言二言かわすだけの存在です。この存在は山田監督の作品の余白に抱えこまれた無数の顔の群れがもつ、無名性の声であったのではないか。こうした無数の顔と出会い直し、再びすれ違うことから「国民史」の語りからの脱出の回路を考えることは出来ないでしょうか。

戦後日本を生きる人びとは、列島改造で風景が根こそぎ変わってしまった海辺の町、生産調整と人口流出により忘却の淵にある農村、自分が育った地域と切り離された郊外住宅地など、多かれ少なかれ「故郷」が物理的に消失する過程とともに、「故郷」を再想像する物語のなかに生きています。風見一家は、旅の目的地であり亡くなった祖父の墓を設けた北海道の開拓村をあらたな「故郷」としたのでしょうか。そして、すでに捨てた故郷である長崎県の伊王島の炭鉱をノスタルジックに思い起こすのでしょうか。私はそうは思いません。

『家族』において風見一家は、移動という圧倒的な暴力を経験するなかで、長崎県の伊王島を捨てて北海道の中標津というあらたな生活の場所にたどり着きました。しかし、家族の物語、とりわけ民子の物語はそこでは終わりません。先ほど紹介した『遥かなる山の呼び声』においては、あらたな生活の場所になるはずだった中標津の開拓村も、酪農の高度集約化が進むなかで離農を余儀なくされ、開拓村から他の場所へと移り住むことになります。この移動の物語は、網走刑務所から夕張炭鉱へといたるロードムービーである『幸福《こうふく》の黄色いハンカチ』（監督：山田洋次、キャスト：高倉健、武田鉄矢、桃井かおり、倍賞千恵子、一九七七年公開）とも接続することができます。これらの物語は、高度経済成長の不均等な恩恵のもとで、「国民」がつねに「移民」となる可能性を秘めていることを暗示させます。

「国民史」の語りからの脱出の回路は「故郷」のイメージに対して裂け目を入れ、不安定な自分を再確認するところから始まります。『家族』は、風見一家による長崎から北海道までの旅を通して、流民が集まり、出会い、すれ違う様を描くことから、人間がそもそも移動のなかで生きていることを気付かせてくれる作品ではないでしょうか。

第一〇章

一九七二年、沖縄返還

終わらなかった「戦後」

大野光明

1　戦後史と沖縄返還

戦後史を再考するにあたって、沖縄という視座は必要不可欠であると思います。なぜなら、現在まで続く、軍事化された沖縄のありようが、戦後という体制の抱える暴力、体制内部の差異を浮き彫りにしているからです。

米軍は、一九四五年三月に開始した沖縄戦の最中から、日本軍が建設した軍事施設を転用しつつ、沖縄での基地建設を始め、そのまま軍事占領を開始しました。

一九五二年四月二八日に発効したサンフランシスコ講和条約によって、日本は主権を「回復」する一方で、沖縄は日本の施政権から切り離され、アメリカによる占領統治の下におかれます。そして、冷戦の進行とともに、アメリカにとって、沖縄は軍事的利用価値の高い戦略的な拠点となっていきました。ソ連の核保有（一九四九年九月）、中華人民共和国の成立（同年一〇月）、朝鮮戦争の開始（五〇年六月）など、東アジアでの冷戦がはっきりと姿をあらわしたことで、アメリカは沖縄の長期占領と恒久基地化の方針をとるようになり、基地の拡張を行っていきました。そのため、沖縄の人々は、日本本土が享受したといわれる「平和」や「豊かさ」とはまったく別の戦後史を、経験しているといえるでしょう。

また、アメリカは、フィリピン、台湾、韓国、オーストラリア、ニュージーランド、そして日本と、個別に相互防衛条約を締結し、グローバルな軍事ネットワークを形成していきました。沖縄は、軍事的ネットワークの一つの結節点となっていきます（林博史『米軍基地の歴史』吉川弘文館、二〇一二年）。

だから、沖縄に目を向けるとき、戦争と密接につながった米軍占領の実態がつきつけられます。一九四五年を起点にして、そもそも「戦後史」という言葉は成り立つのかと問わざるをえなくなる現実があります。

本章では、このような歴史的背景をふまえ、一九七二年五月一五日に実現した、アメリカから日本への沖縄返還（復帰または施政権返還ともいいます）を再考したいと思います。

高校の日本史の教科書に準じてつくられた『もういちど読む山川日本史』は、次のように沖縄返還を紹介しています。

七一（昭和四六）年沖縄返還協定が調印され、翌年五月には念願の沖縄の日本復帰が実現した。しかし、アメリカ軍基地の問題や本土との経済格差の問題など、なおのこされた課題は少なくない。（五味文彦・鳥海靖編『もういちど読む山川日本史』山川出版社、二〇〇九年、三三三頁）

沖縄返還とは、どのような意味において「念願」であったといえるのでしょうか。人々は、沖縄の返還をどのように受け止め、経験していたのでしょうか。本章では、沖縄返還を「念願」といえてしまう〈国民の歴史〉が成り立たなくなる出来事として、日米両政府の沖縄返還交渉と社会運動とのせめぎ合いの過程を再考してみたいと思います。

2　冷戦体制

冷戦のもとでの地政学的差異と分断の構造化

東アジアにおける「戦後」と冷戦体制は、地域の分断をはっきりと制度化し、人々の経験を差異化していったと考えられます。

たとえば、日本本土と沖縄の、駐留米軍人数の推移をみてみましょう（表1）。一九五〇年から六四年にかけて、日本に駐留する米軍人の数は三分の一に減少しているのに対し、沖縄では倍増し、また、駐留する米軍人全体のうち、沖縄駐留者数の占める割合は、一五％から五四％へと増加しています。一九五〇年代後半から、日本本土での米軍の撤退・縮小と、沖縄での急増とが同時に起きていたことがわかります。

一九五七年六月のアイゼンハワー大統領と岸信介首相との日米共同声明では、日本の防衛力整備の推進（自衛隊の強化）と、日本国内の米軍陸上戦闘部隊の撤退が合意されています。また、日本本土から撤退を開始した海兵隊の一部は、沖縄へと移駐されました。そして、日本本土は高度経済成長期に入っていくのです。

一方の沖縄では、一九五五年頃から、米軍による強制的な土地の接収と軍事基地・施設の建設・拡大が急ピッチに進行し、それに対する、「島ぐるみ闘争」と呼ばれる大衆的な反対運動が起こっていました。

表1　日本本土と沖縄の駐留米軍人数

年度	日本本土	沖縄	沖縄の比率
1950	115,306	21,248	15.6%
1953	185,829	23,325	11.2%
1954	185,705	24,530	11.7%
1955	162,075	27,778	14.6%
1956	141,372	27,157	16.1%
1957	121,619	29,236	19.4%
1958	68,671	38,944	36.2%
1959	52,452	32,914	38.6%
1960	46,295	37,142	44.5%
1961	47,182	38,658	45.0%
1962	49,308	42,411	46.2%
1963	49,467	39,966	44.7%
1964	38,923	45,760	54.0%

『米軍基地の歴史』（林博史、吉川弘文館、2012年）より作成

また、朝鮮半島では一九五〇年に朝鮮戦争が起こります。この戦争は日本帝国の遺産でもあり、朝鮮半島に生きる人々にとって、「戦後」は戦争からの「解放」とならなかったことを示していました（第六章参照）。

このように、東アジアの「戦後」とは、戦場（朝鮮半島や後のベトナム）、占領地（沖縄）、経済成長拠点（日本）という地政学的な分断を制度化したものとしてあったのです。そして、アメリカのプレゼンスに東アジアの「戦後」は強

い影響を受けていました（『現代思想』第二九巻第九号［総特集：戦後東アジアとアメリカの存在］、青土社、二〇〇一年）。高度経済成長の「豊かさ」――それが真の豊かさであったのかは、第九章の番匠が問うているわけですが――を享受しえた日本本土では、一般的には植民地の存在は忘却され、異なる「戦後」を歩む国境の向こう側への想像力は後退していったと考えられます。冷戦体制とは、政治的な体制であっただけでなく、各国・地域の社会、経済、そして、人々の感性や認識枠組みにも深い影響を与えていたといえるでしょう。

復帰運動の形成――分断を越えるナショナリズム

軍事優先の米軍占領下にあった沖縄の人々は、強権的な占領政策や基地・軍隊による抑圧からの解放、自治の獲得、基本的人権の獲得など、多種多様な目標を掲げ、日本への復帰運動を開始します。復帰運動が本格化するのは、一九六〇年、沖縄県祖国復帰協議会（復帰協）の設立以降です。

その設立時の文書を読むと、「祖国の同胞が、本来日本の一県であり、同一民族である沖縄県民を一日も早く暖かい手で取り戻すように、国民的な運動を展開されることを希望する」（沖縄県祖国復帰闘争史編纂委員会『沖縄県祖国復帰闘争史 資料編』沖縄時事出版、一九八二年、五六頁）とあるように、日本本土＝「祖国」の「同胞」に向けた、民族的ナショナリズムを基礎とする呼びかけが並んでいます。冷戦体制の分断を越えて、日本国憲法の平和主義や民主主義の適用を、人々が希求していたからこそその言葉であったといえるでしょう。そして、日本本土側の革新勢力も、革新ナショナリズムの思想から、復帰運動に呼応し、沖縄返還を要求する国民運動を展開しました。冷戦体制のもたらした分断へのナショナルな抵抗のつながりをここにみることができるでしょう。

3　沖縄返還交渉の本格化――転換点としての一九六五年

沖縄返還交渉のねらい

一九六五年以降、日米両政府は、沖縄返還に向けた外交交渉を加速化させました。しかし、日米両政府は、沖縄の人々が日本復帰に賭けた様々な政治的要求を受け入れたのではありませんでした。一九六五年一月の佐藤栄作首相とジョンソン大統領による共同声明をみてみましょう。

> 総理大臣と大統領は、沖縄および小笠原諸島における米国の軍事施設が極東の安全のため重要であることを認めた。総理大臣は、これら諸島の施政権ができるだけ早い機会に日本へ返還されるようにとの願望を表明するとともに、沖縄住民の自治の拡大及び福祉の一層の向上に対し深い関心を表明した。大統領は施政権返還に対する日本の政府および国民の願望に対して理解を示し、極東における自由世界の安全保障上の利益がこの願望の実現を許す日を待望していると述べた。（中野好夫編『戦後資料――沖縄』日本評論社、一九六九年、五二一頁、傍点引用者）

日米両政府は、沖縄の軍事的役割の重要性を確認した上で、沖縄返還交渉を進めることに合意しています。この背景には両政府の危機感がありました。アメリカ政府内では、復帰運動などの沖縄の人々の自治権要求の高まりによって、日米関係が悪化するという想定が前提となりつつありました（我部政明『沖縄返還とは何だったのか』ＮＨＫ出版、二〇〇〇年、五七頁）。沖縄の運動の盛り上がりが、沖縄だけでなく日本にある米軍基地を維持・運用できなくなる事態に発展しうるという危機感。ベトナム反戦運動や学生運動などの反体制運動の高揚期を迎えつつあった日本政府にとっても、この危機感は共有されていました。一九七〇年には日米安保条約の更新が予定され、日本政府は、六〇年安保闘争につづく大衆的な反対運動を恐れていたと考えられます。沖縄と日本本土の双方で取り組まれていた復帰運動や日米安保に反対する運動は、戦後という体制を大きく揺るがすものとなり始めていたのです。

そのため、日米両政府にとって沖縄返還とは、在沖米軍基地の軍事的機能の維持のため、ひいては日米安保体制の維持のためにこそ必要とされたのです。よって、佐藤・ジョンソン共同声明で示されたように在沖米軍基地の撤去は念頭におかれていませんでした。

動員される国民的念願というナショナリズム

このような政治的思惑をアメリカ政府と共有しつつ、日本政府は、沖縄返還が多くの市民の念願であるかのようにアピールを行っています。たとえば、一九六五年八月、佐藤首相の沖縄訪問のスピーチを読んでみましょう。

沖縄同胞のみなさん。

私は、ただ今、那覇飛行場に到着いたしました。かねてより熱望しておりました沖縄訪問がここに実現し、漸くみなさんと親しくお目にかかることができました。感慨まことに胸せまる思いであります。沖縄が本土から分れて二〇年、私たち国民は沖縄九〇万のみなさんのことを片時たりとも忘れたことはありません。本土一億国民は、みなさんの長い間の御労苦に対し、深い尊敬と感謝の念をささげるものであります。私は沖縄の祖国復帰が実現しない限り、わが国にとって「戦後」が終っていないことをよく承知しております。これはまた日本国民すべての気持でもあります。（中野編、前掲書、五五一頁）

沖縄の人々に対し、「同胞のみなさん」と呼びかけ、「私たち国民」は常に「同胞」のことを思い続け、忘れていなかった、と述べる佐藤。スピーチが人々のナショナリズムに強く訴えていることがわかります。沖縄戦後史研究を進めてきた新崎盛暉は、「祖国復帰運動や沖縄返還運動の「民族的悲劇としての祖国復帰」、「国民的願望としての沖縄返還」というスローガンを先取り」（新崎盛暉『戦後沖縄史』日本評論社、一九七六年、二九九頁）したものだ、と述べています。佐藤は、復帰運動をはじめとする社会運動のエネルギーを看過することなく、むしろ正当に評価したからこそ、積極的にそれを活用し、動員しようとしたといえるのではないでしょうか。

終わらせたかった「戦後」——戦後処理としての沖縄問題

また、「沖縄の祖国復帰が実現しない限り、わが国にとって「戦後」が終っていない」というように、佐藤にとって戦後とは、沖縄の返還とともに終わらせるべきものとされています。戦後処理としての沖縄問題という認識であり、端的にいえば、失った領土の回復という問題でした。沖縄滞在中の歓迎大会で、佐藤は次のようにも語っています。

> 私は、先刻、那覇国際空港に降り立ったとき、私を歓迎するためにお集まり下さいました沖縄同胞の方々のまなざしの底に沖縄二〇年の流れを読みとることができました。はじめて沖縄で見る日の丸の旗の波、みなさまの真剣な表情、まさに万感胸にせまるものがありました。〔……〕私は、心をこめて沖縄一八万の英霊の冥福を祈るとともに、遺族の方々に対し深くお慰めの言葉を申上げます。
>
> 九〇万沖縄同胞のみなさんは、戦後の傷心と荒廃のなかにあって、日本人としての誇りを失わず、あらゆる悪条件と戦い、郷土の再建と、産業経済の復興に、よく今日まで御努力いただきました。私は、みなさんのこの不撓不屈の精神に衷心から敬意を表したいのであります。
>
> この二〇年の間に、わが国は、世界各国が注目するような高度の経済発展をなし遂げ、その国際的地位も飛躍的に高まってきたのであります。このようなわが国の復興にもかかわらず、沖縄については、依然戦争の傷痕の残っていることを感ぜざるを得ないのであります。（中野、前掲書、五五一－五五二頁、傍点引用者）

佐藤にとって、終わらせたかった「戦後」とは、「依然戦争の傷痕」が残っている状態です。そして、沖縄とは、「日本人」が住んでいるにもかかわらず、日本から分離され、失われた国土であるという意味において「戦後の傷痕」そのものであったのです。だからこそ、沖縄返還とは、戦後を終わらせるプロジェクトとなりました。こうして、冷戦体制の分断を越えようとする運動のエネルギーは、領土回復や戦後処理といったナショナルな枠組みのもとに回収されていくのです。

また、佐藤のスピーチでは沖縄の現実は、経済発展や国際的地位を獲得した「わが国」＝「本土」と対比され、問題化されています。第七章で内藤が論じた「もはや「戦後」ではない」という自己認識は、ここでも反復されています。

表2　沖縄に対する日米財政援助額の推移

（単位：億円）

財政年度	日本	米国
1961	81	2,426
1962	512	2,008
1963	1,013	2,506
1964	1,831	2,934
1965	1,864	4,317
1966	2,862	4,322
1967	6,160	4,320
1968	10,353	4,320

『シンポジウム沖縄』（木下順二ほか、三省堂、1968年）より作成

そのため、沖縄問題とは社会経済的な遅れの問題として理解され、処理されていきます。沖縄滞在中の佐藤は、教育、社会福祉・公衆衛生、そして産業発展に関する沖縄援助を進めていくことを表明しました。日本政府の対沖縄援助額はその後急増し、一九六七年にはアメリカの対沖縄予算を上回るに至ります（表2）。ベトナム戦争が泥沼化したことで、多額の軍事費を支出し続けるアメリカを、財政的な面から日本政府が支援する構図がつくられました。

その一方で、佐藤は、基地・軍隊の撤去に関してはほとんど語っていません。日米両政府の返還交渉においても、基地撤去に関する取り組みはほとんどなされませんでした。

日米共同声明――米軍基地の維持とアジアへのコミットメントの共有

このような経過を経て、沖縄返還が正式に合意されるのは、一九六九年一一月の日米共同声明においてです。同声明では、「沖縄の施政権返還は、日本を含む極東の諸国の防衛のために米国政府が負っている国際義務の効果的遂行の妨げとなるようなものでないとの見解」（新崎盛暉編『ドキュメント沖縄闘争』亜紀書房、一九六九年、五〇三頁）を表明し、在沖米軍基地がアジア太平洋地域の安全保障にとって必要不可欠な存在であることをあらためて確認しました。こうして米軍基地を維持したままの沖縄返還が合意されたのです。

また、この日米共同声明では、沖縄返還を対アジア政策の一環としても位置づけています。日本政府は、朝鮮半島と台湾における「平和と安全の維持」のために日米安保条約が果たしている役割を確認しています。さらに、日本政府はベトナム戦争の支持を明確に表明し、ベトナムを含む「アジアに対する援助計画の拡大と改善を図る意向」（新崎、前掲書、五〇四頁）をも示しました。

このように、日米共同声明は沖縄返還にとどまらない内容となっています。経済大国へと成長した日本は、沖縄返還を足がかりとして、アメリカの対アジア政策に積極的に賛同し、主に経済・財政的な側面から協力する方針を鮮明にしていきました。この流れにのって、返還後の沖縄だけでなく東南アジアへと、日本資本は進出の足がかりを得ることもできました。それは乱開発や環境破壊、労働者の搾取を伴うものとして批判されていきます（このような歴史を、本書第四部で示される現在進行形の出来事とつなぐことが必要であると思います）。

こうして、沖縄の軍事占領への抵抗運動から生まれた復帰要求は骨抜きにされ、実現した沖縄返還は、日米両国のアジア・太平洋地域への政治的・経済的なコミットメントへの布石として位置づけられてしまったのです。

4　沖縄闘争という亀裂

沖縄闘争という反体制運動

人々は、このような日米両政府の動きに対し、大衆的な抵抗運動で応えていきました。アメリカによる沖縄占領と沖縄返還政策に反対する「沖縄闘争」と呼ばれた社会運動、政治運動、文化運動です。

沖縄闘争は、日本共産党や日本社会党、総評などの革新勢力、一九六七年末頃から活発な政治闘争を繰り広げた新左翼、さらには学生運動や市民運動のグループなど、多様な運動体により取り組まれました。その思想や主張も、沖縄の「即時無条件返還」や「沖縄奪還」、「沖縄解放」などさまざまでしたが、共通していたのは、沖縄の軍事化を維持する沖縄返還政策の拒否でした。

サンフランシスコ講和条約が発効し、沖縄が分離された四月二八日は「沖縄デー」とよばれ、大規模なデモや集会が各地で開催されました。図1・2は、日本本土での、沖縄問題に関するデモの参加人数と開催場所数の経年変化を追ったものです。

一九六〇年代後半から一九七〇年代初頭に、それ以前とは比べものにならないほどの多くの人々が沖縄問題に関心を寄せ、抗議・反対の意志を表明していたことがわかります。最も多い一九七一

図1　主な集会・デモの参加人数

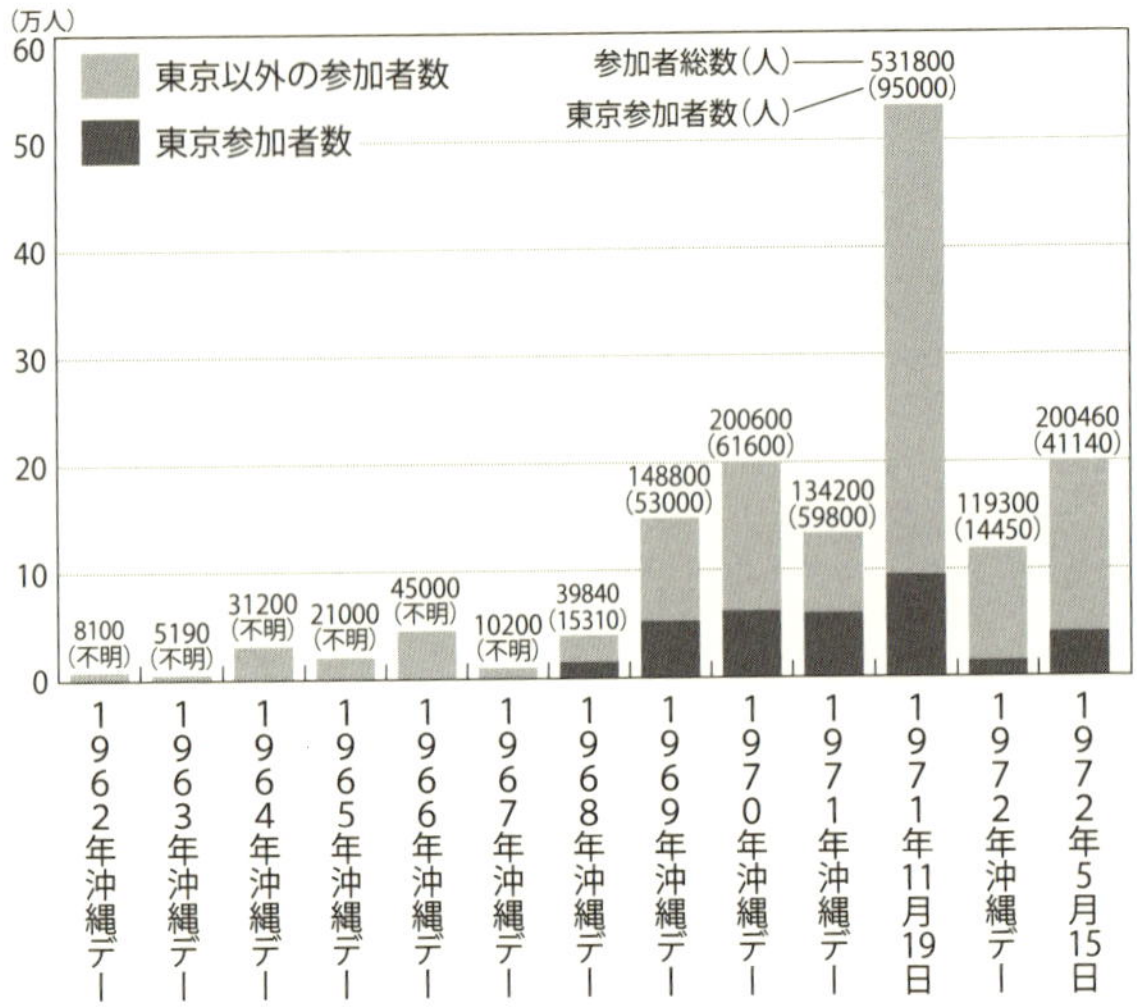

図2　主な集会・デモの開催場所数

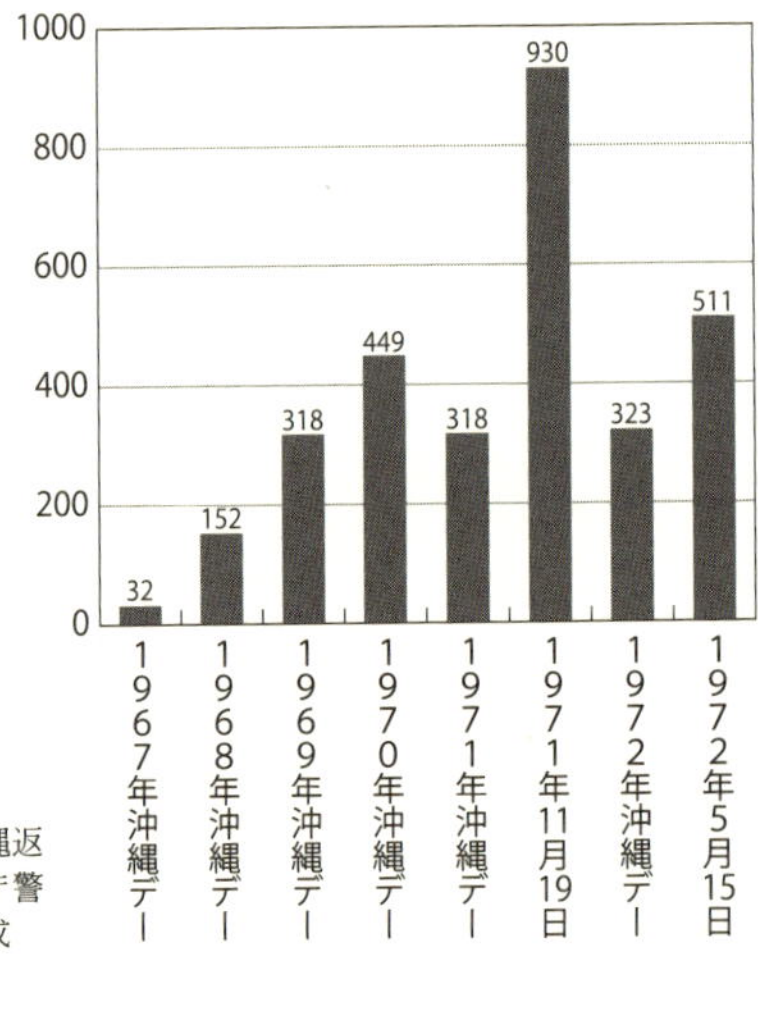

ともに『基礎資料　沖縄返還闘争の総括』（警察庁警備局、1976年）より作成

年一一月一九日のデモは、国会での沖縄返還協定強行採決に反対するデモであり、参加者総数は五三万人を越えています（警察発表の参加者人数は、実態よりも少ないため、七〇～八〇万人にのぼったのではないかと思われます）。冒頭に触れた歴史教科書がいうような「念願」とは異なる人々の反応

と行動が広がっていました。沖縄の軍事化と日米安保条約を中核とした戦後体制への根底的な批判がわきあがっていたのです。

日米両政府の沖縄返還政策によって戦後という体制のゆらぎや裂け目が縫い直されていくプロセスに、沖縄闘争は異議を申し立て、亀裂を生じさせようとしていました。

越境する思想と運動——ナショナリズムとの格闘

「沖縄闘争」という言葉は、沖縄の復帰・返還を要求する運動の質的な変化を示すものでもありました。沖縄闘争はナショナリズムをいかに乗り越えるのかという課題を設定したためです。

第一に、ベトナム戦争の影響を強く受け、アジア、なかでもベトナムに対し加害者になりたくないという思いから、基地の撤去を求める思想が広く共有されました。基地・軍隊による被害だけでなく、加害の視点に基づく反基地・反軍の思想です。

たとえば、一九六九年度の復帰協の「運動方針」では、在沖縄米軍基地は、「アジアを分断し、アジア人民を殺戮し、県民の生命を危機におとし入れている」ものとされています（沖縄県祖国復帰闘争史編纂委員会、前掲書、四六九頁）。復帰協にとって米軍基地は、沖縄県民の生命に対する脅威であるだけでなく、国境の向こう側の「アジア人民」に対する脅威であるという認識が確認できます。この認識は、自らが加害者になることを拒否できれば、ベトナムという被害者も生み出さなくて済むのだという、国境線の向こう側への想像力によるものでした。

第二に、復帰運動のもつナショナリズムを、日本国内の被差別マイノリティの経験を参照しながら乗り越えていこうという動きも生まれました。たとえば、復帰運動による「本土並みの権利の適用を」との主張が、次のように批判されています。在本土・沖縄出身学生のグループ、沖縄闘争学生委員会の宮城島明は「沖縄が日本国内になり名実ともに日本人化するとき、沖縄に存在する台湾人・朝鮮人・フィリッピン人等のアジア人民の位置は、在日外国人というレッテルを貼られ、不当な法支配下に繰り込まれると同時に様々な抑圧、差別政策のもとで喘ぎ苦しむのである」（「民族・国民・帰属」『序章』六号、一九七一年、一〇八頁）と指摘しました。「在日沖縄人」として日本社会内部の差別構造を問題化し、運動のもつナショナリズムを乗り越えなければならないという問題提起です。

日米安保体制によってナショナルな情念が活用・動員されるなか、ナショナリズムとの格闘を通じて、沖縄の解放のための取り組みを再構築する営みが、国境の内側と外側を同時に問う形でつくられつつあったのです。

〈小文字の政治〉の創造

また、沖縄闘争は、国家に決定権を委ねる制度化された政治（大文字の政治）の限界に向きあっていました。大文字の政治とは異なる政治、〈小文字の政治〉と呼びうるような政治が創造されていたことにも注目したいと思います。

一九六八年一一月、北ベトナムへの爆撃を続けていた米軍爆撃機B52が、嘉手納基地内で爆発、炎上する事故が起きました。

〝ドドーン〟と大きな音と共に、ぐらぐらと、家がゆれた。母は、私をだいたまま、ぶるぶるふるえていた。この〝ドドーン〟というものすごい大きな音で、私は、いつか母からきいた、戦争の話をおもい出し、おもわず母にしがみついた。

〔……〕

きんじょの方からは〝くうしゅうだー〟〝戦争だあー〟〝ソ連が爆げきだー〟などのわめきの声が方ぼうからきこえてきた。

そこへ姉が来て〝はやく、家にはいって！　もしもこの爆弾が原子爆弾だったらどうするの！　はやく、はやく〟と言いながら、みんなを家に入れた……（福木詮『沖縄のあしおと　1968－72年』岩波書店、一九七三年、三四頁〔嘉手納中学校一年の女性の手記〕）

戦争に直結した人々の暮らしをつきつけるような手記です。嘉手納の人々にとって戦争とは、アジア太平洋戦争、なかでも沖縄戦の記憶としてあり、また、「原子爆弾」や「ソ連」がすぐに想起されるほど身近なものでした。

自らの生存が切迫するなかで、基地撤去を求める直接行動が広がっていきました。同年一二月七日、嘉手納教職員会によるストライキの現場では、次のような光景がありました。

つぎつぎと演説がつづくうちに会場からは「もう演説はよい。行動だ！」としきりに声がかかり、演壇に立った知念高教組副委員長は一こと「多くの言葉は空しい。基地の金網を破っていきたい！」とだけのべた。（福木、前掲書、五〇頁）

沖縄の人々は、日米両政府に対して、基地撤去や人権の保障を請願し申し入れる長い歴史を積み重ねてきました。多くの言葉が書かれ、発せられています。ですが、この教員のひとことは、政府への請願ではもはや基地の撤去を見込めない、現実は変えられないのだという、憤りと怒りを表現しています。そして、一瞬であれ、基地機能を止め、基地・軍隊のない沖縄を実現可能な「現実」として経験することが、切実に求められたのです。ルポライターの福木詮は、「「基地反対」または「撤去」は抽象化されたスローガンでなく、大衆の自発、内発によって基地機能への直接非協力、阻止行動そのものになったのである」（福木、前掲書、五一頁）と述べています。

そして、一九六九年二月にはB52撤去を求める島ぐるみのゼネラルストライキが計画され（日本政府等の圧力により挫折）、また、基地で働く労働者の組合、全沖縄軍労働組合（全軍労）によるストライキが開始されるなど、「基地の金網を破っていきたい！」という言葉は、直接行動として実践されていきました。

こうして沖縄闘争は、戦後の日本を成り立たせてきた沖縄の軍事化と日米安保体制への敵対性を確保する〈小文字の政治〉を次々に生み出しました。人々は、日米両政府に決定権を委ねる〈大文字の政治〉の限界をはっきりと突きつけられ、自らの取り組みの前提自体が崩れるような「歴史の破れるとき」を経験していたのです。そして、そのような経験のなかから人々は新たな思想や実践を創り出していきました。

5　「戦後の終わり」を越えて

一九七二年五月一五日、沖縄は日本に返還されました。しかし、米軍基地のほとんどが維持され、一部返還された土地は自衛隊へと移管されるなど、いまも軍事的な「占領」は続いています。

日米安保体制を根底的に批判し、脱軍事化を目指す運動は変容しながら継承されています。レイプやセックスワークなど、軍隊によって構造化された性暴力の対象となってきた沖縄の女性たちの運動があります。たとえば、「基地・軍隊を許さない行動する女たちの会」は一九九五年以降、海外の米軍駐留地の反基地運動や女性運動とのネットワークを広げ、軍隊による暴力の実態を訴え続けています（高里鈴代『沖縄の女たち』明石書店、一九九六年）。沖縄問題を一国内の社会問題として処理せず、アメリカのヘゲモニーとグローバルな軍事主義によって生じた問題として考える、トランスナショナルな反基地運動の共同性が創られつつあります。

また、二〇一二年一〇月、米軍輸送機MV－22（オスプレイ）が、圧倒的な反対の声を押し切って、沖縄・米軍普天間飛行場に配備されましたが、この直前、沖縄内外から集まった人々は配備を阻止しようと、普天間飛行場のゲートすべてを座り込みなどによって一時的に封鎖しました。反基地運動の長い歴史とそこで培われ継承されてきた抵抗の思想が表現されていました。

日米両政府が終わらせたかった「戦後」は、沖縄の現状をみるとき、決して戦後は終わっていません。「戦後」の終わりとは、「基地の金網を破っていきたい！」という声への終わりなき応答として、今も問われているはずなのです。

コラム４　戦後レジームとしての安保

内藤由直

アメリカとの間に結ばれた安保条約は、日本の戦後を決定付けてきた最も強固な枠組みの一つです。

一九五二年四月二八日、日本の再独立と同時に「日本国とアメリカ合衆国との間の安全保障条約」が発効しました。六〇年には、それに代わって「日本国とアメリカ合衆国との間の相互協力及び安全保障条約」が締結されます。この新安保条約は、有効期限を一〇年と定めたものでしたが、七〇年以降は期限が自動延長され、今なお効力を有しています。日本とアメリカとの間には、戦後、絶え間なく安保条約があるのです。

日本政府は、これに基づいて、自衛隊の創設やベトナム戦争・湾岸戦争への協力など、戦後史の画期となる様々な場面において、アメリカの要請に従って行動してきました。

時にアメリカの思惑は、日本の憲法をも凌駕します。例えば、旧安保条約の合憲性が争われた砂川裁判（五九年）では、国家統治に関する極めて高度の政治性を有する行為は司法審査の対象外にするという所謂「統治行為論」に拠って、最高裁判所は安保条約に関する法的判断を放棄しました。この最高裁決定には、アメリカ政府による直接介入のあったことが近年、明らかになっています（新原昭治『日米「密約」外交と人民のたたかい』新日本出版社、二〇一一年を参照）。また、二〇一四年七月一日、日本政府は集団的自衛権の行使容認を閣議決定しました。集団的自衛権は

「憲法第9条のもとで許容される実力の行使の範囲を超えるものであり、許されない」（防衛省編『平成25年版　日本の防衛』日経印刷、二〇一三年、一〇一頁）と明記しているにもかかわらずです。新安保条約の前文には日本とアメリカが集団的自衛権を有していることが謳われていますが、これを実現するためには、最高法規である「日本国憲法」ですら反古にされるのです。

憲法さえ無効化してしまう安保条約の力を目の当たりにする時、日本という国を動かしているのは一体、誰なのかという疑問を抱かざるを得ません。この国のかたちを決定しているのは、アメリカ政府の意向とそれを反映する安保条約ではないのか。

こうした事態に未曽有の規模で抵抗を試みたのが、一九六〇年および七〇年の安保闘争です。二度に亘って戦われた安保闘争は、全国の学生や労働者、そして市民が参加した空前の反政府、反アメリカ運動でした。半世紀前の大衆運動は、もはや過去の歴史であるかも知れません。しかし、安保条約は決して歴史化された過去ではなく、現在なお存続し、日本の在り方を左右しているものなのです。

安保条約は、日本の戦後を拘束してきた、まさしく〝戦後レジーム〟と呼ぶに相応しいものであるでしょう。ゆえに、もしも戦後レジームからの脱却を目指すならば、それは安保条約による束縛からの解放でなければならないはずです。戦後レジームからの脱却は、決して憲法改正によって実現されるものではないのです。

第四部　戦後の「終わり」を生きる

第二章　日立就職差別闘争後の歩み

朴鐘碩

1　はじめに

私は、一九五一年愛知県西尾市で九番目の末っ子として、貧困家庭で生まれました。日本の公教育を受け、韓国語を話せない、韓日関係の歴史はもちろん朝鮮名の読み方さえ知らない、日本人化した在日朝鮮人の一人でした。私の兄、姉は、鉄屑業、タクシー運転手、水商売などで生計を立て、当時、在日朝鮮人社会で日本企業での「就職差別」は常識でした。

「朝鮮人は、なぜ企業に就職できないのか」と高校生の時に悩みましたが、「ひょっとしたら実力さえあれば合格するかも知れない」と、私はかすかな希望を抱いていました。

卒業後、出生から使用していた日本名の新井鐘司で日立製作所の中途採用試験を受け、合格しました（一九七〇年九月）。しかし、会社に「韓国人である」と明かすと、採用を取り消されました。

「崖から落とされた」私は、「納得できない。諦めるわけにはいかない」と日立を提訴する決断をしました。この決断は、「自分は一体何者か。どう生きればいいいか」を問い、日本人化した私の価値観を否定することを覚悟したようなものでした。

2　日立就職差別裁判

採用を取り消された後、横浜駅西口で入管闘争のチラシを配布していた慶応大学の学生に出会い、「日立から採用を取り消された」事情を話すと彼らは弁護士を探しました。引き受けた弁護士は、「労働事件の新判例をつくる」という意気込みでした。日立製作所を訴えたのは、私が一九歳の時でした（一九七〇年一二月八日）。事件は、「われら就職差別を背負って「ボクは新井か朴か」」と『朝日新聞』（一九七一年一月一二日）に報道され、当時学生であった崔《チエ・スング》勝久が記事を見て会いに来ました。

崔は、「この事件は、労働契約問題でなく在日朝鮮人の置かれた歴史と現実、民族差別の実態が問われなければならない」と問題を提起しました。裁判を支援する「朴君を囲む会」がつくられ、「日本人としてこの裁判にどう関わるのか」が話し合われ、弁護士・「囲む会」事務局の日本人・韓国人の青年たちが議論し、それぞれが一人ひとりの生き方を問いました。

私は、民族差別による朝鮮人の実態を展開できなかった最初の訴状を訂正することになりました。夜遅くまで議論し、最初の弁護士は、「日本人として自ら問われる」ことに反発し、この事件を辞退しましたが、隣の事務所にいた石塚久弁護士が引き受けてくれました。弁護士になったばかりの、当時二〇代の秋田瑞枝、仙谷由人（元官房長官）が加わり、裁判官を辞職された中平健吉には、弁護団長になっていただきました。

七〇年代、分断された祖国の統一を願い、韓国民主化闘争を支援し連帯していた民団の中の反主流部、総連などの民族組織は、「この裁判は在日朝鮮人の日本人化を促進する」と批判しました。「民族」が重要視され、在日朝鮮人青年個々人の生き方に関わる問題として日本社会の差別を打破し、生活する権利を獲得しようという意識はなかった時代でした。

私は、日本人化した朝鮮人である自分が一体何者かわからず、暗い閉塞した状況から何とか抜け出したい気持ちでいました。既存の民族の枠組みやあり方では自らを捉えきれず、悩んでいました。また、私と同じように生き方に悩む韓国人青年、日本人・韓国人の両親を持つ「混血」の青年、運動が陰り始めた新左翼の二〇歳前後の日本人青年たちがこの事件に関心を示し、それぞれが自らの生き方を問いながら共闘したのです。

3　日立本社糾弾闘争と日立製品不買運動

当時、「朴君を囲む会」の呼びかけ人のひとりであった在日大韓基督教川崎教会の李仁夏《イ・インハ》牧師は、世界教会協議会（WCC）の「人種差別主義と闘うプログラム」（PCR）の責任者でした。PCRは、この事件を黒人の人権問題など世界の少数派の闘いの一環として受け止め、支援しました。

七〇年代の韓国は、朴正熙《パク・チョンヒ》大統領の軍事独裁政権に対して、学生たちが民主化を求めて立ち上がった時期でした。こうした状況で崔勝久はソウル大学に留学し、韓国の学生たちに日立の就職差別を訴えました。学生たちはそれを受けて、「日本国内での韓国人同胞に対する差別待遇を即時中止せよ」と「反日救国闘争宣言」を発表し、これを『毎日新聞』（一九七四年一月五日）が報道しました。

七四年に、韓国では民青学連事件が起こり学生たちは拘束されましたが、学生の宣言に共鳴して韓国キリスト教長老会女信徒会のオモニ（母親）たちは、日立製品の不買運動を決議しました。WCCも日立製品不買を決議し、アメリカでは公民権運動のリーダーであったキング牧師の思想を引き継いだ牧師たちが日立アメリカに抗議しました。

こうして国境を越えた日立の民族差別への抗議運動が展開される中、七三年一二月には、東京・丸の内にあった日立本社で経営陣に対する民族差別の告発と糾弾が始まり、交渉は夜遅くまで続きました。そうした中で、本国である韓国の政治状況に関わることにこそ存在意義があると主張していた民団、在日韓国教会の青年たちも日立闘争に対する姿勢がしだいに変わり、日立本社糾弾闘争に参加するようになりました。

そして一九七四年五月一七日、「世界の日立」は屈服し、判決を待たずに「朴君を囲む会」と日立製作所との間で、「日立が朴君を民族差別し続けてきたものに他ならないことを認め、日立は責任をとる」、「日立製作所は、今後、このような民族差別を二度とくりかえさぬよう、責任ある、具体的な措置をとることを確約します」という二つの確認書が取り交わされました（朴君を囲む会編

『民族差別――日立就職差別糾弾』亜紀書房、一九七四年、一一八―一一九頁)。

確認書締結から一か月後の六月一九日、横浜地裁は原告勝利の判決を下しました。判決文は、「〔原告は〕在日朝鮮人に対する就職差別、これに伴う経済的貧困、在日朝鮮人の生活苦を原因とする日本人の蔑視感覚は、在日朝鮮人の多数の者から真面目に生活する希望を奪い去り、時には人格の破壊まで導いている現状にあって、在日朝鮮人が人間性を回復するためには、朝鮮人の名前をもち、朝鮮人らしく振舞い、朝鮮の歴史を尊び、朝鮮民族としての誇りをもって生きて行くほかにみちがないことを悟った旨その心境を表明している」と、生き方にまで言及しています(同書、二七九頁)。この判決は、日立の控訴断念により確定しました。韓国のマスコミは、民族としての主体性がないと糾弾していた私の「告発精神に学ぶ」(「社説」『東亜日報』一九七四年六月一〇日)と報道するようになりました。

こうして、四年近い裁判闘争で民族差別の不当性を訴え、日立経営陣を糾弾し、国境を越えた運動により支援を受けた裁判で勝訴した私は、二二歳で日立に入社しました。朝鮮人への差別・偏見に立ち向かい、日本社会の常識を覆した日立闘争は「これで終わった」、と思いました。

4　日立と沈黙するエンジニア

民族差別事件を起こした日立製作所は、どのような企業なのでしょうか。

日立は、日立鉱山を発端にして、朝鮮半島が日本の植民地となった一九一〇年に創業し、二〇一四年決算報告では、三万三五〇〇人の所員と九四七の関連会社を含めた総従業員数は約三二万人です。家族を含めると日本の人口の約一％に相当します。

私は、コンピュータソフトウェア部門に配属され通信プログラム開発に従事しましたが、入社後は仕事を覚えるのに必死でした。開発者は、プロジェクトの工程を死守するため長時間残業をし、徹夜することもありました。コンピュータシステムは、ハードウェアに適合した言語で作成された、多くのプログラムが組み込まれて動作しました。事前に繰り返し厳しい検査・性能評価を経て製品を出荷します。それでも予期しないプログラムの論理不良で証券・金融のオンライン業務が停止すれば、経済・社会への影響は計り知れません。その責任は、当然メーカーにあります。

不良箇所を作ったと疑われる（関連会社の）システム担当者は、原因が判明するまで帰宅は許されず、事故調査のため徹夜作業が何日も続くこともあります。開発と調査で心身共に冒され出社拒否したり、職場で倒れたり、入院するエンジニアもいました。不良の原因が判明すれば顧客に報告しますが、職場ではその後も不良箇所を作成したプロセス、技術および動機的原因を徹底的に議論し追求します。不良箇所を作った担当者およびその上司は、他の業務を一切停止し、（事業所）幹部に報告するドキュメント作成に追われます。不良製品に対する日立（企業）の責任と品質確保は徹底しています。

日立の労働者は、企業の論理に従い、上司から課せられたノルマを遂行することが求められています。福島原発事故後もそれは変わらず、原発メーカーとして把握しておくべき事故の状況、収束工事に関する会社・組合からの説明はないまま、日々の仕事を処理しています。

日立就職差別裁判が起こったとき、日立労組幹部はじめ多くの労働者は見て見ぬふりをしました。この反応は、多くの犠牲者を出した原発事故に対する沈黙と通じています。労働者は、原発製造・輸出といった会社の事業に疑問を感じても、業務に追われ、自分の将来を考えて沈黙します。

一方で、トップダウンで全てを決定する日立労組は、所員を強制的に加入させて組合費を給与から天引きし、幹部の裁量でそれを自由に遣います。組合員は組合費の使途を情報公開請求できることになっており、私は何度も請求しましたが、組合（幹部）は開示を拒否しました。組合への批判や苦情を公にすれば組合・会社から睨まれ、昇進の妨げになる恐れがあります。組合では役員選挙を実施しますが、その実態は、職場と候補者名だけが掲示され、組合活動に関心もない、所信表明もしない、ものを言わない、会社の意向に沿った組合員が立候補する、というよりもさせられるものとなっています。立候補する組合員に所信を尋ねると、沈黙するか、「特にやりたいことはない」と素直な返事をします。こうした組合員の沈黙は、利潤と効率を求める環境をさらに強化します。

日立の経営と組合のあり方を一例として述べましたが、企業社会では、「言論の自由」が保障されていないため、不祥事・談合・偽装のような犯罪があっても、経営者を公に批判したり、原発事故の責任を求めたりする組合幹部・労働者は皆無です。上司のやり方に愚痴をこぼすことはあっても、経営トップの論理を批判できる、開かれた風土、風通しの良い企業文化は存在しないと思います。逆に言えば、企業・組合は、労働者の沈黙によって支えられていると言えます。労働者は上から決められた予算、納期で新製品を開発しなければなりませんが、沈黙を強いる企業文化はエンジニアにとって精神的負担となり、不良品を作り出す要因にもなります。不良製品の発生とエンジニアに沈黙を強いる経営体質は深く関係していると思われます。

5　原発事業と日立の収益

日立は、東芝、三菱と並ぶ原発メーカーであり、日本にある原発五四基の二〇基以上を造っています。一九五二年、サンフランシスコ講和条約の発効によって原子力開発研究が解禁され、政財界は「平和利用」を口実に国策として原発（核）の開発を推進してきました。一九六一年のクリスマス、日立は川崎・王禅寺にあるシステム開発研究所で「原子の灯」をつけました。『日立原子力情報』（http://www.hitachi-hgne.co.jp/nuclear/index.html）によれば、その後、敦賀、島根、浜岡、福島第一原発が相次いで営業を開始し、原子力発電が本格稼働しています。海外でも日立は原発関連施設に深く関わり、二〇一三～一四年に大規模な反原発抗議運動が起きている台湾では、「日の丸原発」（第四原発）の建設を進めています。二〇一三年一一月に抗議行動が起きた韓国・古里原発一～四号機には、発電機を納入しました。また二〇〇七年には、アメリカのGE社との原子力事業統合として日本とアメリカにニュークリア・エナジー社を設立しています。

こうした原発の建設が進むなか、一九七八年一〇月に運転を開始し三〇年以上経過した福島第一原発四号機では、二〇一一年三月一五日、原子炉建屋が爆発し、使用済み燃料プールが外部環境に露出したのです。

『二〇一四年度三月期連結決算の概要』（日立製作所、二〇一四年五月一二日）によれば、二〇一三年度の日立の連結決算は、総売上九兆六一六二億円、うち電力（原発）システム七七七三億円で全体の八％、営業利益は一六七億円、利益率で全体の三％となっています。これには火力発電などの収益も含まれ、事故の影響によって原発事業だけの収益はさらに低くなります。企業は通常、採算の取れない収益の低い事業から撤退し、利益率の高い事業に投資しますが、日立は、原発事業売上を二〇一二年の一六〇〇億円から二〇二〇年までに二八〇〇億円に伸ばす計画です。事故の影響で国内需要はないので、これはイギリス、リトアニアなどからの海外受注を見込んでいるようです。

しかし、電力システムの売上は、「火力発電システム事業の国際競争力を強化するため、同事業を三菱重工業（株）との合弁会社である三菱日立パワーシステムズ（株）に統合したことや、原子力発電システムの作業量が減少したことなどにより」二〇一二年度より一四％、営業利益は四四％ダウンしています。一方で二〇一二年、日立は、イギリスの原子力発電事業会社であるホライズン社を買収しています。東電・政府に福島原発事故の責任追及、反原発の声が高まっているなかで、なぜ収益の少ない原発企業を買収したのでしょうか。日立はこの買収に続いて、利益率の高い鉄道の建設を受注しているのですが、この受注のために原発企業を八五〇億円で買収したのではないかと推測されます。

東電や政府が、原発事故後の対応に追われる中、原発メーカーである日立や東芝、三菱が事業を拡大している背景には、一九六一年に成立した、原発メーカーの責任を免責する責任集中制度、原子力損害賠償法（原賠法）の存在があります。イギリス・アメリカは日本と、日本に濃縮ウラン燃料引渡し後、生産・加工を原因として生ずる損害責任を免除される（事故が起きても責任を負わない）

協定（一九五五年の日米原子力協定と一九五八年の日英原子力協定）を締結していますが、これと同様に、原賠法によって原発メーカーは、製品が事故を起こしても責任は問われず、収益を計上できます。日立によるイギリス原発会社の買収は、国策に沿った世界の原発体制の維持・強化にあったと思います。

原賠法でメーカーの事故が免責されているということは、品質、安全性、予防保守に対する設計者の士気が低下し、検査工程が杜撰にならないかと疑問が残ります。また、自然を破壊し、住民の土地・財産を奪い、家族の絆を引き裂き、二〇万人以上に及ぶ被曝避難者を出したことに対して原発メーカーの経営陣から謝罪はなく、事故の原因追求、企業としての社会的責任は社内でも問われていません。

6　原発メーカー訴訟

一九七四年、川崎南部地域で在日朝鮮人の子どもたちの教育・就職に悩むオモニ（母親）、アボジ（父親）が集まって、開かれた日立就職差別闘争勝利集会で、「国籍を理由に児童手当がもらえない、市営住宅に入居できないのはおかしい。差別ではないか」とアボジから問われた時、差別と闘ってきたにもかかわらず私たちはそれに答えることができませんでした。この問いによって逆に、「そうか、そのような差別をする法律自体がおかしい」と気付き、そこから差別を正当化する国籍条項を撤廃させる運動を始めました。その後、行政交渉によって段階的に自治体ごとに国籍条項が撤廃され、国民健康保険や年金加入、銀行融資を受けることも可能になりました。

こうした経験が、原発メーカーの事故責任を問う「原発メーカー訴訟」(二〇一三年八月から原告募集)につながったと思います。

脱原発を訴える弁護士、活動家は、なぜ原発メーカーの責任に言及しなかったのでしょうか。多くの人たちは、原発に反対しながら福島第一原発のメーカーを知りませんでした。東電に全ての責任があるかのように喧伝され、さらに原賠法があるためメーカーの責任は問えない、という諦めがあったのではないかと思います。

数百名が集まった職場の予算説明会で、私は、次のように問いました。「日立製作所にとって原発事故は、緊急な課題である。原発事故から三年経過したが、原発事故にどのように対応しているか。土地を奪い、家族の絆を引き裂いた被曝避難者のことを考えないのか。遺伝子を破壊する放射能、子どもたちへの影響を考えて日立の関係者も避難していると思われる。事故を起こして原因も究明せず、なぜ、原発を輸出するのか。その神経がわからない。日立の経営陣は、一体何を考えているのか。新聞報道されたが、原発メーカーである日立は、世界中の人々から責任を問われている。企業としての道義的・社会的責任をどのように考えているか」。職場の部長は、「企業としての道義的・社会的責任を問われましたが、パクさんの質問にどう回答していいのか、わかりません。これだけしか答えられません」という返事でした(二〇一四年四月二二日)。

二〇一四年五月二一日、福井地裁は、大飯原発の原子炉再稼働中止を認める判決を下しました。判決文には、「福島原発事故においては、一五万人もの住民が避難生活を余儀なくされ、この避難の過程で少なくとも入院患者等六〇名がその命を失っている。家族の離散という状況や劣悪な避難生活の中でこの人数を遥かに超える人が命を縮めたことは想像に難くない」、「原発の運転停止によって多額の貿易赤字が出るとしても、これを国富の流出や喪失というべきではなく、豊かな国土とそこに国民が根を下ろして生活していることが国富であり、これを取り戻すことができなくなることが国富の喪失であると当裁判所は考えている」と、経済よりも人命と豊かな自然の保護を最優先することが書かれています。

原発メーカー（である日立）の経営陣、労働者は、この判決文を読み、自分たちが製造している原発（核）の社会的責任を理解する必要があります。原子炉を造らない、原発事業から撤退する英断が求められています。

7　企業内植民地主義

「おかしいと思ったことを、声にした。根回しを無視し、職場の代議員に立候補する。一〇年ほど前からは、支部の委員長選に毎回出た。もちろん惨敗ばかりだ。〔……〕そして定年の日。片付けがあるからと、わざと作業着で出勤した。定時のチャイムが鳴ると、部署を超え、大勢の人がフロアに集まってきた。朴さんは驚いた。多くの目が柔らかに笑っている。花束贈呈。長い長い拍手が続いた」（「窓　ある会社員の定年」『朝日新聞』二〇一一年一二月二八日）。

私は、三・一一原発事故から八か月後の二〇一一年一一月末、日立製作所を定年退職しました

（その後も、二〇一六年一一月まで嘱託として勤務しました）。

在職中、「朴は職場で何をしているか」、「会社に埋没して管理職となり、安定した生活をしている」、「闘争までして差別の壁を破ったのだから、大人しく黙って働いた方がいい」、「会社・組合を批判したら、企業は再び朝鮮人を採用しなくなる」などの声を聞いていました。「私は仕事だけしていればいいのか。何のために裁判までして日立に入ったのか」と悩み、入社して五年後の一九七九年には、胃潰瘍で一か月入院しました。その後、労働者はなぜ職場集会で発言しないのか、労働者の問題と民族差別の関係を考えるようになりました。企業社会で人間らしく生きるためには、「おかしいことはおかしいと言う勇気と決断が大切だ」と開き直り、発言するようになりました。

管理職の前で開かれる会社の職場集会は、「民主主義」を装うためのポーズでしかありません。組合（幹部）は、組合員が会社・組合に批判・不満があっても上司のいる前で発言しない（できない）ことを承知しています。組合員自ら「これは選挙ではない」と話す選挙の投票日、投票率を上げるために、事前に選ばれた委員が組合員名簿をチェックし、棄権する（しそうな）組合員に上司の前で「投票しろ！」と意図的に周囲に聞こえるように恫喝する姿を目にしました。「私は投票しません」と勇気を表明する組合員は皆無です。組合員は、生活を考え、孤立を恐れて従うしかありません。これが連合を組織する、資本のグローバル化を推進する企業・日立労組の実態です。

私は、日立の民族差別の背景にはこうした労働者の自由を束縛する圧力がある、この抑圧から解放されなければならない、と思い、会社と組合から厳しく監視されるなか、役員選挙に出ました

（二〇〇〇～一〇年）。ほとんどの組合員が無視する中で、三〇％近く得票したこともありましたが、一度も当選しませんでした。私に投票する組合員は、「パクさん頑張れ！」と声を発することすらできません。「雨の中、傘をさして（投票を）訴える姿を見て感動しました」と密かに話す同僚もいました。「技術が進めば差別はなくなる」という声もありましたが、労働者にものを言わせないことが、差別・排外主義に繋がっているのではないかと思います。

組合費の使途、選挙方法、組合幹部報酬、職場の不満や疑問はいくらでもありますが、誰もそのことについて発言しません。ものを言わ（せ）ない組合員を悪用した組合（幹部）の横暴に我慢ならず、労使幹部の春闘交渉現場に参加し、組合の体質を批判したこともあります（二〇〇六年三月八日）。私の言動を封じるためなのか、組合（会社）は職場集会をなくしました。これまで気楽に話していた上司や同僚、後輩たちの表情も変わり、私を敬遠するようになりました。

二〇一一年の原発事故後、開かれた企業組織を求めて会社と組合を批判してきた私は、会社の内部から声を発することの意味や重要性を考え、日立製作所の会長・社長に抗議文・要望書を提出し、そこで原発メーカーとしての責任、被曝避難者への謝罪、原発事業からの撤退、輸出中止、廃炉技術・自然エネルギー開発への予算化を求めました。また、東京駅前にある日立本社に向かって、海外からの参加者と共にリトアニアへの原発輸出に抗議しました（二〇一二年一二月一八日）。原発事故から三年目となった二〇一四年三月一一日、日立資本の城下町である日立市中心街で、青年たちと共に「反原発！」、「輸出反対！」「日立の労働者は、目を覚ませ！」「日立の経営陣は被曝避難者・子どもたちに謝罪しろ！」と訴えました（「外国人への差別を許すな・川崎連絡会議」コミュニケーション――掲示板 http://homepage3.nifty.com/hrv/krk/index2.html)。

事故の反省もなく平気で原発を輸出しようとする経営陣に、抗議の声も出せない日立の労働者。原発は、相手国住民の生命をそこない生態系を破壊します。戦前日本がアジアを侵略したように再び日本が加害者になることが懸念されます。他者を抑圧することは、自分たち自身もものが言えない社会と繋がります。今では、排外主義を煽る朝鮮人へのヘイトスピーチやそれに便乗する人たちが増えるなかで、再び戦争への道が整備され、ますますものが言えなくなっています。ものが言えないのは、自治体・教育現場・マスコミなども同じような状況だと思います。

企業社会は、経営者と組合幹部が「労使一体」という「協働（共生）」を謳い、民主主義を育てない（育たない）ように労働者を巧みに管理・支配しています。全国の自治体は、外国籍住民との「共生」を謳うものの、内閣法制局の見解（一九五三年）である「当然の法理」を理由に、採用した外国籍地方公務員に許認可の職務や決裁権ある管理職に就くことを禁じています。これは植民地時代に朝鮮人・台湾人を二級市民扱いしたことの現代版です。

労働者は生産活動の歯車と言われ、生産からの利益は企業や国家を強化します。戦前日本の企業は、労働力不足を強制連行した朝鮮人・中国人で補うことで利益をあげ、植民地であった朝鮮においても莫大な利益も得ました。しかし、企業の戦争責任は不問にされました。このことは、連合のような労働運動の体制化にもつながったのではないでしょうか。戦争責任が問われなかった戦後の日本の企業では、外国籍となった朝鮮人を排除したり、経済を優先する経営体質に労働者が黙って従うことを絶対とする価値観が持たされたりしているのです。

私は、西川長夫の著書を読み、横浜国立大学で「多文化共生と国内植民地主義」の講演（二〇〇九年二月二日）を聴講し、「グローバル化は、植民地と先住民を隠蔽し、共生は差別と搾取の構造を基礎にした国民国家統合の戦略」であり、「〈新〉植民地主義」であることを学びました。自分史を省みながら、国籍を理由に採用を取り消し原発事故の謝罪もせず労働者に沈黙を強いて原発を輸出する日立グループの経営陣や、外国籍住民を二級市民扱いする自治体の姿勢は、植民地主義であり国民国家の戦略である、と私は気付きました。

8　最後に

職場で沈黙せず声を出し、属する組織が真に開かれた質を持っているかどうかを確認し続けることは、人間らしく生きることかも知れません。

歴史は作られるものではなく、自分で作るもの、人権は与えられるものではなく、自分で獲得するものである、ということを私は日立闘争から学びました。戦争責任が問われないまま始まった戦後の原発体制を再考し、開かれた社会を求めつつ、人間性を否定する「植民地主義」との闘いを私は続けなければなりません。私は、どのような状況に置かれても、人間として、おかしいことはおかしいと言い続けようと思います。

第一二章　「煩悶」の日本語教育
戦後台湾における日本語教育を視座として

倉本知明

1　はじめに

　戦後、日本で戦前帝国臣民を形作っていた国語教育は、東京裁判において日本の植民地主義や軍国主義を煽った「戦犯」として処刑されることなく、むしろ戦後新たに誕生した民主国家に相応しい国民の育成を担うものとして期待されました。当用漢字や現代仮名遣いの制定など、国語民主化の掛け声の下で断行された一連の改革を通じて戦後再出発を果たすこととなった国語教育は、植民地や広大な占領地を失い、列島規模の新生日本を再統合する上で大きな役割を果たしてきました。一方、満洲事変から太平洋戦争にかけて、広大な占領地の異民族を包括的に統治・支配するために生まれてきた日本語教育は、戦後は高度経済成長の波に乗って、かつての「東亜共通語」としての地位を復権するように旧植民地や東南アジア占領諸国を中心に普及され、つい最近まで英語に次ぐアジアの第二共通言語として確固たる地位を築いていていました。

しかし、戦後におけるこうした国語や日本語教育の輝かしい復活を、もし仮にそれを戦後に再び受容せざるをえなかった旧植民地の側から眺めた場合、おそらくそこには日本国内とは違った国語／日本語の「戦後」の形が見えてくるはずです。戦後日本ではすっかりその存在が忘却されてしまった植民地に再び舞い戻っていった日本語はいったいなぜ、そしてまたどのようにしてアジアの第二共通言語としての地位を築いていったのでしょうか。こうした日本語普及の過程において、実際の日本語教育の現場ではどのような矛盾や軋轢が起こっているのでしょうか。

本章では日本の戦後史といった一国史的な視点をずらすためにも、主に国語教育と日本語教育の持つ連続性を簡単に述べた上で、戦後台湾における日本語教育の歩みをたどることによって、両者が持つ共通点と現在の日本語教育が抱える問題を焙りだしてみたいと思います。

2　個人の「煩悶」を抑圧してきた国語教育

現在、植民地や占領地において国語や日本語教育が果たした役割といったものが研究者によって批判的に検証されていますが、もし仮に戦前の帝国日本の国民を育成した国語教育が何の審判も経ることなく戦後へと持ちこされているのだとすれば、それは他者の過去に対して誠実でないだけではなく、そうした国語の世界の中で何らかの形で自己表現している現在の私たち自身がどうしようもなく「国家」の枠組みの中に絡めとられてしまっていることを意味しています。言葉を換えれば、私たちの思考や人間関係といったものが、どこまでも国家の枠組みの中で管理される可能性があるということです。国語を学ぶということはただ単にある言語を学ぶということだけではなく、国家が求める人格や行動規範の中に自らを嵌め込み、そうした鋳型の中に自らを同化させていくことでもあるのです。

例えば、井伏鱒二の短篇小説『「槌ツア」と「九郎治ツアン」は喧嘩して私は用語について煩悶すること』（一九三七年）では、そうした個人の持つ思考や人間関係といったものが国語によって管理・統合されていく様子がユーモラスに描かれています。主人公の「私」が暮らす村では、かつて階級的区別をつける目的からその地位に応じた様々な呼称法があったのですが、村の顔役である「槌ツア」と「九郎治ツアン」はそうした呼称をめぐる衝突から、やがて一家をあげて激しく対立することとなります。しかし「私」はそうした二人の対立を尻目に、ひたすら自分の母親を「カカサン」と呼ぶべきか、それとも「オカアサン」と呼ぶべきかと頭を悩ませているのです。

この小説に登場する人物たちは皆、何らかの形で国語によってその人間関係を翻弄されています。例えば、「私」が母親の呼称方法について悩むのは、封建時代の階級的な地位を示すものであった呼称方法は使えずにいるにもかかわらず、かといって「オカアサン」といった新しい言葉で母親を呼ぶことも出来ないためです。いまでこそ定着していますが、お父さん、お母さんといった呼称方法は元来日本語にあった言葉ではなく、一九〇三年の「尋常小学国語読本」に登場した新語の一種でした。「私」が述べているように、当時「オカアサン」と言った呼び方は非常によそよそしく、「いかめしい」言葉だったのです。

「私」の「煩悶」とは、謂わばそうした国語と自身の言葉の間に広がる距離でもあったわけです。言語が持つ政治性に極めて敏感な作家であった井伏鱒二は、こうした市井の人物たちの些細な「煩悶」や対立を通じて、中央で生まれた国語が地方に侵入し始めた頃の人間関係の変化を克明に描いたのでした。「私」の「煩悶」が井伏自身の経験を投影するものだとすれば、物語はおよそ一九一〇年前後、明治後期の福山地方を舞台としていることになります。明治後期の日本は日清戦争から日露戦争を経て法律や軍隊、出版や教育など国民国家として輪郭が整い始めた時期で、また帝国意識が台頭して国民国家外部へとその領域を広め始めた時期でした。

小説において提起された個人の呼称をめぐる「煩悶」や確執は、そうした近代国家の基本原理であった国語が、地方社会の中に浸透したために起こった近代的現象でした。従来あった地域・階級差を解消して均質的一体性を持った国民を形成するために創造された国語は、学校教育や新聞・出版、軍隊教育などを通じて地方へと浸透されていき、その過程で様々な軋轢や矛盾を産んでいったのです。そうした中、「私」のような個人が持つ「煩悶」は国語教育の下で抑圧され、いずれ国家の中に回収される運命にありました。実際、小説でも「私」がその「煩悶」を告白する現在において、言葉をめぐる「煩悶」はすでに解決済みの問題とされています。物語の冒頭において、母親の呼称にも様々な階級的区別があったことを述べている「私」は、国民が均しく戦時体制へと動員されていた現在では、そうした問題はすでに解決され、郷里の子供たちが母親のことを「オカアサン」と呼んでいることを指摘しているのです。この小説が書かれた時期、中国では盧溝橋事件が勃発、翌年には日本国内で国家総動員法が制定されていることも見逃してはなりません。

しかし、こうした「煩悶」を誰よりも強く感じていたのは、おそらく朝鮮や台湾などの植民地においての国語教育を受けた人々であったはずです。例えば、一八九五年に日本の海外植民地となった台湾における国語教育の実施は日本国内よりも早く、台湾領有の翌年にはすでに国語伝習所が台湾各地に設立され、正式に国語としての日本語教育が始められていました。満洲事変が勃発した翌年からは「国語普及十カ年計画」が実施され、植民地当局がどれだけ台湾の国語教育に大きな重点を置いていたかが窺えます。こうしたことは、国語教育が日本人へ同化する際に必要な精神的血液と見なされていたことと決して無関係ではありません。日中戦争が勃発した後は「国語不理解者」から「国語習得過怠料」を徴収したり、「国語常用家庭」を推奨したりするなど、こうした動きはますます加速していきました。こうした中、植民地の人々が日常的に感じていた「煩悶」、つまり自身の言葉と国語との間に広がる齟齬から生まれる不安や苛立ちといったものも否応なく国語へと回収され、やがてそれは「皇民化」という極端な同化主義へと向かっていったのです。

日本統治期、日本語で小説を書いていた台湾の作家呂赫若は、ある日友人におしっこをした際に軽く身ぶるいする行為を国語（日本語）では何と言うのかと尋ねたのですが、件の友人はその質問に答えることが出来なかったそうです。台湾語ではそれを「加忍損《カアルンスン》」と言うのですが、彼らが当時創作活動の手段としていた「国語」ではそれを表すことが出来なかったのです。呂赫若は結局その後「加忍損」を小説の中で使うことはなかったようですが、個人の抱える「煩悶」とはこのように個人の持つ言葉や習慣を国語といった枠組みの中に無理やり嵌め込むことによって生まれたものだったのです。

3 戦後台湾における日本語教育の歩み

学習者を国語の枠組みに回収することで日本への同化を目指した植民地の国語教育は、日本の敗戦と共に一応の終焉を迎えました。しかし、戦後日本の高度経済成長とともに台湾へ再進出を果たした日本語は、戦前におけるこうした個人の「煩悶」を圧殺するような教育システムから抜け出すことが出来たのでしょうか。ここではまず、戦後台湾における日本語教育がたどった道のりについて簡単に述べてみたいと思います。

現在の台湾では、日本語は英語に次ぐ第二外国語として非常に人気があります。国際交流基金の統計によれば、二〇一二年現在、台湾における日本語学習者は二三万三四七人で全人口のおよそ一〇〇人に一人が日本語を学習している計算になります。

戦後台湾の日本語教育はいくつかの時期に分けることが出来ます。まず第一に戦後初期、台湾を接収した国民党政府は長年日本の植民地であった台湾社会から日本の影響を完全に払拭するために、公文書や教科書、新聞などの公共空間から日本語を徹底的に排除してきました。その結果、台湾人の多くは「文盲」として扱われ、進学や就職の面で大きな不利をこうむることとなりました。戦後台湾におけるこうした急進的な言語政策は、台湾住民の母語を日本統治時代と同様に方言として抑圧することによって、中国語を彼らの新たな「国語」として強要してきました。日本の敗戦によって日本国籍を失った台湾人は、こうした新たな「国語」を自らの言語空間に取り込む（あるいは押し付けられる）ことによって、日本とは違った「戦後」を歩むこととなったのです。

しかし、こうした日本語教育の暗黒期はやがて大きな転換期を迎えます。一九五二年、日本と中華民国の間で国交が締結されると、公共空間における日本語の使用禁止政策は継続されながらも、経済的な理由から台湾国内における日本語の需要が急速に高まり、一部の非政府系教育機関などで日本語が教えられ始めたのです。当時、農業中心の産業構造から工業中心の産業構造への転換を図ろうとしていた国民党政府は、「外国人投資条例」を改正して日本企業の台湾国内への誘致に乗り出していました（石田浩『台湾民主化と中台経済関係――政治の内向化と経済の外向化』関西大学出版部、二〇〇五年）。こうした日本企業の誘致を呼び水に、それまで民間の塾などでひっそりと教えられていた日本語はやがて高等教育機関にその軸足が移され、一九六三年の中国文化学院（現・中国文化大学）の東アジア外国語学科日本語専門コースの設置を皮切りに、台北の私立大学に日本語専門コースが相次いで設立されていきました。戦後二〇年を経て、日本語はようやく台湾の人々に外国語として認識され始めたのです。

しかし、一九七〇年代に入ると、台湾を取り巻く国際環境は大きな転換期を迎えます。一九七一年、台湾は中国の国連常任理事国入りを不満として国連を脱退、翌年日本は台湾との国交断絶を正式に決定しました。日本のこうした外交判断は、台湾国内において大きな反発を生みました。当時、沖縄返還にしたがって尖閣諸島の施政権が米軍から日本へと委譲されることに抗議する「保釣運動」が在米華人や台北の学生・知識人らを中心に展開されたことも相まって、台湾のキャンパスには日本への抗議を示す学生たちで溢れ、盛り上がりかけていた日本語教育は下火になるかのように思われました。しかし、七〇年代における政冷経熱状態は、むしろ「日華関係議員懇談会」の設立（一九七三年）など、自民党右派議員を通じた民間の経済、文化交流を積極的に促進する結果となりました。台湾側もこうした日本側の呼びかけに応えるように、一九八一年には公務員による外国語教育課程にはじめて日本語を加えるなど、日本語教育を積極的に高等教育や公共機関の中に取り込んでいきました。一九八〇年には国立台中商業専科学校（現・国立台中科技大学）の応用外国語学科に日本語専門コースが登場するなど、日本語教育はかつてのような非政府系教育機関で行われる外国語教育から、徐々に政府の承認を受けた第二外国語としての性格を強めていったのです。また、この時期に日本語学習者が増えた要因の一つとして、日本人観光客の急増があげられます。当時の台湾にとって、日本人観光客が落としていくジャパンマネーは貴重な外貨獲得の手段でした。日本人観光客の売春ツアーをアイロニカルに描いた黄春明の小説『さよなら・再見』（田中宏訳、めこん、一九七九年）も、ちょうどこの時期に書かれたものです。中華民国交通部観光局のホームページによると、一九七七年当時、台湾を訪れた日本人観光客五六万人のうち実に九割が男性で、日本語はビジネス用語であると同時に男たちの言葉だったのです。

こうした日本語教育を更に発展させたのが、日本による「国語」教育の経験者でもある李登輝が政権を握った時期（一九八八－二〇〇〇年）です。一九八七年、台湾では長らく続いてきた戒厳令が解除され、翌年には新聞の増頁、新規発行を禁止していた「報禁」政策も解除され、メディアや作家、学生たちが自由に発言出来る時代になりました。この時期になると、国立政治大学（一九八九年）や国立台湾大学（一九九四年）など、名門国立大学に相次いで日本語学科が設立されるなど、日本語教育はもはや高等教育において大きな位置を占める存在となっていました。また、一九九四年には日本語のテレビ放送が解禁され、ドラマや映画、音楽といったそれまでアングラで密かに出回っていた日本のコンテンツが大量に台湾社会に溢れ出しました。「哈日族《ハーリーズゥ》」と呼ばれる日本の流行文化を追いかける若者たちが社会現象となったのもちょうどこの時期です。

その後も日本経済の拡張によって台湾の日本語学習者は右肩上がりに増え続け、民進党政権時代（二〇〇〇－〇八年）から現在にいたる日本語教育は、もはや飽和から多様化の時代を迎えています。全国四三の大学・専門学校に日本語文学科や応用日本語学科が設立され、一九九五年から開始された中等教育機関における第二外国語の履修率も、日本語の履修者が全体の八割近くを占めているといった状態にあります。

また、一九九〇年代から現在に続くこうした日本語・日本文化への関心は、台湾国内の政治状況の変化も大きく影響しています。一九九七年、台湾の中学校ではそれまでのような中国中心の歴史教科書ではなく、台湾の歴史を中心とした教科書『認識台湾』が使用され始めました。この教科書では、それまで軽視されてきた日本統治時代を肯定的に描いたことでも大きな話題となりましたが、国際社会における台湾の主体性《アイデンティティ》を主張したい人々にとって、日本統治時代はもはや過去に喧伝されたような暗黒の時代ではなく、中国とは違った自らの主体性を主張する際の「貴重な資源」（蕭阿勤「国民を渇望する——一九八〇〜一九九〇年代台湾民族主義の文化政治」『中国21』東方書店、二〇一四年、九六頁）となっていたのです。植民地台湾を台湾人自身に肯定的に語らせた小林よしのりの漫画『台湾論』（小学館、二〇〇〇年）が一部の台湾人の間で受け入れられた原因もここにあります。

国民党の独裁政権時代に再開された日本語教育は主に経済的な目的から行われてきましたが、民主化以降はそうした経済的目的に加えて、台湾社会の脱中国化への動きといった特殊な政治事情が日本語を外国語教育の中心的存在にまで押し上げることに一役買っていたのです。

4 現在における日本語教育と日本語教師たちが抱える「煩悶」

以上、戦後台湾における日本語教育の道のりを簡単にたどってきました。では、戦後行われた日本語教育は戦前の国語教育が持っていたような個人の「煩悶」を国家の枠組みの中に回収してしまうようなシステムから果たして抜け出すことが出来たのでしょうか。

戦前・戦後を問わず、国語教育や日本語教育はその背景にある政治的な作為性を徹底的に排除した上に成り立ってきました。とりわけ、台湾の日本語教育の現場では語学学習を純粋に技術的な問題として見なす傾向が強いために、日本語の持つ政治的な作為性などといった問題よりも、むしろ如何にして日本語を効率的に学習者たちに習得させるかといった点に重点が置かれています。一部の名門私大や国立大学を除いて、台湾に設置された日本語教育機関の多くは技術指導を目的とする技術学院（専門大学）であり、実務知識や基礎的な会話訓練などがカリキュラムの中心を占めています。そのことは、日本語学科が日本企業やその関連産業への就労を目的に設置されてきた歴史と決して無関係ではありません。

数年前から私は台湾の外国語大学で日本語を教えているのですが、私のように日本語教育の外からやってきた人間は、日本語を技術的な問題としてのみ認識する現場の雰囲気にどこか釈然としない違和感を覚えていました。言葉の使い方に絶対的な正しさはありません。にもかかわらず、現場ではしばしば何が正しい言葉で何が間違った言葉かといった論理が堂々とまかり通っています。日本語教育の現場において、コミュニケーションとは相互変化の機会ではなく、あくまで上意下達の手段として捉えられているのです。やや極端な言い方をすれば、日本語教育は絶対的な正しさを持った壇上の教師を模倣して、その模倣の度合いによって学生の評価が決められていくわけです。あるいは、あらゆる言語教育はそうした模倣によって成立しているのかもしれませんが、日本語教育が特殊であるのは意識的無意識的を問わず、日本の生活習慣や文化まで学習者に模倣させる点にあります。

そんなある日、知り合いのある日本語教師が、自分は田舎育ちのために日本語教育の教科書に載っているような山手線や新宿、スカイツリーなどといった華やかな日本を体験したことがなく、日本語教師として非常に恥ずかしいといったことを私に告白したことがありました。私は彼が口にしたそうした「懺悔」の内容よりも、むしろそうした話をする彼の流暢な標準語にひどく驚いたのを覚えています。田舎の人間だって標準語を流暢に喋る人間はごまんといると言われればそれまでですが、私は彼の操る日本語の流暢さの中に何やら彼が抱えた「煩悶」の根を垣間見た気がしたのです。

学習者と教師の双方を「日本」へと回収する現在の日本語教育が持つこうした同化主義的傾向はすでに多くの研究者によって指摘されてきました。「現行の日本語教育は、日本人を常に優位に置く枠組みを暗黙のうちに容認し、かえってそれを強化していく働きを持っている」（鎌田修、山内博之編『日本語教育・異文化間コミュニケーション』凡人社、一九九六年、三二頁）といった指摘は、学習者を日本社会の持つ階級構造の中に必然的に同化させていく圧力が教育現場で働いている実態を告白したものです。また、リサ・ゴウは日本の公民館などで日本語の学習を迫られる在日フィリピン人女性を例に、日本語は在日フィリピン女性たちを「日本人に同化させることを目的とし、彼女たちを品行方正でお行儀のよい淑女へと矯正するためにある」（リサ・ゴウ、鄭暎恵『私という旅』青土社、一九九九年、八〇頁）と述べ、日本語教育の持つ暴力性を学習者の立場から暴いています。国内外を問わず、現在の日本語教育システムの中で自らの立ち位置や言葉使いに「煩悶」する教師たちは決して少なくないのです。

例えば、日本語会話の訓練では様々な日常の場面を設定して口語訓練を行うロールプレイといった教育手法がありますが、そこでは言語だけが模倣されるわけではなく、コミュニケーションの過程において相手に日本式のお辞儀や名刺交換をするなど、身体的な身ぶりまでが模倣の対象となっていきます。謂わば、学習者がどれだけ日本人に近づくことが出来たかといった観点から学生たちの評価が決まっていくのです。こうした学習効果を期待する（あるいは期待させる）学習者たちに「正しい」模範を示すためにも、日本語教師は常に模範的な日本語や日本人を教壇上で演じる必要があります。このような学習者と教師の双方を「日本」へと組み込んでいく教育システムは、日本語＝日本精神を唱えていた戦前の国語教育とどれほどの違いがあるのでしょうか。

授業をしていると、よく学生から「どうすれば日本人と同じように話すことが出来ますか？」といった質問をされます。そんなとき、私は決まって「○○さんは、どうして日本人と同じように話したいと思うのですか？」「、「○○さんが考える日本人とはどんな人ですか？」と聞き返します。そうすると、多くの学生は黙り込んでしまうのです。無意識的に日本人を模倣の対象とする現在の日本語教育の在り方は、学習者を知らず知らずのうちに「日本」に同化させ、その同化の具合によって学習者は階層化されていきます。結局のところ、こうした日本語教育に内在する同化主義の背景には両国間の経済的格差、より卑近な言い方をすれば、就労や昇進といった問題がからんでくるのです。

たとえば、日本統治期の作家陳火泉は『道』（一九四三年）と名付けた小説の中で、こうした言語習得と個人の昇進を結びつけた問題を描いています。主人公の青年は専売局の樟脳試験所に勤務する台湾人で、その熱心な仕事ぶりから上司からも篤く信用され、台湾総督府の推薦で産業戦士勲章を授与されたこともあるほど優秀な若者でした。ところが数年前から検討されていた技手への任官は、「本島人は人間ではない」といった理由から、内地人の同僚に奪われてしまいます。一時はショックのあまり神経衰弱に陥った彼でしたが、その後自分が「本島人的な思想を、本島語で考へ、本島語で思」っていたことが問題だと考え、完璧な「国語」話者になることによって、こうした不平等な関係性を乗り越えるきっかけをつかもうとします。普段から芭蕉や牧水を諳んじる彼は、「正しい」日本語を話すことこそが自らの昇進問題を解決する手段だと信じて疑わず、やがて創設されたばかりの陸軍特別志願兵に志願することで、血のつながりの持つ壁を乗り越えようとするのです。

もちろん、現在の日本語教育は学習者のこうした意味での同化を目的とはしていません。しかし、さまざまな「煩悶」を抱えて教育の現場に立つ日本語教師たちは、『道』におけるこうしたファナティックな国語／日本語信仰とどのように向き合うべきなのでしょうか。見逃してはいけないのは、彼をここまで追い詰めた原因が、我々が日常的に直面するような会社での昇進問題であったということです。たとえ日本語を教える教師の側に学習者たちを日本に同化させる意図がなくても、それを学ぶ学生たちはしばしば『道』における主人公のような上昇志向を持って教師と向き合おうとします。財団法人交流協会センターの調査によれば、台湾で活動する日系企業が求める人材として、ビジネスなど専門知識以外に協調性や時間厳守などといった日本の習慣や企業文化などをあげる会社が多かったそうです（財団法人交流協会センター『いろは』一六号、二〇〇四年、一頁）。言葉を換えれば、このことは企業が採用を決定する際に、採用者がどれだけ「日本」的であるかといった点に評価の重点が置かれていたということでもあります。その意味で「正しい」日本語や日本文化を理解したいといった学生たちの欲望の背景には、そうした「正しさ」を裏打ちする戦後日本の姿が常に見え隠れしています。しかも、そこには日本語学習者たちを知らず知らずのうちに下位に置くような差別的構造の中に押し込める力学が働いてしまっているのです。

日本語教育の現場において私が感じた違和感とは、こうした差別的構造の中で日本語や日本文化を欲望する学生と向き合いながら、それを修正するどころか、むしろそうした「正しい」日本語や日本文化といった枠組みの中に自らを嵌め込まざるを得ないことへの「煩悶」であったように思います。時には学習者の側から植民地時代の「美談」をあたかも日台友好の絆のように語られるなど、台湾における日本語教師はそうした点で、植民地問題を忘却してきた日本の戦後体制を補完するような極めて政治的な立場にあり、決してある言語を効率的に教えるといった単純な存在ではないのです。

5　おわりに

「戦後」の端緒において、日本は戦前における国語・日本語教育が持っていた同化主義的な教育システムを徹底的に検証するべきでした。しかし、戦後の国語及び日本語教育の急速な復権と発展は、結果的にそうした作業を現在まで先延ばしにしてきました。もちろん前述したように、日本語教育を受容する側の「戦後」にもそれを遅延させるような要素がありました。その意味で、日本語教育の「戦後」とは日本だけではなく東アジアの冷戦体制下において、それを受容する側との奇妙な共犯関係によって成り立っていたのです。「戦後」の磁場は決して日本列島だけに止まるものではないのです。

日本語教育の現場に浮かび上がってきたさまざまな「煩悶」とは、あるいは日本の「戦後」がいまだに植民地を放棄していないことの証明であるのかもしれません。本章の冒頭において、国語を学ぶということはただある言語を学ぶということだけではなく、国家が求める人格や行動規範の中に自らを嵌め込み、そうした鋳型に自らを同化させていくことであると述べましたが、戦後アジアを席巻した日本語教育もまた、教室における教師／学習者間の人間関係を規定するだけではなく、アジアにおける日本と隣国の間に広がる歪で不均等な関係性を規定してきた要因の一つであったのです。

第一三章　原発体制と多文化共生について

崔勝久

原爆／原発体制は、資本と国家の結合が推し進めてしまった末期的な危機であり、植民地主義の末期的な形態であることを詳しく論じる余力は私には残されていないが、私たちはいま、人類が生き延びるための最後のチャンスに懸けているのではないだろうか。
（西川長夫『植民地主義の時代を生きて』平凡社、二〇一三年、六頁）

1　はじめに

西川長夫が生涯、国民国家と植民地主義の問題を考察し続け、三・一一福島の原発事故を知り、その最後の著書に書いた「いま、人類が生き延びるための最後のチャンス」。この言葉の意味は何でしょうか。

研究者でもなく、在日朝鮮人として己の生きる道を模索してきただけの私は、彼の「遺言」にたじろぎながら、私もまた同じ言葉を心の中で紡ぎ、彼の言葉に深く共鳴するのです。私は、日本社会の在日朝鮮人に対する差別構造を問うた日立就職差別闘争（第一一章参照）を担い、川崎を拠点にした地域活動を経験して、その後ながく生活の糧をえるために呻吟しながら、三・一一の後、福島第一原発事故を起こしたメーカーの責任を問う「原発メーカー訴訟」を提起し原発体制に抗う運動に参加しています。

戦後日本は原発体制を生みだし、二〇一三年度のGDPでは米中に次ぐ世界第三位の豊かさを誇るようになりましたが、それは強固な国民国家体制によって支えられていると同時に、在日外国人を差別・排除する構造をもつものです。グローバリズムが世界を席巻し外国人が急増する中で九〇年代以降に唱えられるようになった「多文化共生」は、はたして個の違いを受け入れる「開かれた社会」に向かい、原発体制に抗う思想的な質をもつのでしょうか。私は在日の立場から見えてきた具体的な問題を提示しながらその問いを考えていきます。読者のみなさんの「戦後史再考」の一助にしていただければ幸いです。

2　原発メーカー訴訟とは何か？

原発体制のはじまり

二〇世紀の科学技術万能主義の世になって科学者は、核分裂のこれまでにない巨大なエネルギーの可能性を見出しました。日本政府は、経済成長を担うエネルギー源として原子力発電に過大な期待を寄せ、それを正当化する安全神話とともに原発大国化を進めてきました。そして福島原発事故に遭遇したのです。その事故は偶然であったのか、必然であったのか、今、その歴史的評価を下さなければなりません。

広島・長崎での被爆、一九五四年のビキニ環礁での第五福竜丸の被曝による一般市民の「核アレルギー」と全国的な原水爆禁止運動がありながら、「原子力の平和利用」というキャンペーンの下で一九六六年から二〇〇六年までの間に全国に五四基もの原発が作られるという、今から思えば狂気の沙汰と言うしかない事態になりました。クリーンで廉価で安全なエネルギー源としての原発神話に幻想を抱き、それをさらに永続的に使えるものにするため、世界ではとっくに廃止されている高速増殖炉建設に向けて日本政府はいまだに莫大な研究費を使い続けています。

原発製造に関わったのは、旧財閥系の大企業（日立、東芝、三菱重工）です。原子力産業は「国策民営」の産業政策として、戦前の国家統制事業的性格に類似する通産省による指導によって保護育成されてきました。官財学マスコミを動員し批判者を排除した翼賛体制は「原発ファシズム」（山本義隆『福島の原発事故をめぐって』みすず書房、二〇一一年）という様相を呈していました。原発体制はもはや制御できない巨大モンスターになっていったのです。

一九五四年三月一日に米軍の水素爆弾実験がビキニ環礁で行われ、そこで被曝した第五福竜丸の事件がその後大きな社会問題になる直前の三月二日、中曽根康弘たちによって原子力研究開発予算が国会に提出され承認されました。五五年に原子力基本法が成立し、田中角栄による日本列島改造論（七二年）の発表の後、七四年には電源三法（電源開発促進税法、電源開発促進対策特別会計法、発電用施設周辺地域整備法）が成立し、原発をつくるごとに交付金が出される仕組みができあがります。

国際社会においては、第二次世界大戦の末期から米ソの対決が始まり、核兵器の独占を狙う米ソ英仏中五か国が中心となった核不拡散条約（NPT）が、一九六三年に国連で採択され、一九七〇年に核保有五か国と日本を含めた世界の大多数の非核保有国が参加して発効します（黒崎輝『核兵器と日米関係』有志舎、二〇〇六年）。インド、パキスタン、イスラエル、北朝鮮は核兵器を保有しながらNPTに参加していません。この条約は、上記五か国を核兵器国と定め、大多数の非核兵器国には核兵器の製造を禁止するという不平等なものです。非核兵器国である日本は、核兵器の開発をしないという約束をし、その対価として、「原子力の平和利用」の名の下で原発建設が認められたのです。

一九五四年に原子力研究開発予算を通し原発体制の礎を築いた中曽根康弘や、五七年に総理大臣になった岸信介らが、その後一貫して核兵器の独自保有ということを心に秘めていたことを抜きにして日本の原発政策は語れないでしょう。石破茂自民党政務調査会長（当時）は、二〇一一年八月一六日のTV番組「報道ステーション」で「核の潜在的抑止力」というコンテクストで原発の再稼働の必要性を語っていました。また、二〇一二年に原子力基本法の基本方針に「我が国の安全保障に資する」と付け加えられたことからしても、岸の想いは現在の自民党政権に引き継がれているとみるべきでしょう（章末「原子力関連年表」参照）。

原発体制の現状

日本が作り上げた原発は国内で五四基に及びましたが、福島原発事故後の現在（二〇一四年七月時点）、その全てが運転を停止しています。しかし、一五万人もの人が故郷を離れ家族ばらばらで生きることを余儀なくされ、地域の共同体は崩壊し、未だ汚染水は垂れ流しの状態であり、子どもたちの甲状腺ガンも報告されています。いつ大爆発を起こすかもしれない原子炉は廃炉にするのに何十年もかかります。これまで溜められた使用済み核燃料は最終貯蔵地及びその処理の仕方さえ確立・決定しておらず、安全は全く保証されていません。しかし安倍政権はそれでも再稼働を強行しようとしています。

また、地震か津波か福島原発事故の原因もわからないのに、日本政府は、震災後の新たな成長経済の柱として、ベトナム、リトアニア、ヨルダン、トルコ、台湾そしてさらにアメリカやイギリスなど多くの国に原発輸出を進めています。二〇一四年六月に日本原子力産業協会の発表した「世界の原子力発電開発の動向」（プレスキット）によれば、二〇一四年一月一日現在、世界全体で四二六基あります。世界の原発は二〇三〇年までに八〇〇基に倍増するという予測も出されており、それを「日本の原発メーカーにとっては紛れもない商機が訪れている」ととらえる報道もあります（産経ニュース 関西版 二〇一三年七月一六日）。そのとき、世界の原発の半分は経済成長を進めようとするアジアに集中することになるでしょう。

台湾では、GE（ゼネラル・エレクトリック）社の傘下で日立、東芝、三菱重工が建設を請け負って第四原発の工事が進められています。しかし、ほぼ完成している原発の廃炉を求めて二〇一三年には二〇万人デモが台湾全土で起っています。一方、日本政府は、二〇一三年に地震多発国であるトルコとの間で、地元住民の反対にもかかわらず原子力協定の締結を強行しました。安倍首相はインドとの原子力協定締結も公言し、インドネシアやポーランド、中国にも原発建設計画を進めるべく交渉を開始しています。リトアニアでは、二〇一二年に行われた国民投票で新たな原発の建設への反対が示されていたにもかかわらず、一四年に日立がリトアニア政府との合意によって原発を受注することになりました（『朝日新聞』二〇一四年七月三一日）。

また、使用済み核燃料に関しては、日・米・モンゴル政府間で、モンゴル産のウラン燃料を原発導入国に輸出し使用済み核燃料はモンゴルが引き取るというCFS（包括的燃料サービス）構想が合意されていることも明らかになっています（二〇一一年七月一八日　共同通信）。

原発メーカーは事故があっても免責される背景

福島第一原発事故を起こした軽水炉の原発メーカーは、一号機がアメリカのGE社で、ほかはGEから技術を学んだ日立、東芝です。これらの会社は原発事故の後も何の批判を受けることなく、また事故に対する一切のコメント、謝罪の言葉を出すこともなく、まるで何事もなかったかのように原発輸出を続けており、それを日本政府が経済成長政策の柱のひとつとしてバックアップしています。

原発事故に関して原発メーカーの責任は一切問われることはありません。それは事業者（東京電力）以外の責任は問わず、メーカーを免責する原子力損害賠償法（原賠法）という一九六一年に作られた法律があるからです。同法では「製造物責任法の規定は適用しない」（四条三項）と原発メーカーの免責を明記しています。

つまり、東電に全責任をとらせ、被災者への賠償金（約一〇兆円）は政府が援助する仕組みになっているのです。その賠償金は一二〇〇億円の保険金と市民から取った電気料金と税金すなわちパブリック・マネーで賄われています。この結果、原発メーカーには責任を負わせず、「原子力事業の健全な発達」（第一条）のために自由に世界に輸出させるという構図になっています。また、この原発メーカーに事故の責任をとらせないという法律は、形を変えながらも原発建設を計画する全世界すべての国において制定されています。逆に、原発メーカーの免責を法律で明記しなければ、原発建設は認めてもらえないことになっているのです。

アメリカを中心とする核兵器国は非核兵器国と一緒になって「軍縮」「核不拡散」を協議していますが、同時に「原子力の平和利用」を掲げ、原発を世界中に、特に経済成長を求める東欧とアジアを中心に売り込みを続けています。それを法的に支えるのが原賠法であり、原発を製造するのが、アジアではアメリカの核の傘の下で原発輸出を国家戦略とする日本と韓国なのです（ちなみに、アメリカは原発製造の技術とライセンスだけを持ち、自国では製造しません）。日本、韓国は「準大国」で、潜在的核保有国であり、将来の核保有を狙う国でもあります（武藤一羊『潜在的核保有と戦後国家――フクシマ地点からの総括』社会評論社、二〇一一年）。

どうして軍縮を謳うＮＰＴ（核不拡散条約）体制と、原発を世界中に広げようとする原発体制が並存するのでしょうか。それは、核兵器と核発電（原発）は一体であり、核兵器国は核兵器を生産するためにプルトニウムが必要で、そのために原発の拡散を必要としているからだと思われます。NPT体制が原発を持つ非核兵器国に核兵器製造を禁じていても、原発の運転の過程で必然的に原爆製造に必要なプルトニウムが作られます。日本が潜在的核兵器保有国であるというのは、原発運転をすることでいつでも核兵器を作ることができるという意味なのです。NPT体制の根本的な矛盾がここにあります。

日本における原発の建設は、安全保障上の核兵器の有効性を前提にしたアメリカの核の傘に依拠しながら、同時に、戦後の経済復興、経済成長を支えるエネルギー源をどう確保するのかという内在的な要求、及び将来の核兵器保有の可能性を残す政治判断によって進められてきたのです。

しかし、その経済成長は、国家戦略として大都市及び大企業中心に計画されたものです。日本列島の周辺地域で進められた原発建設は、日本が経済大国になり国民が豊かになるのに必要不可欠なものと宣伝され、安全神話の下、原発立地地域は交付金や原発関連の産業に依存し、自力では発展のできない地域にされてしまいました。それらの地方の犠牲の上で、戦後日本はアメリカの核の傘の下で平和を維持し、経済発展を成し遂げたのです。

3　国民国家の桎梏——多文化共生と在日朝鮮人

多文化共生について

「国策民営」産業として原発を推進し豊かさを求めてきた戦後日本の国家政策は、同時に、日本に居住する外国人を差別・排除するものであったことについて論じていきたいと思います。

一九九〇年代以降、急増する在留外国人を前にして政府は「多文化共生」を言いはじめます。そして今や、「多文化共生」という言葉は、当たり前のように使われるようになりました。しかし、その多文化共生は、外国人のトータルな人格、人権そのものを視野に入れたものではなく、狭い意味での「文化」に特化されています。そのため、多様化と相互理解が謳われながらも、多分に曖昧で情緒的なものに終わっています。多文化共生は、グローバリズムと新自由主義の世界的な流れと関連しているのです。多文化共生は、国民国家の相対化に向かうのではなく、むしろ日本のナショナリズムの喚起と結びつけられていることに注目する必要があると考えます。

ここではそうしたことをふまえて、多文化共生が国内外の差別的な構造の上で成り立つ原発体制に抗うのではなく、むしろ原発体制を支えるイデオロギーの働きをしているのではないかということを、「多文化共生の街」を名乗る川崎市の例から考えてみたいと思います。

川崎を例として多文化共生を考える

川崎市南部は、第二次世界大戦時から日本鋼管などの大工場に徴用された多くの朝鮮人が住むようになっており、戦後も朝鮮人の多住地域として知られていました。一九五〇年代末の北朝鮮帰国運動や社会福祉や公務員採用に関わる国籍条項撤廃を求めた差別との闘いは川崎からはじまりました。日立闘争を支援する拠点がつくられたのも川崎でした。

一九九〇年代に「多文化共生」を謳うようになった川崎市は、一九九六年に選挙権のない在日外国人の実情を鑑みて、在日外国人の政治参加を実現するという触れ込みで外国人市民代表者会議を作りました。しかし、それは外国人に対する、行政側がすべてお膳立てした疑似政治であり、政治的権利をもたない在日外国人からの不満に対する「ガス抜き」（上野千鶴子）にすぎなかったといえます（崔勝久・加藤千香子編『日本における多文化共生とは何か――在日の経験から』新曜社、二〇〇八年）。その会議で、川崎市の全人口に対する外国人の割合に応じた予算が付くわけではなく、また決定権もありません。あくまでも市長の諮問機関という位置付けです。討議される内容も、外国人の「地域社会で生活する中での問題」に限定され、たとえば川崎市民の生命にかかわる津波対策や防災計画、三・一一によって汚染されるようになったゴミの焼却灰の処置等の問題は議論の対象外になっているのです。

「外国人市民」という新たな概念は、外国人市民代表者会議設立をきっかけにして作られたものです。また、「外国人市民の市政参加」は、日本人市民の市政参加の方法にも適用されるようになります。阿部孝夫市長のもとで二〇〇四年に制定された川崎市自治基本条例では、「自治運営を担う」「市民の責務」が書かれ、この条例に基づき川崎市内の各区で区民会議が作られました。しかし区民会議に予算の決定権もなく、住民主権とはほど遠く形骸化されたもので、まさにそれは、外国人市民代表者会議の市民版とも言うべきものになっています。要するに日本人市民も、地方自治において自分の意見を反映させるには、代議制民主主義に基づき政党や議員を選ぶだけで、自らが市（行政）の政策決定の過程に直接参加するすべをもたないのです。多文化共生は日本社会の側からは外国人対策の面から語られますが、その際、日本人市民そのものが行政の政策過程に参加することができないでいる実態に目を向けることはありません（崔勝久「人権の実現について――「在日」の立場から」齋藤純一編『人権の実現』法律文化社、二〇一一年）。「市民」の政策決定への参加がひろく論議され、住民主権の議論が深まるなかでしか、外国人の地方参政権は実現しないと私は考えます。

日本政府や地方自治体は、急増する在留外国人を社会に「適合」させるために多文化共生を強調します。九〇年代以降の日本社会では、左右のイデオロギーを超え、経営者から政治家、組合、市民運動体に至るまで一部の排外主義者を除いて多文化共生を唱えるようになりました。しかし、それは決して外国人の人権を尊重し基本的人権を保障するためのものではありません。日本社会の中で増大する外国人の管理を目的としたもので、総務省が提起したコンセプトである「共生」の名の下での「統合政策」なのです。こうした日本の「統合政策」の最大の欠点は、政策決定の過程において当事者である外国人を含め、彼らの思いや意見を聞き一緒に議論することなく、何かをしてあげる、あるいは命令に従わせる対象と捉えてきたことです。

私が地域社会の問題に取り組んでわかったことは、多文化共生とは、外国人なくしては成り立たなくなってきた日本社会の実情を反映するものでありながら、在日外国人を、日本人と同じ「市民」（住民）としての対等な関係でなく、「二級市民」として扱うことを前提にしているということです。私たちは、多文化共生とは、グローバル化が進み外国人が増大する中で国民国家の安定と成長を求めて廉価な労働力を確保するための、多様性を大義名分にしながら、国籍による差別を前提にした植民地主義イデオロギーだと考えるようになりました。

4　在日朝鮮人の状況――国民国家の桎梏

講和条約発効以後、日本籍を「正式に」喪失した朝鮮人は、外国人＝非「国民」として排除と差別の対象になっていました。一九五九年に始まる北朝鮮帰国事業も、朝鮮総連による祖国建設に向けての希望と同時に、日本政府が朝鮮人を日本から追い出したかったという隠された動機がありました（テッサ・モーリス＝スズキ『北朝鮮へのエクソダス――「帰国事業」の影をたどる』朝日新聞社、二〇〇七年）。それはまさに、日本が国民国家の強化を図ろうとする時期と重なります。

日本で生まれ朝鮮の言葉も歴史も知らず、ひたすら朝鮮人である出自を隠して生きてきた在日朝鮮人二世の多くは、差別の中で、自分は日本人ではない、しかし本国の人とも違う、と実感する経験をもちます。そこから歴史を学び、自分の認識は「歪められた歴史」からくるものだと理解し、「民族」の自覚を持ち始めます。覚醒した「民族主義者」は、当然のことのように本国の政治状況、民主化闘争や、祖国統一運動への参加という新しい国民国家建設の課題に見合った民族の主体性を求めて、己を本国に同一化していくようになります。

外国人の人権を認めるべきである、差別は許されるべきではないという認識が日本社会において広くいき亘《わた》ったことは事実です。しかし国民国家という枠組みに関しては、疑うこともなく当然視されてきました。これは日本人だけでなく、在日朝鮮人も同じです（文京洙『在日朝鮮人問題の起源』クレイン、二〇〇七年）。

日立闘争を経験し在日朝鮮人として日本社会の中に入り込むことを主張した私は、「同化論者」だとされ在日大韓基督教会青年会の代表をリコールされた経験をもちます。その後、川崎を拠点として地域活動に取り組むのですが、私の視点は、絶えず自分の足元、生きる場にありました。そしてそこでの社会を変革する実践こそが、祖国にもつながり世界と結びつくと考えてきました。

私は三・一一以降、地域に住むひとは民族も国籍も関係なく一緒に災害に遭い、死ぬ、という事実を目撃しました。それからネット上で「民族、国籍を超えて協働し地域社会を変革しよう」と主張したところ、「クソ朝鮮人！　日本から出て行け!!」コールがはじまり、私は三度にわたってグーグルを止められメールも出せない、ブログも書けないという状況に追い込まれました。しかしその中で私の確信は強まり、市民による原発をなくす国際連帯運動の広がりを求め、二〇一三年から原発メーカー訴訟の運動を始めるようになったのです。

国民国家を乗り超えるために

多文化共生は、あくまでも国民国家とその国の「固有の文化」という考え方を前提にしたものです。しかし、ひとは民族・国籍等の属性や性的志向などの嗜好の違いにかかわらず、自分の住む地域においてあるがままの自分を出して生きる権利があるのではないでしょうか。同じ地域に住む外国人の人権を認めず、各人の違いを違いとして受け入れないまま、社会「統合」のために「共生」を看板にするところに、日本社会いや近代の国民国家の根本的な問題があるのです。これは国民国家の宿命或いはアポリアともいうべきものです。そこでは原理的に「われわれ」と「彼ら」の二分法がなされ、国家と民族と文化が一致するという神話の中で国民は生きることになります（第一四章参照）。

私にとって、在日のアイデンティティの模索の旅は、国籍による差別を前提にする国民国家そのものを超えていく方向に進むしかありませんでした。

5　おわりに

国民国家の統治原理は植民地主義的である。（西川長夫「植民地主義の再発見」『植民地主義の時代を生きて』平凡社、二〇一三年、二二九頁）

西川長夫は、国民国家とは何か、植民地主義はいかに支配・差別する側とされる側双方の人間性を蝕んできたのか、このことを己の内面をえぐるように考察を深めてきました。西川にとって、国民国家と植民地主義は社会の矛盾と混乱を直視し、己の内面の苦悩を解き明かすために必要な概念（ツール）であったのでしょう。私もまたそれを自分の問題として追い続けたいと思います。

在日である私たちが、原賠法という原発メーカーを免責する法律があるにもかかわらず、原発メーカーに事故の責任があるということをどうして追及するようになったのでしょうか。それは、国籍を理由に差別が当然視されていた児童手当や年金制度等の問題を、それはその法律がおかしい、国籍を理由に在日を解雇した日立は差別を犯した、それは許せない、と闘ってきた経験に立ち、個の違いを認めず差別を正当化する日本社会のあり方や制度、慣習、地域社会の中の不条理に挑戦してきたからだと思います。

私たちは、三・一一の事故にもかかわらず日本と韓国が原発輸出を進めている事態を黙認できず、それを正当化する原賠法の問題点を看過せず、原賠法の背景にある、グローバリズムと戦後の植民地主義としての原発体制の問題点を追究するなかで、原発メーカー訴訟を具体化しました。原発メーカー訴訟の原告は、二〇一四年三月一〇日現在、三九か国から四一二八名になりました。私と朴鐘碩は「原発メーカー訴訟の会」の事務局で、最高裁まで続くであろう公判の維持と共に、反核の国際連帯運動に全力を注ぎます。それは、とりもなおさず、地域に住む人たちの国籍や性、障害の有無などの違いをありのまま受け入れず個の人権を蔑ろにしてマジョリティ社会への「適合」（＝同化）を求め、ナショナリズムの鼓舞によってさらなる国民国家の発展、強化を目指す日本社会のあり方を根底から見直すことを意味するでしょう。

国民国家は、国籍による差別を前提にし、原発体制は、NPT体制に示される国家間の差別を承認しながら、地方と被曝労働者の搾取や差別の上に成り立っています。原発体制は、敗戦後日本がアメリカの核の傘の下で平和を維持しながら経済発展を遂げ、潜在的核保有国としての野望を持ちながら作り上げたモンスターです。

グローバル化の時代に生まれた「多文化共生」は、国民国家の「統合」に寄与し、国内外の差別を内在する原発体制を根底において支えるものであり、決して原発体制に抗ったり、それを内から瓦解させる思想的な質を持つものではなかったのです。川崎での地域活動の経験から、私たちが、多文化共生とは、多様性を大義名分にした、グローバル化が進み外国人が増大する中で国民国家の安定と成長を求めて廉価な労働力を確保するための、国籍による差別を前提にした植民地主義イデオロギーだと考えるようになった所以です。

日本社会は今後どうなるのでしょうか。「原爆／原発体制は、資本と国家の結合が推し進めてしまった末期的な危機であり、植民地主義の末期的な形態」（西川）であるにもかかわらず、政府は、原発は要らないという市民の声に耳を傾けず、相変わらずの経済成長を唱え原発の再稼働と輸出を図っています。今後さらにナショナリズムの喚起に躍起になるでしょう。

私は、自分のアイデンティティ（拠って立つ場所）を既成の民族や国民国家に置かず、将来のあるべき開かれた社会に置こうと決めたのですから、ここから社会のあらゆる「神話」を破り、新たな歴史を切り開くしか道はありません。「戦後史再考」は、自分自身にとって必要不可欠な作業でした。

追記

二〇一九年七月二〇日の『朝日新聞』は、福島県内の原発はすべて廃炉にするという東電の方針を一面で報道し、また国際欄ではドイツの石炭火力発電所の段階的廃止を伝えている。原発メーカー訴訟は、二〇一七年一二月八日に東京高裁で敗訴したが、歴史の流れにおいては一定の役割を果たしたと記憶されるだろう。原発メーカー訴訟を提起した私たちはその後世界に目を向け、日韓反核平和連帯を唱えて東アジアの平和を求める運動を進めている。

1986	4.26 ソ連チェルノブイリ4号炉核暴走事故 7.10 日中原子力協定締結
1987	2.17 **敦賀2号**。8.25 **福島第二4号**。8.28 **浜岡第三** 3.9 仏、高速増殖炉実証炉スーパーフェニックス燃料貯蔵タンクからナトリウム漏れ
1988	4.23 東京で「原発とめよう2万人行動」
1989	2.10 **島根2号**。6.22 **泊1号** 5.31 独、ヴァッカーズドルフ再処理工場の建設中止
1990	4.10 **柏崎刈羽5号**。9.28 **柏崎刈羽2号**
1991	4.12 **泊2号**。12.18 **大飯3号**
1992	3.27 六ヶ所ウラン濃縮施設操業開始。12.8 六ヶ所低レベル廃棄物埋設センターにドラム缶搬入開始
1993	2.2 **大飯4号**。7.30 **志賀1号**。8.11 **柏崎刈羽3号**。9.3 **浜岡4号**
1994	3.18 **玄海3号**。8.11 **柏崎刈羽4号**。12.15 **伊方3号** 4.5 高速増殖炉「もんじゅ」臨界
1995	4.26 仏より初の高レベル放射性廃棄物の返還。輸送船「パシフィック・ピンテイル号」青森県六ヶ所村むつ小河原港入港 7.28 **女川2号** 12.8 「もんじゅ」ナトリウム漏れ火災事故
1996	11.7 **柏崎刈羽6号、7号**(1997.7)建設運転開始。ABWRとしては世界初
1997	東京電力、シガーレイク鉱山(カナダ)の開発活動に参加 7.2 **柏崎刈羽7号**。7.25 **玄海4号**
1998	原子力委員会が「ウラン探鉱は民間活動に委ねることとし、動燃事業団の探鉱活動は適切な過渡期間をおいて廃止する」と決定 2.2 仏政府「スーパーフェニックス」の廃炉正式決定 3.31 東海原発が営業運転を終了
1999	9.30 JCO臨界事故。被曝した大内久死去(12.21)。篠原理人死去(2000.4.27) 12.19 六ヶ所再処理工場に使用済み燃料の本格搬入開始
2002	1.30 **女川3号**
2004	8.9 美浜3号炉で配管破断事故、5人死亡、6人重度の火傷
2005	1.18 **浜岡5号**。12.8 **東通1号**
2006	3.15 **志賀2号** 12.20 日本・欧州原子力共同体、原子力協定締結
2007	7.16 新潟県中越沖地震により柏崎刈羽原発でトラブル多発
2009	12.22 **泊3号**
2010	5.6 もんじゅ試運転再開。8.26 もんじゅで炉内中継装置落下 6月 日印原子力協定交渉開始(2014現在交渉中) 9月 日本・南ア原子力協定交渉開始(2014現在交渉中)
2011	1月 日本・ブラジル原子力協定交渉開始(2014現在交渉中) 3.11 東日本大震災、福島第一原発メルトダウン事故 5.6 日本・カザフスタン原子力協定締結
2012	1.21 日韓原子力協定締結、日越原子力協定締結 2.7 日本・ヨルダン原子力協定効力発生 5.3 日露原子力協定締結 5.5 国内の全原発が停止(2019年7月現在、7基が再稼働) 6.13 原子力基本法改正(「我が国の安全保障に資する」ことが目的化される) 7.1 大飯3号炉再稼働(18日4号炉) 9.19 原子力規制委員会発足。原子力安全委員会廃止
2013	4〜5月 日本・トルコ原子力協定に署名。5.2 日本・UAE原子力協定に署名
2014	1.30 原発メーカー訴訟第一次提起。3.19 第二次提起 7.9 日本・メキシコ原子力協定交渉開始

原子力関連年表

大橋明子作成

年	出来事
1945	8.6 米、広島に原爆投下。8.9 米、長崎に原爆投下
1951	5.1 電力再編成＝9電力会社発足
1953	12.8 米、アイゼンハワー大統領、国連で原子力平和利用を提言
1954	3.1 米のビキニ環礁での水爆実験で、マーシャル諸島の島民や第五福竜丸などの漁船員ら被曝 3.4 中曽根康弘が提出した2億3500万円の原子炉予算案、国会採択
1955	11.14 日米原子力協力協定調印 12.19 原子力基本法施行
1956	1.1 原子力委員会設置
1957	6.10 原子炉等規制法公布 8.27 茨城県東海村で日本初の原子炉JRR-1(50kW)臨界 11.1 日本原子力発電(日本原電)が発足
1958	6.16 日英原子力協定(初回)締結
1960	7.27 日加原子力協定締結
1962	3.6 原子力損害の賠償に関する法律施行 9.12 国産1号研究炉JRR-3臨界
1963	10.26 日本原子力研究所の動力試験炉JPDRが日本初の原子力発電運転開始
1966	7.25 東海原発、営業運転開始(1998.3.31終了)
1969	6.12 原子力船「むつ」進水
1970	3.14 **敦賀1号**炉(アメリカのBWR:35.7万kW)営業運転開始 11.28 **美浜1号**炉(PWR:34万kW)営業運転開始
1971	3.26 **福島第一1号**炉(BWR:46万kW)営業運転開始、軽水炉時代の幕開け
1972	7.25 **美浜2号** 9.22 日仏原子力協定締結。9.28 日豪原子力協定締結
1974	3.29 **島根1号** 6.6 電源3法(発電用施設周辺地域整備法、電源開発促進税法、電源開発促進対策特別会計法)公布 7.18 **福島第一2号**。11.14 **高浜1号** 8.28 原子力船「むつ」臨界
1975	8.25 京都市で初の反原発全国集会(～26日) 10.15 **玄海1号**。11.14 **高浜2号**
1976	3.27 **福島第一3号**。12.1 **美浜3号**
1977	9.3 **伊方1号**
1978	4.18 **福島第一5号**。10.12 **福島第一4号**。11.28 **東海第二**
1979	3.27 **大飯1号**。10.24 **福島第一6号**。12.5 **大飯2号** 3.28 アメリカ・スリーマイル島原発事故
1981	1.17 東海再処理工場が本格運転開始 3.3 **玄海2号**
1982	3.19 **伊方2号**。4.20 **福島第二1号** オーストラリアのレンジャー鉱山開発からのウラン輸入開始
1983	動力炉・核燃料開発事業団、カナダやオーストラリア等でウラン探査活動展開、カナダアンドリュー鉱床、ポールベイ鉱床、ニジェール、ジンバブエで鉱床発見
1984	2.3 **福島第二2号**。6.1 **女川1号**。7.4 **川内1号** 7.27 電事連、青森県と六ヶ所村に核燃料サイクル施設立地を正式申入れ 11.15 仏からの返還プルトニウム積載「晴新丸」東京港入港、プルトニウムが動燃東海事業所に陸送
1985	1.17 **高浜3号**。6.6 **高浜3号**。6.21 **福島第二3号**。9.18 **柏崎刈羽1号**。11.28 **川内2号**

第一四章

戦後史の外縁
誰が次の時代をつくるのか

崔博憲

私たちも一度、「われわれはみな移民なのだ!」と叫んでみてはいかがでしょうか。
（西川長夫『フランスの解体?』人文書院、一九九九年、一九五頁）

1　はじめに

西川長夫は、一九九二年に著した『国境の越え方』で私たちが見慣れた世界地図には「地球は諸国家によって構成され、国境によって区切られ、色分けされた国民が存在するという固定観念……国家と民族と文化が一致するという偏見。ナショナル・アイデンティティの神話。それを失うことの恐怖、それに背く人びと、「非国民」への反感」（筑摩書房、八頁）が埋め込まれていると指摘しています。「世界地図の中で」生きるかぎり、西川が指摘する「固定観念」「偏見」「神話」「恐怖」「反感」から自由な存在はいません。それらを内面化することによって人は世界地図の中に描かれた国家に帰属する国民になり、その国民によって自国中心の世界地図が描かれるのです。

「世界地図の外に出ることはできないだろうか」と問うた西川は、新しい時代の到来を予感しながら次のような課題を提起しています。

> 何かある具体的な事柄に直面したときのわれわれの反応は、驚くほど愛国的であり自国中心的である。国民国家の体制が足元から崩れているのに、あるいはそれ故にいっそうわれわれは国民国家のイデオロギー（よりヴィジュアルに「世界地図のイデオロギー」と呼ぶことをお許しねがいたい）に執着し、深くとらわれている。その一例は外国人労働者に対するわれわれ日本人の反応だろう。「われわれ」の中の「彼ら」はいつどのようにして「われわれ」になるのだろうか。あるいはその逆は？「われわれ」と「彼ら」の二分法はどのようにして廃棄し、あるいはのり越えられるのであろうか。これは現代の最大の思想的な課題だと思う。（西川長夫、前掲書、一〇－一一頁）

この課題が提起されてから二〇年以上の時間が経ちました。ますます「国民国家の体制が足元から崩れ」、「それ故にいっそうわれわれは国民国家のイデオロギー（世界地図のイデオロギー）に執着し、深くとらわれている」。いま、「われわれ」と「彼ら」の二分法の廃棄やのり越えはどうなっているのでしょうか。

本書の第一章で、西川は「戦後に作られた現行憲法が存続する限り私たちは戦後にある」と述べています。その定義を敷衍するならば、武器を持った日本人が外国人と戦う事態を具体的に想定しなければならないいまを「戦後の終わり」と呼ぶことができるでしょう。

時代の変化に直面しているのは、憲法や平和を唱え武力を放棄してきた戦後だけではありません。過去へのうしろめたさを抱き良心を育んできた戦後。「占領」とともにあった戦後。ひたすらに民主主義を掲げてきた戦後。植民地や戦争の問題を後景に押しやってナショナル・アイデンティティをつくってきた戦後。人口増加と経済成長を前提に富の再分配を行ってきた戦後。生きる基盤を破壊しかねないエネルギーに依存してきた戦後。アメリカへの従属意識とアジアへの優越意識を増幅させてきた戦後……。こうした戦後たちは、わたしたちの生を強烈に縛る国民国家と資本主義の関係が結び直されているいま、大きく変わろうとしています。

この小稿では、戦後の外縁を生きた／生きる人びとに注目し、「戦後の終わり」とはどのような時代であるのか、そして戦後の次の時代は誰がつくるのかということを考えてみたいと思います。

2　「内なる他者」

在日韓国朝鮮人

日本が歴史的に最も多文化・多民族状況であったのは帝国を名乗っていたときです。敗戦時、国外にいた日本人は民間人と軍人を合わせると六六〇万人を超え、国内には二三〇万以上の朝鮮人をはじめ多様な人びとが働き暮らしていました。

しかし、植民地を失い帝国でなくなった日本は一転して同質性の高さを標榜するようになります。そうした変化は対外的な関係と内的な差異の再編とともに進められました。サンフランシスコ講和条約の際に旧植民地出身者から日本国籍を剝奪し彼／彼女たちの「帰国」を積極的に推し進める一方で、植民地や満洲、戦地から引揚げてきた者を国民という括りに回収していくといった再編とともに共通の起源や文化をもった日本人という神話が形成されていったのです。

そのような戦後日本において、誰よりも「内なる他者」であったのは植民地支配の落とし子である在日韓国朝鮮人でした。

在日と称された彼／彼女たちは、アプリオリに「われわれ」と日本国民がイコールとなった社会の中で政治的にも経済的にも周辺に置かれ、「われわれ」の外に置かれている自分、「国家と民族と文化が一致」しない自分を生きることに緊張を強いられ続けました。その緊張を解くために、ある者は奪われた文化や言葉を取り戻すことで「国家と民族と文化が一致」した自分になろうと格闘し、また別の者は名前や国籍を変えることで「われわれ」の中に自分の居場所を見出そうと試みました。ただし、格闘や試みの先に完全な成功や勝利はありません。「国家と民族と文化が一致」した「われわれ」はどこにも存在しないのですから。

しかし、そうした格闘や試みに意味がなかったわけでは決してありません。客観的とか相対化といった視点や方法ではなく、渦の中で渦と闘ったり懸命に渦に身をまかせたりすることで、自らを翻弄する渦の正体を見抜くという回路もあるのです。日本にも母国である韓国にも自らの居場所を見つけることができずに苦しむ若い在日女性を描いた『由熙』で芥川賞（一九八九年）を受賞した李良枝は、「人間に帰属するところなんてあるかしら、真に」という言葉を遺しています（『在日文学』を超えて」『文学界』一九八九年三月、二六八頁）。それは、彼女が「国家と民族と文化が一致」した「われわれ／ウリ」を自明とする日本／韓国と激しく格闘することで摑み取られた言葉なのです。

コリアン・ジャパニーズを自称する金城一紀は、自らが中学生や高校生として過ごした一九八〇年代を意識しながら書いた小説『GO』（二〇〇〇年直木賞）の中で、主人公である在日の高校生に次のような言葉を語らせています。

おまえらは国家とか土地とか肩書きとか因襲《いんしゅう》とか伝統とか文化とかに縛られたまま、死んでいくんだ。ざまあみろ。俺はそんなもの初めから持ってねえから、どこにだって行けるぞ。いつだって行けるぞ。悔しいだろ？　悔しくねえのかよ……。ちくしょう、俺はなんでこんなこと言ってんだ？　ちくしょう、ちくしょう……（講談社、二〇〇〇年、二三五頁）

「国家とか土地とか肩書きとか因襲とか伝統とか文化とか」を持たない在日を徴付ける「おまえら」日本人の方こそ縛りつけられているんだと、「そんなもの」を所与とする思考や構えを批判しているのです。それは全く正しい批判です。

けれども、「国家とか土地とか肩書きとか因襲とか伝統とか文化とか」に縛られているのは「おまえら」日本人だけではありません。在日は「そんなもの」を持たなかったからこそ、日本人以上に「そんなもの」に強く縛られていました。主人公が連呼した「ちくしょう」は、そのような在日の叫びなのかもしれません。

新しい在日

ところで小説『ＧＯ』には、既存の枠組みや思考をのり越えようとする威勢のよい言葉や科白がいくつもあるのですが、それらがどのような文脈で発せられているのかに注意する必要があります。たとえば、先に引用した箇所の少し前で主人公は次のような言葉を吐いています。

> 俺はこの国で生まれてこの国で育ってるんだぞ。在日米軍とか在日イラン人みたいに外から来てる連中と同じ呼び方するんじゃねえよ。（金城、前掲書、二三四頁）

こうした言葉から、新しい時代状況を読み取ることができます。在日米軍や在日イラン人もまた在日と同様に在日しているという認識は、日本における米軍の存在感の高まりや外国人の増加・多様化という具体的な変化があってはじめて生まれるのです。以下では、外国人労働者に焦点をあて、そうした変化の実相をみていきたいと思います。

3　外国人労働者

在日外国人の増加と多様化

日本と世界の経済の一体化を加速度的に進めるきっかけとなったプラザ合意やその後のバブル経済以降、在日外国人の人口構成は大きく変動しています。戦後長いあいだ在日外国人のほとんどを占めていた韓国朝鮮人は現在（二〇一三年）五二万人にまで減少し、六五万人を数える中国人が最大の在日外国人となっています。また、ラテンアメリカ（ブラジル：一八万人、ペルー：五万人）や東南アジア（フィリピン：二二万人、ベトナム：七万人）などから来日した外国人も増加し、日本に暮らす外国人の数と国籍（地域）はそれぞれ二〇〇万人、一九〇か国を超えるまでになっています。

日本で暮らす外国人の増加と多様化を考えるとき、一三万人を超える留学生や年に約七万組を数える国際結婚を見落とすことはできませんが、労働という視点がとくに重要です。

戦後、日本は一貫して「単純労働」を目的とした外国人の流入を認めない政策を採ってきました。しかし、バブル景気に沸く一九八〇年代後半、深刻な人手不足に直面した製造業や建設業の労働現場では、さまざまな経路や身分で日本に来た就労資格のない外国人を雇い入れました。『GO』の主人公の高校生が意識していた「在日イラン人」とは、おそらく当時入国に際してビザの相互免除協定を結んでいたイランから来日し、就労資格を持たずに日本国内で働いていた人たちだったはずです。外国人の脱法的な雇用が国内各地に広がっていく中で、日本政府は法制度を改正し、外国人を単純労働力として移入しないという従来の立場を維持しながらも、人手不足に悩む労働現場が国外から単純労働力の調達を可能とするために、日本人の血と優秀性というロジックを編み出します。

新たに日本で働く外国人

血のロジックは、日系人の受け入れのために用いられました。それは同じ血を分けた日系人であれば、受け入れがそれほど負担にはならないはずだというものです。政策立案者たちは、日系人のほとんどが日本人とは言語や生活習慣が大きく異なる外国人であることを知っていましたが、血の論理を持ち出して日本人との共通性を強調しました。その論理は一九九〇年の入管法の改正によって具体化され、日本の戸籍に記載のある日系人の三世までとその配偶者は職種の制限をうけずに就労が可能な「定住者」という在留資格が認められることになりました。その結果、かつてブラジルやペルーなどに移民した日本人の子や孫およびその家族が来日し、働き暮らすようになったのです。

優秀性というロジックは、外国人研修・技能実習制度の改正や運営規制の緩和の際に用いられました。この制度は、技術移転を目的とした国際貢献事業に由来し、高度経済成長期以降は主に海外に進出した日本企業が現地従業員を日本で教育するために用いられていました。しかし、一九九〇年代以降、日本政府は、国際貢献という看板はそのままに制度の受け入れ要件を大幅に緩和し、海外と直接結びつきがない中小企業であっても国境を越えて単純労働力を調達することを可能としたのです。以後、中国や東南アジア出身の若者が最大で三年間、労働現場を支える担い手となり、現在では約一五万人の外国人技能実習生が日本各地で働いています。

近年では経済連携協定（EPA）を通じて、インドネシア（二〇〇八年〜）とフィリピン（二〇〇九年〜）、ベトナム（二〇一四年〜）から看護師と介護福祉士候補者の受け入れが行われています。協定の目的はモノやサービスの自由化促進とされているのですが、看護師と介護福祉士候補者の受け入れは、実質的には看護・介護分野の労働力不足への対応となっています。

また、二〇〇八年に婚姻関係にない外国人女性と日本人男性とのあいだに出生した子に日本国籍を認める国籍法の改正が行われたことで、いわゆる新日系人と呼ばれる人びとが新たに日本の周辺的な労働市場に組み込まれるという事態も起きています。日本国籍取得の申請のため来日したフィリピン人女性の中には、仲介業者に多額の借金を背負わされ、安価な労働力として介護現場や風俗店で働いている者も少なくありません。

このように近年外国から新たに日本にやって来る人びとの多くは、労働力という側面が強調される存在なのです。こうした外国人の受け入れのあり方と日本政府がこれまで移民という呼称を用いてこなかったことは無関係ではありません。人間存在にとってその一部でしかない労働に特化した呼称が使い続けられることで、戦後につくり出された非移民国家という神話が維持されているのです。

4　雇用の調整弁としての外国人労働者

血と民族が同じ「都合」のよい労働者

新たに日本にやって来た外国人労働者に負わされているのは、都合のよい安価な雇用の調整弁という役割です。

たとえば、自動車関連の製造現場で働く日系人は、その多くが不安定な派遣労働であるため、景気の悪化はすぐさま彼／彼女たちから職を奪います。二〇〇八年のリーマン・ショックと呼ばれた世界同時不況では日系人の失業者が劇的に増加しました。そのとき日本政府は仕事を失った日系人やその家族の生活保障に取り組むのではなく、彼／彼女たちの帰国を積極的に推進しました。それは、植民地であった朝鮮半島から移入した人びとを戦後、帰国させるために積極的であったかつての日本の姿と重なります。

ノンフィクション・ライターの高橋秀実は、日系人と働きながら彼／彼女たちにとって日本の血や民族とは何であるのかを訊ね、それらが「都合《コンベニエンテ》」でしかないという言葉を聴きとっています（『にせニッポン人探訪記』草思社、一九九五年、一九五頁）。日本の血や民族とは、日系人にとって生き延びるための「都合」であったことは間違いないでしょう。ただし、それらは日系人だけの「都合」ではありません。「国家とか土地とか肩書きとか因襲とか伝統とか文化とか」と同じく、血や民族も日本人にとっての「都合」なのです。だから高橋は、日本人の血や民族とは何かと繰り返し訊ねた日系人から「お前はね、鏡に映ったお前自身を見てるんだよ」（高橋秀実、前掲書、一九七頁）と言い返されたのです。

何よりも「安い」労働力

一九九〇年代以降、日本で最も厳しい条件で働いてきたのは外国人研修・技能実習生です。送り出しや受け入れの現場では外国人技能実習生の長所や短所を国民性という語で説明されることはありますが、彼／彼女たちは何より「安さ」という特徴付けをされている存在です。低賃金で長時間労働をする外国人技能実習生は、経営的に立ち行かなくなっている零細企業をかろうじて支えるための、あるいは安い労働力を最大限効率的に活用して規模と利潤の拡大を図るための戦力として働いています。とくに研修から技能実習に制度の重点が移行する二〇一〇年までは、外国人研修生は労働法規の外に置かれていたために、厳しい制約を課されて、驚くほど安く長く働かされる者が少なくありませんでした。

以前、ベトナム人研修生・技能実習生に最低賃金をはるかに下回る賃金しか支払っていなかった日本人経営者が、外国人である研修生・技能実習生に日本の労働法を適用する必要はないと思っていたと素直にインタビューに答えている映像を見たことがあります。その語りの素直さは、彼が疑いなく本当にそう思い込んでいたと感じさせるものでした。だが、いったいその素直さや疑いのなさはどこからやってきているのでしょうか。

低賃金や長時間労働だけではありません。研修の未実施、パスポートや通帳の強制管理、高額の管理費や家賃・水光熱費、失踪防止のための保証金の預け入れの強制、外出や移動の制限・禁止、セクハラやパワハラといった問題に多くの外国人技能実習生が遭遇しています。

「戦後の終わり」とは、新たに国境を越えて日本に来た外国人をこのように扱うことで成立している時代なのです。そして、その時代の中で彼／彼女たちは「都合」がよくて「安い」自分を生きることに緊張を強いられているのです。

5　グローバル化と戦後の裂け目

市民社会の可能性とその限界

丹野清人は、日本で働く外国人労働者は「経済と法の裂け目に落ち込」んでいるとして、彼／彼女たちを市民社会の論理に取り込む必要を述べています。

> これからは外国人労働者も「個人の尊厳」を軸にしつつ、人格秩序のなかに位置づけられなくてはならない。とりわけ、長期にこの国に居住することが予定されている「定住」「永住」資格の外国人が、外国人であるがゆえに二級市民に固定されることはあってはならない。（『国籍の境界を考える』吉田書店、二〇一三年、二一三－二一四頁）

全くその通りです。資本と国家が市場と法制度を通じて外国人の権利や労働の価値を著しく制限している現実に抗うために市民社会の論理は拡張されなければなりません。

しかし、長期の居住が予定されている外国人労働者を市民社会に取り込むべきだというとき、居住期間が必ずしも長期とはいえない外国人労働者は、市民社会のどこに位置付けられるのでしょうか。たとえば、「定住」「永住」の在留資格をもつ日系人とは違って日本に滞在する年数に制限があり、労働者としての最も基本的な権利の一つである職業選択の自由さえも認められていない外国人技能実習生は何級の市民になるのでしょうか。あるいは、在留期間を超過した外国人、難民認定申請中の外国人の権利や労働の価値を市民社会という枠組みの中で護ることはできるのでしょうか。

周縁労働力の拡大

現在、日本政府は、二〇二〇年開催予定の東京五輪や東日本大震災の被災地復興のための建設現場、一次産業や介護の分野で懸念されている労働力不足に対応するために、外国人技能実習制度の拡充を進めています。最も安くて管理が容易な労働力を増やそうというわけです。

二〇一三年、外国人技能実習制度を通じた受け入れを行っている事業所の八割以上が労基法関連法に違反しています。日本政府は法制度を厳格に適用していくとしていますが、それほどの問題を生みだしている制度の拡大は、法や市民社会の論理によって「個人の尊厳」を認め、「人格秩序」に位置付けることが難しい外国人の増加を予想させます。

単純に「移民」として長期居住の外国人の受け入れを進めれば良いということではありません。近年、財界や政治家の中から「移民」の受け入れが提唱されるようになりましたが、そこでは「移民」を労働力不足や少子化といった問題解決のために活用する資源としてしかとらえていない言説が多くみられます。

数年前、親しくしていたアジアからの留学生がアルバイトをしていた二四時間稼働のオベントー工場では、同じ仕事内容であっても、日本人の契約社員、日本人のパート、日本人のフリーター、留学生のアルバイト、日系人、日本人と結婚した外国人女性、外国人技能実習生ごとに賃金体系が異なっていました。能力や成果主義が叫ばれている現代、周辺的な労働市場では能力や成果以上に属性や在留資格がますます重視されているのです。

また、こうした周辺的な労働市場における階層化や序列化という流れに、これまで障壁によって保護されていた日本人も組み込まれています。若者の雇用の不安定化問題に積極的にかかわっている雨宮処凛は、そうした事態を「外国人労働者化する若者たち」と呼んでいます（『生きのびろ！――生きづらい世界を変える8人のやり方』太田出版、二〇一〇年、一六九頁）。

グローバル資本が優先的に求めているのは、外国人であれ日本人であれ、高度な知識や熟練した技術や技能をもたない安価で代替や切り捨てが容易な周縁労働力です。そして、国家は人間をさまざまに分断し差異化することで、そうした資本の求めに積極的に応じているのです。外国人技能実習生の受け入れの拡大とともに、現在日本政府が進めようとしている外国人家事労働者の受け入れもそうした動きの一つだといえるでしょう。

はたして、さまざまに分断され差異化された者たちの連帯はありうるのでしょうか。あるとすれば、それはいったいどのような形なのでしょうか。

6　むすびにかえて――移民になる

もはや外国人労働者なしに、わたしたちの日常は成り立ちません。コンビニ、居酒屋、旅館、建設現場、縫製工場、オベントー工場、自動車部品工場、畜産・野菜農家、水産加工場、介護施設、風俗店、または家庭内での家事・育児・介護……。こうした労働現場で、日系人、外国人技能実習生、外国人看護師・介護福祉士候補者、日本人男性と結婚した外国人女性、留学生、超過滞在者たちが日々働いていることにしっかりと目を凝らし、彼／彼女たちの置かれている厳しい現実に関心を寄せなければなりません。

しかし、外国人労働者の困難を自らと切り離して理解するだけであれば、現状を無理に肯定したり、表層的に批判したりするだけにしかならないでしょう。外国人労働者にしたたかさ、粘り強さ、狡さを発見して満足するのもほとんど同じことです。

日本で外国人労働者が出会っているさまざまな困難には、戦後の日本社会が抱えてきた歪みや矛盾が詰め込まれています。多民族の共存共栄を謳った過去をすっかり忘却した戦後。戦争や植民地主義によって痛んだ人びとに真摯に向き合ってこなかった戦後。非日本人を排除し他者化してきた戦後。部落を、女性を、障がい者を、高齢者を、若者を、地方を、農村を、アジアを差別し、搾取してきた戦後。こうした戦後の歪みや矛盾が現代日本の外国人労働者が遭遇している困難に刻まれているのです。

そして、戦後日本の歪みや矛盾は、特定の集団や組織、政党によってつくられ維持されてきたのではありません。それは、国民あるいは市民というかたまりで戦後という時空間に安住してきた者たちによってつくられ維持されてきたのです。これまで国民や市民というかたまりは、経済的豊かさとか平和といったオブラートに包まれて、戦後日本が抱えた歪みや矛盾の深刻さに向き合わずにきたのではないでしょうか。いまやオブラートはほとんど破れて中身がむき出しになっています。

にもかかわらず、わたしたちは国民や市民というかたまりを存続させることに必死になっています。確かに、国民あるいは市民というかたまりの可能性に賭け、戦後という時空間のなかで戦後を問い直そうとしてきた人びとの闘いを軽視することはできません。わたしは、その闘いの重要性を少しは理解しているつもりです。しかし、国民は国境や非国民なしにありえず、市民は城壁や奴隷なしにはありえないのです。

「戦後の終わり」にあるいま、求められているのは、国民や市民というかたまりに拠ってきた結果、どうしようもないほどに行き詰まっているわたしたち自身を再考することです。そのためには、わたしたちに埋め込まれている見方やまなざしを捨てたりずらしたりすることで、まったく違った場所や角度から事態をとらえる力が必要となるでしょう。

そのとき、わたしが手掛かりになると考えているのは、西川の「グローバル化した世界の住民の典型は、国民や市民ではなく、広い意味での移民になる」（『植民地主義の時代を生きて』平凡社、二〇一三年、五二三頁）という視座です。これは、ある意味で、最初に引用した西川が提起した「「われわれ」の中の「彼ら」はいつどのようにして「われわれ」になるのだろうか。あるいはその逆は？「われわれ」と「彼ら」の二分法はどのようにして廃棄し、あるいはのり越えられるのであろうか」という問いに対する西川自身の回答だと考えられます。

さらにいえば、二一世紀が移民の時代であると考えた西川は、「彼ら（外国人労働者・移民）」が「われわれ」になるのではなく、「われわれ」こそが「彼ら（外国人労働者・移民）」になると考えていたはずです。

グローバル化する世界の中では、「われわれ」を国民や市民という括りや概念で素朴に語ることはできません。その変化は、どこまでも両義的なのですが、新しい時代をつくるのは体制やシステムに安住する者たちではないのです。

「移民」の側から、あるいは移民を送り出す側から世界を見たら何が見えてくるのか。これまでの社会科学は定住社会を前提としてきたと思います。主権も国籍も文化も、あらゆる概念が、定住を前提として成り立っている。だが世界は国際移動の時代に入っている。移住社会という前提から見たら何が見えてくるか。移住社会において主権や国籍や文化はどのように定義されるのでしょうか。（西川長夫、前掲書、六六―六七頁）

問われなければならないのは、依然として想像力です。

戦後日本では、移動や移住はもっぱら「彼ら」の経験や実践としてとらえられ、それと「われわれ」がかつて入植者、兵士、引揚者、移民、集団就職者、出稼ぎ労働者、流民であった歴史を結びつける想像力は徹底的に手放されてきました。「移民」の側から世界を見ることは、そのように自他を分断してきた歴史を再考し、「われわれ」が「われわれ」であり「彼ら」が「彼ら」である根拠となっている「主権」「国籍」「文化」を根底から問い直す契機となるはずです。その途の先に「新しい歴史的時代」（ベンヤミン）が創出され、その時代にふさわしい新しい世界地図を描くわたしたちが生まれるのではないでしょうか。

コラム5　歴史学は生命再生産をどのように語るのか

西川祐子

世界の総人口が六〇億に達したのは、一九九九年のことでした。二〇一四年現在では七一億人を超えます。このまま加速をつづけるなら、地球に生息する人類他もろもろの生命体の持続は難しい。それだのに日本社会は少子高齢化による国力の衰退ばかりを話題にしています。現在、食糧自給率が四〇パーセント前後の社会だというのに、日本列島だけで生活が完結しているかのような錯覚があるのは何故？　一国史が目隠しをしてきたのではないでしょうか。人口政策は国単位で行われてきました。「家族計画」という言葉もあります。あなたと家族の幸福のために、と政府は言うのだけれど、現実には家族は国家の人口政策の執行機関にされ、そのうえ次世代養育のほとんど全責任を負わされる。

生命再生産は、政治的で経済的そして思想的な問題なのに、私領域に囲い込まれています。戦後史再考に際して年表をつくるときでさえ、見過ごされるか、埋没してしまう。占領期のGHQおよび日本政府の性の管理や人口政策は矛盾と混乱に満ちたものでした。慰安所的施設を率先してつくる一方で売春を禁止、家族の再編成で戦後復興を目指す一方で人口抑制を説く。戦後の改正民法は「家」制度を廃止しました。新たに戦後の国民国家の基礎単位となった「家庭」家族の五五年体制、住まいの五五年体制をつくったのは結局、一九四八年に制定、一九五二年に改訂された優生保護法（一九九六年に母体保護法に改正）、と産児調整指導でした。戦後復興の悲願であった一世帯一住戸の実現に貢献した公団住宅の部屋数もまた、夫婦の子どもの数、ひとりの女性が生涯に産む子どもの数に圧力をかけました。2DK、3DKを経て3LDKが定着すると、3世代同居は無理、夫婦が望む子どもの数は二人以下、個室つき個人化家族、さらには子ども部屋が別の都市へ飛来するワンルーム居住が出現。住宅ローンと子どもの教育費を含む家計は、夫の給料の約一二五%を必要とする。二五%を補う主婦のパート労働から一つの家庭に二人の主体が生まれるのは当然でしょう。しかしここまでを支えた右肩上がりの高度経済成長とバブルがはじけたとき、ワンルームに若者と高齢者の沈滞がすすむ。今はシェアの思想と実践が未来を切り拓くかどうかの瀬戸際です。

「産む、産まないは女が決める」と一九七〇年代のリブが言ったとき、「そんなあ〜、僕はどうすりゃいいんだ」と考えはじめた少数の男と、「じゃあ、そうすれば。僕は天下国家のことで頭がいっぱい」と言ったか言わなかったか、大部分の男は知らんふりでした。家族の歴史は女性史が考えはじめた。女性学が性と生殖をテーマにした。アナール派の社会史は人口問題からはじまったのですが、日本の社会史は人口動態を政治、経済の問題にせずに終わったようです。歴史学が生命再生産の問題と正面から取り組むとき、一国史の枠は、はずされるだろうか。

コラム6　冷戦の終焉

大野光明

冷戦とは、第二次世界大戦後から始まった、アメリカとソ連という二大国による世界規模での対立と緊張であり、イデオロギー、軍事、政治、経済、社会、そして文化にまで及んでいました。一九八〇年代後半、ソ連でのペレストロイカ、八九年の東欧革命、ベルリンの壁の崩壊、米ソ首脳会談での東西冷戦終結の確認、九〇年一〇月の東西ドイツ統一、九一年一二月ソ連邦消滅宣言などによって、冷戦は終焉したといわれています。

しかし、私が研究・活動の現場としてきた米軍基地建設問題に向きあうとき、冷戦が終焉したとは簡単にはいえない状況が確認できます。

たとえば、沖縄では米軍基地が冷戦崩壊後も維持されてきました。それに対し、沖縄に基地・軍隊を集中させることへの抗議行動が、沖縄だけでなく、日本各地で続けられています。抗議行動に参加してみると、「北朝鮮という脅威があるじゃないか」、「沖縄から米軍が撤退したら、中国に占領されるんだぞ」という声が街行く人々からあがるのをしばしば見てきました。中国や朝鮮民主主義人民共和国（以下、共和国）は「私たち」にとって脅威であり、基地・軍隊という抑止力を維持・強化しなければ攻め込まれるという、冷戦的発想がこの社会では維持されていると感じます。

また、現在、日米両政府は、京都府京丹後市丹後町宇川地区に新たな米軍基地を建設しています。この基地には、アメリカ本土防衛のために、長距離弾道ミサイルを探知・追尾する「Xバンドレーダー」と呼ばれる軍事レーダーが設置され、二〇一四年一二月にはその運用が開始される予定です。中国や共和国との間の軍事的緊張をふまえた新たな米軍基地建設です。これに対し、さまざまな市民グループが反対運動を行っています。しかし、どのような理由で反対しているのかによらず、「反対派はアカだ」、「声をあげているのは共産党だ」という声を多く聞きます。農村部ほどそれは顕著です。国策に反対する人間を「アカ」や「共産党」と了解する、冷戦的発想が生活の隅々にまで及んでいるのだと感じました。その一方で、基地建設の是非や、建設・運用に伴う問題に関する議論は深まらず、議論する場自体が丁寧に摘み取られています。

このように、冷戦は世界規模での米ソ対立という意味では終焉したと言われるのですが、日本社会に生きる人々の行動や感性をいまだに規定しています。日本政府は、中国や共和国を仮想敵国とする、アメリカの安全保障政策を無前提に受け入れ、その一部としての機能を果たしてきたように思います。政府は、冷戦的発想をその政策の資源にしています。人々が感じる「脅威」や「憎悪」といった歴史的につくられてきた感情までもが資源にされています。つまり、冷戦とは、世界規模で一斉に終わったのではなく、常に呼び戻される形で何度でも局所的に立ち現れるものなのです。「脅威」や「憎悪」を手放さない国民という怪物から、どのように私たちは解放されるのか。このことが、冷戦に規定された「長い戦後」の終わらせ方をめぐって今、問われているはずです。

おわりに

大野光明・番匠健一

1 戦後の「終わり」とは何か

本書は、「戦後史再考」をテーマとし、戦後日本における排除や忘却の力学を歴史的に明らかにし、その力学において、異なる言葉や経験、力がせめぎ合うありようを示そうとしました。その結果、どのようなことが明らかになったでしょうか。大きくは次の三点になると思います。

第一に、戦後という歴史は、国民国家の再生産が立ちゆかなくなるような「歴史の破れるとき」を常に抱え込んでいたということです。たとえば、戦後のはじまりにあった「廃墟の光」（西川長夫『日本の戦後小説』岩波書店、一九八八年）ともいえる解放と、国民国家という枠組みのなかへ人々の思考や行動を整序しようとする動き。あるいは、平和主義、民主主義、基本的人権の尊重といった戦後的な価値が一国主義的に制度化される一方で、国境の内側と外側に戦争や格差、暴力などの問題を生じさせてきたこと。このような矛盾のただなかを、人々はもだえ、引き裂かれながらも生きていました。そして、平和や人権、民主主義、経済成長といった「よいこと」とされてきた概念が、植民地主義的な暴力をともなう関係性において成立していたことを発見してしまうとき、戦後という体制はぐらぐらと揺らいでいくのです。一人一人が自身を支えていた言葉や概念、枠組みの前提を失う経験。本書は、このような「歴史の破れるとき」が、一九六八年といった象徴的な年にのみ表れているのではなく、常に、そして今も起こっていることを示しました。

第二に、「歴史の破れるとき」や「歴史の裂け目」を描くことが、通史（日本史や戦後史）という制度自体をも揺さぶり、根本的な変容を迫っていることを本書は示しました。「歴史の破れるとき」は、一まとまりのものとして「日本人」という国民を描くことや過去－現在－未来へと一直線の通史として描くことの困難さや暴力性とともにあります。〈国民の歴史〉は、その叙述対象である「国民」という概念がゆらぎ、過去から未来へと向かう直線的な時間が成立しなくなるという問題を常に抱えてきたといえるでしょう。〈国民の歴史〉は攪乱され、崩壊しつづけています。にもかかわらず、〈国民の歴史〉という通史が成立しているかのように考えられてきたのは、日本史や戦後史が教えられ、学ばれるなかで、その崩壊は繕われ、忘却されてきたためです。本書は、それにあえて逆行し、「歴史の破れるとき」に向きあう作業そのものでした。

第三に、「戦後史再考」の実践的意味が示されました。戦後史再考とは、矛盾と暴力を生み出しながら、同時にそれらを忘却する制度としての〈国民の歴史〉から可能な限り距離を取り、戦後史を生きた人々の動態的なありようを内在的に描く実践的な試みでした。そのように歴史に向きあうということは、この世界が常に既に別のものへと変わりうること、その可能性と困難を示すことでもあります。つまり、私たち一人一人が目にしている現実を変更可能なものとしてとらえかえすことでもあったと思います。このような歴史実践は、戦後の矛盾や問題の解消や解決をこれ以上先送りしてはならないのだ、というそれぞれの現場からの危機感をその動機としていたことは言うまでもありません。

よって、本書の到達点は次のようなものです。戦後という体制が抱え持った忘却と暴力からの解放を求めるならば、〈国民の歴史〉として制度化された戦後史を乗り越えていく＝終わらせる必要があるということ。そして、戦後史を終わらせるということは、今を生きるそれぞれが「国民」であることを断念し、その矛盾や暴力と格闘し続け、変容を生きることにあるのではないでしょうか。「戦後の終わり」とは、矛盾と問題のつまった戦後と都合良く決別してみせたり、忘却することではありえません。「戦後の終わり」とは、矛盾と問題を生み出してきた〈国民の歴史〉をどう乗り越えるのかという実践的な課題であるでしょう。

2　終わらない再考

本書が書かれた経緯は「はじめに」で述べたとおりですが、執筆者一三名にとって、西川長夫からの問題提起を理解し、応答することは大変困難な作業でした。たとえば、研究会参加者のコメントを聞く度に、西川は「そうではないんだなぁ、僕が言いたいのは……」と困った顔を何度も見せたのを今でも思い出します。研究会参加者は、西川と自分自身との歴史経験の大きなギャップに向きあうなか、「戦後」というものが決して一まとまりのものではなく、埋め難いずれや違いがあるということを痛いほど実感しました。

西川の死去によりバトンを託された参加者は、話の聞き手・コメンテーターから執筆者になりました。戦後史再考という歴史実践を行うことが求められたのです。本書には、〈国民の歴史〉としての戦後史に引きずり込まれながらも、そこから脱出する回路を求めた執筆者たちの苦闘の過程が刻まれているように思います。

戦後史再考という実践は、執筆者自身に変容を迫るものでもありました。「国民」として歴史を語るのではなく、どのようにしたら「私」の次元を確保しながら、歴史を語り直すことができるのか。各執筆者は、自分自身が前提としてきた内なる〈国民の歴史〉に気づき、それと格闘することになったのです。本書に刻まれた執筆者一人一人の〈国民の歴史〉との格闘の過程が、西川の強烈な問題提起と読者との橋渡しをするものになれば幸いです。

現在、戦後という体制はその姿を大きく変えつつあります。「戦後レジームからの脱却」という声と、「憲法を守れ！」という声があちこちから聞こえてきます。このような状況にあって、戦後史がごまかしてきた問題や矛盾はくりかえし再考されるべきです。戦後史再考という終わらない作業の一つとして、本書はあります。このバトンは、このあと、どのように、誰に手渡され、新たな言葉と思考を生み出していくのでしょうか。

3 謝辞

本書の刊行にあたっては、多くの方々のご支援、ご協力をいただきました。すべての方々のお名前を記すことはできませんが、この場をかりて、感謝申し上げたいと思います。

本書のキーワードである「歴史の破れるとき」は、戦後史再考研究会での山内明美さんとの討議のなかで生まれました。山内さんの研究会への参加や報告に、あらためて、御礼を申し上げたいと思います。

研究会と本書編集会議は、西川長夫さん、祐子さんのご自宅書庫を会場にしてきました。毎回、午前中から夜九時、一〇時まで続く研究会や会議を受け入れてくださり、快適な環境を用意してくださった西川祐子さん、麦子さん、陸男さんに感謝申し上げます。麦子さんには、研究会のありよう自体について率直なご助言をいただいたことも忘れられません。

巻末の年表の作成・編集にあたっては、由浅啓吾さんのご協力をいただきました。どうもありがとうございました。

平凡社・編集部の福田祐介さん、松井純さんには、本書の刊行と編集に対しさまざまなご支援、ご協力をいただきました。お二人のご決断なしに、本書の刊行はなかったと思います。ありがとうございました。狭いサークルによる閉じた本ではなく、現在の状況へと開かれた本をつくることを目指しましたが、それが達成されていることを祈るばかりです。

最後に、西川長夫さんに、あらためて感謝の気持ちを伝えねばなりません。西川長夫という存在によって、研究会参加者が出会い、討議をつづけ、本を協働でまとめることができました。病状が刻一刻と悪化していくなか、それでもなお一文字でも書き、思考を少しでも前に進めようとする西川さんの気迫に圧倒され、その姿から多くを学ばせていただきました。その姿に応えようと本書の執筆と編集に取り組みましたが、西川さんはここに完成した本をどのように読まれるのだろうと思います。亡くなられる五日ほど前、面会の終わりに「では、また会いましょう〜」とベッドから手を振ってくれた長夫さん。顔を合わせての対話がもう叶わないことは残念でなりません。しかし、それぞれの胸のなかで討議はこれからも続いていきます。あらためて、西川長夫さんに心からの感謝と敬意を表したいと思います。どうもありがとうございました。

二〇一四年八月一七日

大野光明・番匠健一

ブックリスト――再考をさらに進めるために

◆第一章　戦後史再考

西川長夫『日本の戦後小説――廃墟の光』岩波書店、一九八八年
西川長夫『決定版 パリ五月革命 私論――転換点としての1968年』平凡社ライブラリー、二〇一八年
西川長夫『国民国家論の射程――あるいは〈国民〉という怪物について［増補版］』柏書房、二〇一二年
西川長夫『植民地主義の時代を生きて』平凡社、二〇一三年
牧原憲夫編『〈私〉にとっての国民国家論――歴史研究者の井戸端談義』日本経済評論社、二〇〇三年

◆第二章　〈国民の歴史〉の越え方

天野正子ほか編『新編 日本のフェミニズム10　女性史・ジェンダー史』岩波書店、二〇〇九年
「歴史としての戦後史学」『網野善彦著作集 第一八巻』岩波書店、二〇〇九年
西川長夫『国境の越え方――比較文化論序説』筑摩書房、一九九二年（『増補 国境の越え方――国民国家論序説』平凡社ライブラリー、二〇〇一年）
西川祐子・杉本星子編『戦後の生活記録にまなぶ――鶴見和子文庫との対話・未来への通信』日本図書センター、二〇〇九年
安丸良夫『戦後歴史学という経験』岩波書店、二〇一六年

◆第三章　引揚者たちのわりきれない歴史――植民地主義の複雑さに向きあう

浅野豊美監修・解説『故郷へ――帝国の解体・米軍が見た日本人と朝鮮人の引揚げ』明田川融訳、現代史料出版、二〇〇五年

今泉裕美子ほか編『日本帝国崩壊期「引揚げ」の比較研究』日本経済評論社、二〇一六年
加藤聖文『「大日本帝国」崩壊――東アジアの1945年』中公新書、二〇〇九年
森崎和江『はははのくにとの幻想婚』現代思潮社、一九七〇年
若槻泰雄『戦後引揚げの記録』時事通信社、一九九一年

◆**第四章　「占領」とは何か**

荒敬『日本占領史研究序説』柏書房、一九九四年
思想の科学研究会編『共同研究 日本占領』徳間書店、一九七二年
西川祐子『古都の占領――生活史からみる京都 1945-1952』平凡社、二〇一七年
道場親信『占領と平和――〈戦後〉という経験』青土社、二〇〇五年
宮崎繁樹（インタビュアー：西川祐子・加藤千香子）「敗戦、占領、戦後民主主義（同時代史を生きる 国際人権法学者・宮崎繁樹との対話）」『同時代史研究』九号、二〇一六年

◆**第五章　占領と民主主義――民主主義の矛盾と「私論」の可能性**

長志珠絵『占領期・占領空間と戦争の記憶』有志舎、二〇一三年
菅孝行『戦後民主主義の決算書』農山漁村文化協会、一九八五年
桜井哲夫『可能性としての「戦後」』講談社、一九九四年
シャンタル・ムフ『民主主義の逆説』葛西弘隆訳、以文社、二〇〇六年
同時代史学会編『占領とデモクラシーの同時代史』日本経済評論社、二〇〇四年

◆**第六章　戦後文学の「夜の声」――朝鮮戦争と戦後日本の誕生**

大沼久夫編『朝鮮戦争と日本』新幹社、二〇〇六年

金石範『新編「在日」の思想』講談社文芸文庫、二〇〇一年
金石範ほか『コレクション 戦争と文学1 朝鮮戦争』集英社、二〇一二年
金東椿『朝鮮戦争の社会史――避難・占領・虐殺』金美恵ほか訳、平凡社、二〇〇八年
ブルース・カミングス『朝鮮戦争論――忘れられたジェノサイド』栗原泉ほか訳、明石書店、二〇一四年

◆第七章 "戦後"のアンビバレンス――五五年体制と日本国憲法の問題

岩崎稔ほか編『戦後日本スタディーズ1 40・50年代』紀伊國屋書店、二〇〇九年
古関彰一、豊下楢彦『沖縄 憲法なき戦後――講和条約三条と日本の安全保障』みすず書房、二〇一八年
酒井直樹『希望と憲法――日本国憲法の発話主体と応答』以文社、二〇〇八年
鄭栄桓『朝鮮独立への隘路――在日朝鮮人の解放五年史』法政大学出版局、二〇一三年
道場親信『抵抗の同時代史――軍事化とネオリベラリズムに抗して』人文書院、二〇〇八年

◆第八章 ベトナム戦争体験とは何であったか――「対岸の火事」から見える日本

岩間優希『PANA通信社と戦後日本――汎アジア・メディアを創ったジャーナリストたち』人文書院、二〇一七年
岡村昭彦『これがベトナム戦争だ――岡村昭彦写真集』毎日新聞社、一九六五年
関谷滋、坂元良江編『となりに脱走兵がいた時代――ジャテック、ある市民運動の記録』思想の科学社、一九九八年
高橋武智『私たちは、脱走アメリカ兵を越境させた……――べ平連/ジャテック、最後の密出国作戦の回想』作品社、二〇〇七年
トーマス・R・H・ヘイブンズ『海の向こうの火事――ベトナム戦争と日本1965－1975』吉川勇一訳、筑摩書房、一九九〇年

◆第九章　映画『家族』から見た高度経済成長

戦後日本の食料・農業・農村編集委員会編『農村社会史』農林統計協会、二〇〇五年
玉井裕志『玉井裕志作品集』別海印刷、二〇一八年
ナオミ・クライン『ショック・ドクトリン』（上・下）幾島幸子ほか訳、岩波書店、二〇一一年
西川祐子『住まいと家族をめぐる物語――男の家、女の家、性別のない部屋』集英社新書、二〇〇四年
吉見俊哉『夢の原子力――Atoms for Dream』ちくま新書、二〇一二年

◆第一〇章　一九七二年、沖縄返還――終わらなかった「戦後」

新崎盛暉『未完の沖縄闘争』凱風社、二〇〇五年
大野光明『沖縄闘争の時代１９６０／７０』人文書院、二〇一四年
シリーズ「沖縄・問いを立てる」（全六巻）社会評論社、二〇〇八年
高里鈴代『沖縄の女たち――女性の人権と基地・軍隊』明石書店、一九九六年
中野敏男ほか編著『沖縄の占領と日本の復興――植民地主義はいかに継続したか』青弓社、二〇〇六年

◆第一一章　日立就職差別闘争後の歩み

開沼博『「フクシマ」論――原子力ムラはなぜ生まれたのか』青土社、二〇一一年
朴鐘碩・上野千鶴子ほか著、崔勝久・加藤千香子編『日本における多文化共生とは何か――在日の経験から』新曜社、二〇〇八年
朴慶植『朝鮮人強制連行の記録』未来社、一九六五年
朴君を囲む会編『民族差別――日立就職差別糾弾』亜紀書房、一九七四年
山村政明『いのち燃えつきるとも』大和書房、一九七一年

◆第一二章　「煩悶」の日本語教育——戦後台湾における日本語教育を視座として

井伏鱒二『花の町／軍歌「戦友」』講談社文芸文庫、一九九六年

イ・ヨンスク『「国語」という思想——近代日本の言語認識』岩波現代文庫、二〇一二年

温又柔『「国語」から旅立って』新曜社、二〇一九年

牲川波都季『戦後日本語教育学とナショナリズム——「思考様式言説」に見る包摂と差異化の論理』くろしお出版、二〇一二年

安田敏朗『「国語」の近代史——帝国日本と国語学者たち』中公新書、二〇〇六年

◆第一三章　原発体制と多文化共生について

高木仁三郎『原子力神話からの解放——日本を滅ぼす九つの呪縛』講談社＋α文庫、二〇一一年

田川建三『イエスという男』作品社、二〇〇四年

鄭香均編著『正義なき国、「当然の法理」を問いつづけて——都庁国籍任用差別裁判の記録』明石書店、二〇〇六年

広瀬隆『原発処分 先進国ドイツの現実——地底一〇〇〇メートルの核ゴミ地獄』五月書房、二〇一四年

水野和夫『資本主義の終焉と歴史の危機』集英社新書、二〇一四年

◆第一四章　戦後史の外縁——誰が次の時代をつくるのか

青山薫『「セックスワーカー」とは誰か——移住・性労働・人身取引の構造と経験』大月書店、二〇〇七年

蘭信三編著『帝国以後の人の移動——ポストコロニアリズムとグローバリズムの交錯点』勉誠出版、二〇一三年

伊豫谷登士翁編『移動という経験——日本における「移民」研究の課題』有信堂高文社、二〇一三年

杉原達『越境する民——近代大阪の朝鮮人史研究』新幹社、一九九八年

リサ・ゴウ＋鄭暎恵『私という旅——ジェンダーとレイシズムを越えて』青土社、一九九九年

	12.5 国籍法改正(父母が結婚していない場合でも日本国籍取得可能)	
2009	6.17 改正農地法(農地の賃借権の原則自由化)成立。6.24公布、12.15施行 7.15 出入国管理法改正、外国人登録法廃止(2012.7.9)、在留資格「技能実習」創設(2010.7.1施行) 8.4 横浜市教育委員会、「つくる会」歴史教科書採択を決定 8.30 第45回総選挙で民主党大勝、政権交代 11.20 厚生労働省、日本の貧困率15.7%と発表	麻生太郎
2010	3.31 平成の大合併終結　市町村数半減 4.25 沖縄県、普天間基地問題で県内移設反対集会(9万人)。5.28 日米両政府、普天間基地移転先を名護市辺野古とする共同声明 5.1-10.31 上海国際博覧会開催	鳩山由紀夫
2011	1.14 チュニジア・ベンアリ大統領が退陣要求デモで亡命。2.11 エジプト・ムバラク大統領辞任(「アラブの春」) 1.20 中国、2010年の国内総生産(GDP)が世界第2位と発表(日本は第3位に) 3.11 東日本大震災。福島第一原発の炉心冷却システム停止、「原子力緊急事態宣言」発令。3.12 福島第一原発で爆発。1～3号機の炉心融解(メルトダウン) 6～ 脱原発デモ広がる。9.19 東京で脱原発集会6万人が参加する。2012.3.29～ 首相官邸前金曜デモ 9.17～ ニューヨークで「ウォール街を占拠せよ」運動始まる 11.11 野田首相、日米首脳会談でTPP(環太平洋連携協定)参加意向を表明 12.30 北朝鮮、金正日総書記死亡と金正恩の後継を発表	菅直人
2012	4.27 自由民主党、「日本国憲法改正草案」発表 9.27-30 沖縄、市民がオスプレイ配備阻止のため普天間飛行場ゲート封鎖(10.1 米軍、配備強行) 9.28 「日本維新の会」結党(2010.4 結成の「大阪維新の会」が母体) 12.16 第46回衆議院総選挙で自民党圧勝。12.26 第二次安倍晋三内閣発足 12.17 韓国・大統領選挙、朴槿恵勝利。2013.2.25 大統領に就任	野田佳彦
2013	1.17-2.8 「戦後史再考研究会」1～7回 3.9 台湾、第四原発反対デモ 9.2 崔勝久・朴鐘碩ら「原発メーカー訴訟の会」結成。2014.1.30 原子炉メーカー3社(日立・東芝・GE)を相手取り、裁判開始 10.7 朝鮮学校周辺で在特会が行った街宣活動を京都地裁は「人種差別」とする判決を出す 10.28 西川長夫、死去 11.27 安全保障会議設置法等改正法成立　12.4 安全保障会議が国家安全保障会議に再編。2014.1.7 国家安全保障局発足(日本版NSC) 12.6 特定秘密保護法成立。12.13 公布	第二次安倍晋三
2014	4.1 武器輸出三原則(1967.4.21 佐藤首相国会答弁)に代わる新たな原則として「防衛装備移転三原則」を閣議決定 5.21 福井地裁、大飯原発の再稼働差止め判決 5.27 京都府京丹後市で米軍基地建設工事着工 7.1 集団的自衛権行使容認のための憲法解釈変更、閣議決定	

	12.22 教育改革国民会議、教育基本法見直しを提言	第二次森喜朗
2001	4.3 中学校歴史教科書『新しい歴史教科書』検定合格 9.11 アメリカ同時多発テロ事件。9.15 ブッシュ大統領、主犯をオサマ＝ビンラディンと断定。10.7 アメリカ、アフガニスタンを空爆 9.19 日本政府、米軍の反テロ行動支援を決定。10.29 テロ対策特別措置法などテロ３法案成立 10.2 NATO（北大西洋条約機構）、集団的自衛権発動。10.7 アフガニスタン空爆開始	
2002	1.25「構造改革と経済財政の中期展望」、閣議決定 1.29 アメリカ・ブッシュ大統領、一般教書演説で北朝鮮・イラン・イラクを「悪の枢軸」と名指す 5-6 FIFAワールドカップ日韓大会開催 9.17 小泉純一郎首相、北朝鮮訪問。金正日総書記、日本人拉致を認める。日朝平壌宣言調印 9.20 アメリカ「米国安全保障戦略」発表（国際テロには先制攻撃）	第一次小泉純一郎
2003	3.20 イラク戦争開始（アメリカ、イギリス、オーストラリアなどによるイラク進攻）。4.9 米英軍によるバグダッド制圧、フセイン政権崩壊。占領統治開始（～2011） 6.6 武力攻撃事態対処関連３法（有事関連３法）成立	
2004	1.9 陸上自衛隊にイラク派遣命令。1.19 先遣隊サマワ派遣。2.9 国会承認 4.19～ 沖縄、名護市辺野古で米軍新基地建設のためのボーリング調査、阻止座り込み（現在まで） 6.14 有事法制関連７法成立 8.13 沖縄、米海兵隊の大型輸送ヘリコプターが宜野湾市の沖縄国際大学に墜落	第二次小泉純一郎
2005	2.16 京都議定書発効（地球温暖化防止） 7.13「つくる会」教科書、大田原市で採択、8.12 杉並区で採択 7.29 自衛隊法改正。10.31 テロ対策特別措置法改正 10.29 自民党、新憲法草案を発表（自衛軍保持を明記）	
2006	6.29 日米共同声明（「新世紀の日米同盟」） 7.5 北朝鮮発射のミサイルが日本海に着弾、日本経済制裁発動。7.15 国連安保理、北朝鮮非難決議。10.9 北朝鮮、初の地下核実験。10.14 国連安保理、北朝鮮制裁決議を採択 12.15 教育基本法改正、12.22公布・施行	第三次小泉純一郎
2007	1.20「在日特権を許さない市民の会」（「在特会」）発会。特に2011年以降、在日外国人に対するヘイトスピーチを激化 1.26 安倍晋三、施政方針演説で「戦後レジーム」の見直しに言及 5.18「日本国憲法の改正手続きに関する法律」（国民投票法）公布 10.1 外国人雇用状況の届出義務化 11.20 出入国管理法改正（16歳未満・特別永住者除く外国人から入国時に指紋・顔写真などの個人識別情報採取）	第一次安倍晋三 福田康夫
2008	7.1 経済連携協定（EPA）、外国人看護師・介護福祉士候補者の受入開始 8.8-8.24 北京オリンピック開催 9.15 アメリカでリーマン・ショック、世界同時不況。2009.4.1～ 日系人離職者に対する帰国支援事業実施	

	1997.11.26 東京高裁で勝訴、2005.1.26 最高裁で「当然の法理」を理由に敗訴 6.30 自民・社会・さきがけ3党連立で村山富市内閣成立 12.10 新進党結党 12.14 主要食糧の需給及び価格の安定に関する法律（食糧法）公布（1995.11.1施行）、食糧管理法廃止	羽田孜
1995	1.17 阪神・淡路大震災 3.20 地下鉄サリン事件。12.14 オウム真理教に破壊活動防止法適用 6.9「戦後50年決議」（歴史を教訓に平和への決意を新たにする決議）、衆院本会議で議決 8.8 村山首相、戦後50年にあたっての談話「植民地支配と侵略」につきアジア諸国にお詫び表明 9.4 沖縄でアメリカ兵による女子小学生レイプ事件。10.21 県民総決起大会。11.「基地・軍隊を許さない行動する女たちの会」結成	村山富市
1996	1.19 日本社会党、社会民主党に改称。左派が離党して新社会党に 3.23 台湾、初の直接総統選挙、李登輝選出 4.17 日米安全保障共同宣言（安保再定義、アジアにおける米軍のプレゼンス維持） 5.13 川崎市、外国籍者の職員採用への門戸開放（182の職務を除く）。 12. 川崎市外国人市民代表者会議設置 9.17 民主党結党（社会民主党の多数が合流）。1998.4.28 新民主党に	第一次橋本龍太郎
1997	1.30「新しい歴史教科書をつくる会」創立大会 3.11 東海村の動燃再処理工場で火災・爆発事故 5.14 アイヌ文化振興法公布（7.1施行）。北海道旧土人保護法廃止 9. 台湾、『認識台湾』が台湾全国の中学校で使用開始（〜2003） 9.23 有事を想定した日米防衛協力のための指針（新ガイドライン）決定 12.18 韓国、大統領選挙で金大中当選（韓国史上初の与野党政権交代）	第二次橋本龍太郎
1998	4.28 閣議、新ガイドラインに伴う周辺事態法など関連3法案を決定 5.2 欧州連合（EU）首脳会議、単一通貨統合を決定。1999.1.1 欧州単一通貨〈ユーロ〉誕生 10.7-8 金大中大統領来日、未来志向の日韓共同宣言。11.25-26 江沢民中国主席来日、日中首脳会談	
1999	5.22 歴史学研究会大会全体会「再考：方法としての戦後歴史学」（西川長夫報告「戦後歴史学と国民国家論」など） 5.24 新ガイドライン関連法（周辺事態法、自衛隊法改正など）成立 6.23 男女共同参画社会基本法公布 7.16 農業基本法廃止、食料・農業・農村基本法公布・施行 7.29 衆参両院に憲法調査会を置く改正国会法成立（2000.1.20設置） 8.9 国旗・国歌法成立（8.13公布） 8.12 通信傍受法、組織犯罪処罰法、改正刑事訴訟法の組織的犯罪対策3法、改正住民基本台帳法成立 8.13 改正外国人登録法成立 9.30 茨城県東海村の民間核燃料加工会社JCO施設で臨界事故 12.1 改正労働者派遣法施行（派遣対象事業を原則自由化）	小渕恵三
2000	4.1 改正外国人登録法施行、在日外国人に対する指紋押捺制度全廃 5.20 台湾（中華民国）総統に陳水扁が選出。国民党がはじめて野党に 6.13 金大中韓国大統領、北朝鮮訪問。6.14 南北共同宣言の両首脳署名	第一次森喜朗

	4.26 チェルノブイリ原子力発電所炉心融解事故。5.4 日本でも放射能検出 9.22 中曽根康弘首相、講演で「アメリカの平均的知的水準は黒人やメキシコ人を含めると低い」と発言、10.17「日本は単一民族国家」発言	第三次中曽根康弘
1987	6.29 韓国、盧泰愚民正党代表、大統領直接選挙制回復など民主化要求受入を声明。10.27 国民投票により直接選挙制確定 7.15 台湾、戒厳令解除 9.26 民法等改正(特別養子制度新設)、外国人登録法改正	
1988	1.1 台湾、「報禁」政策解除(言論の自由保障) 9.17-10.2 ソウルオリンピック開催	竹下登
1989	1.7 裕仁天皇没、皇太子明仁皇位継承。1.8「平成」に改元 6.3-4 中国、天安門事件(戒厳部隊が北京市外に出動、天安門広場を占拠中の市民・学生を制圧) 8. 台湾、国立政治大学に日本語専門コース設置。以後日本語学科の設立相次ぐ 10.28 チェコスロバキア、プラハで民主化要求デモ。12.22 ルーマニア、チャウシェスク独裁政権崩壊。(東欧革命) 11.9 東西ドイツ間の「ベルリンの壁」崩壊。1990.10.3 東西ドイツ、国家統一 12.3 米ソ首脳会談で東西冷戦の終結を確認 12.15 出入国管理及び難民認定法(入管法)改正	宇野宗佑 第一次海部俊樹
1990	6.1 入管法改正(在留資格「定住者」〈主に日系人〉創設)。8.17 外国人研修制度改正(受入要件緩和)。同年、外国人登録者数100万人超える 8.2 イラク軍、クウェート侵攻 10.1 東証株価2万円を割る(バブル経済崩壊) 12.25 中国、鄧小平の改革・開放路線を確認	第二次海部俊樹
1991	1.17 湾岸戦争開始(米軍主体の多国籍軍、クウェート空襲)、2.24 地上部隊クウェート侵攻、2.27 クウェート全土制圧 4.1 牛肉・オレンジ輸入自由化開始 4.24 自衛隊のペルシャ湾への掃海艇派遣、閣議決定 9.19 法務、外務、厚生労働、経済産業、国土交通5省共管により財団法人・国際研修協力機構(JITCO)設立 12.6 元「慰安婦」金学順らが国家補償請求提訴。1992.7.6 政府、「従軍慰安婦」資料調査結果公表、旧日本軍の関与を認める。1993.8.4 河野洋平官房長官、元「慰安婦」へのお詫びと反省(河野談話) 12.26 ソ連最高会議、ソ連邦消滅を宣言	宮沢喜一
1992	2.7 EC11か国、マーストリヒト条約(欧州連合)に調印。1993.1.1 欧州共同体(EC)の統合市場発足。1993.11.1 マーストリヒト条約発効(EU発足) 6.1 外国人登録法改正(特別永住者指紋押捺制度廃止など)、1993.1.8施行 6.19 国連平和維持活動(PKO)協力法(自衛の為の最小限度の武器携帯許可、集団的自衛権は適用されず)公布、8.10施行。1993.3.26 モザンビークでのPKOに自衛隊派遣決定、5.11派遣	
1993	1.8 改正外国人登録法施行、特別永住者指紋押捺制度廃止 4.5 外国人技能実習制度導入。1997.4.24 外国人技能実習制度期間延長 6.18 自民党から分離して新党さきがけ結党。6.22 新生党結党 7.18 総選挙で自社主導の「55年体制」崩壊(自民過半数割れ)。8.9 細川護熙・非自民8党連立内閣成立	細川護熙
1994	9.16 鄭香均、東京都を相手取り提訴(地方公務員一般管理職受験拒否)。	

	進対策特別会計法)公布 9.1 原子力船むつ、放射能漏れ発見	
1975	4.24 茨城県東海村の動力炉核燃料開発事業団で10人被曝 4.30 北ベトナム・解放戦線軍、サイゴン入城、南ベトナム政府降伏(ベトナム戦争終結) 7.20 沖縄で国際海洋博覧会開催（～1976.1.18） 7.18 沖縄訪問の皇太子夫妻に火炎瓶	三木武夫
1976	7.2 ベトナム社会主義共和国樹立(南北ベトナム統一) 9.9 毛沢東中国共産党主席死去 11.4 閣議、第3次全国総合開発計画を決定(定住圏構想)	
1977	8.18 中国共産党「4つの近代化」明記の新党規約	福田赳夫
1978	8.12 日中平和友好条約締結。日本は中華人民共和国を中国唯一の合法政府と承認 11.27 日米安保協議委員会「日米防衛協力のための指針」(ガイドライン)決定。12.5 日米農産物交渉妥結(牛肉・オレンジ輸入枠拡大) 12.18-22 中国、共産党第11期中央委員会第3回全体会議で「改革開放」路線を確定、市場経済体制に移行開始 12.25 ベトナム軍、カンボジア侵攻（反政府勢力と共にポル・ポト軍と激戦)。1979.1.11 カンボジア人民共和国樹立	第一次大平正芳
1979	1.16 イラン・パーレビ国王亡命、2.11 イラン革命 3.28 アメリカ・スリーマイル島原子力発電所で放射能漏れ事故発生 3.30 最高裁、在外被爆者への被爆者健康手帳の交付を認める(孫振斗裁判) 7.20-21 国連難民会議、インドシナ難民救済を検討 11.16 台湾、「加強外国語文訓練及培養実務人材実施計画要点」に基づき公務員に対する日本語教育開始	第二次大平正芳
1980	2.26 海上自衛隊、環太平洋合同演習(リムパック)に初参加 5.18-21 韓国、光州市で反政府デモが全市占拠。5.27 戒厳軍が制圧、死傷者多数(光州事件) 9.9 イラン・イラク戦争、9.22 全面戦争に 9.10 韓宗碩が指紋押捺拒否。在日朝鮮人の指紋押捺拒否運動起こる	鈴木善幸
1981	10.3 日本政府、難民の地位に関する条約(難民条約)批准(1982.1.1発効) 4.18 敦賀原子力発電所で放射能漏れ事故	
1982	1.1 出入国管理令が「出入国管理及び難民認定法」に。国民年金法、児童手当法、児童養護手当法、特別児童養護手当法の国籍要件撤廃。外国人研修生を「留学生」として認める 7.26 中国政府、歴史教科書の記述に抗議(韓国・北朝鮮、台湾、マレーシアなども抗議)。11.24 文部省、検定基準に「近隣諸国との国際理解と国際協調の見地から必要な配慮」の項を挿入	第一次中曽根康弘
1983	1.11 中曽根首相、韓国訪問。1.12 日韓共同声明(「日韓新時代」)。1.17 中曽根首相訪米、1.18 日米「運命共同体」発言。1.24 中曽根首相、施政方針演説で「戦後史の大きな転換点」と強調	
1984	1.1 国籍法・戸籍法改正。1985.1.1 同改正施行(父母両系血統主義に)	第二次中曽根康弘
1985	6.1 男女雇用機会均等法公布(1986.4.1施行) 9.22 米・日・西独・英・仏(G5)、ドル高是正のため為替市場への協調介入強化の合意(プラザ合意)	
1986	4.1 国民健康保険法改正(国籍条項撤廃)	

	6.26 東京教育大で筑波移転に反対の文学部学生、スト突入(大学闘争) 1.30 ベトナム民族解放戦線、テト攻勢開始。3.16 南ベトナム・ソンミ村で米軍による大虐殺事件(ソンミ事件) 2.20-24 金嬉老事件 5.13 フランス・パリの学生・労働者、ゼネスト決行、5月革命開始 7.1 核兵器の不拡散に関する条約(NPT条約)調印(非核保有国には平和のための原子力利用認める) 8.20 ソ連、チェコに侵入 11.19 沖縄、米軍嘉手納基地でB52墜落爆発事故。1969.2.4 B52撤去を求めるゼネスト中止、いのちを守る県民総決起大会開催	
1969	1.18 東大、機動隊導入により安田講堂の封鎖解除。2.18 日大、機動隊により全学封鎖解除。8.7 大学の運営に関する臨時措置法公布 5.30 政府、新全国総合開発計画決定 6.10 南ベトナム解放民族戦線、南ベトナム臨時革命政府樹立を発表 11.17 佐藤首相訪米、11.21 日米共同声明(1972年沖縄の施政権返還合意)	
1970	2.20 総合農政基本方針、閣議決定(米の生産調整。新規の開田禁止、政府米買入限度設定、自主流通米制度導入) 3.14-9.13 大阪万博(EXPO'70)開催 5.15 農地法改正公布(農地移動制限の緩和) 6.23 日米安保条約自動延長、全国で反安保デモ 7.7 出入国管理法制定阻止運動で華僑青年闘争委員会が新左翼各派を告発(「華青闘告発」) 7.17 家永第二次教科書訴訟、検定不合格処分取消判決(原告・家永勝訴、杉本判決) 10.6 山村政明(梁政明)、日本社会の民族差別に抗議して焼身自殺 11.14 亜紀書房主催、ウーマン・リブ大会開催、ウーマン・リブ始まる。1971.8.21-24 ウーマン・リブ大合宿 12.8 朴鐘碩、日立を相手取り横浜地裁に提訴。1971.4.18 裁判支援者で「朴君を囲む会」結成(「日立闘争」開始)。1974.5.17 日立闘争、「朴君を囲む会」と日立の間で確認書(民族差別への措置)。6.19 横浜地裁判決(原告・朴側全面勝訴) 12.20 沖縄、コザ事件(反米暴動)	第三次佐藤栄作
1971	1〜5 台湾で尖閣諸島の日本返還に反対する「保釣運動」 6.17 沖縄返還協定調印。10.21 沖縄返還協定批准反対全国統一行動(150万人)。11.17 衆議院特別委員会で沖縄返還協定強行採決。11.24 衆議院本会議、返還協定承認案を可決 10.25 国連で中華人民共和国の常任理事国入り決定、台湾は国連脱退	
1972	2.21-27 アメリカ・ニクソン大統領、訪中、米中共同声明 5.15 日本への沖縄施政権返還(「本土復帰」)。6.30〜 沖縄への自衛隊移駐本格化 6.11 田中角栄通産相、『日本列島改造論』発表 9.25 田中角栄首相、訪中。9.29 日中共同声明、中国と国交樹立。台湾と国交断絶	第一次田中角栄
1973	1.27 ベトナム和平協定調印。3.29 南ベトナムより米軍撤退完了 10.25 第1次石油危機。11.2 関東・関西でトイレットペーパー買いだめのパニック状況現出	第二次田中角栄
1974	6.6 電源3法(発電用施設周辺地域整備法、電源開発促進税法、電源開発促	

	12.20 南ベトナム解放民族戦線結成	
1961	5.16 韓国で軍事クーデター。7.3 朴正熙、韓国国家再建最高会議議長就任。(1963.12.17 朴正熙大統領就任) 6.12 農業基本法公布 6.17 原子力損害賠償法・同損害賠償補償契約法公布 12.25 日立製作所、川崎・王禅寺のシステム開発研究所で「原子の灯」	第二次池田勇人
1962	5.10 新産業都市建設促進法公布(2001.3.30廃止) 10.22 キューバ危機(アメリカ・ケネディ大統領、キューバ海上封鎖声明)。 10.28 ソ連・フルシチョフ、キューバからの武器撤去命令、危機収束	
1963	8. 台湾、中国文化学院(現中国文化大学)東方語文学部に戦後初日本語専門コース設置 8.15 らい予防法公布 (2009.4.1 ハンセン病問題の解決の促進に関する法律施行に伴い廃止)	
1964	4.1 日本、国際通貨基金(IMF)8条国移行。4.28 日本、経済協力開発機構(OECD)加盟 8.2 アメリカ国防総省、駆逐艦を攻撃されたと発表(トンキン湾事件)、 8.4 米軍、北ベトナム海軍基地爆撃 10.10-24 東京オリンピック開催 11.12 アメリカ原子力潜水艦、佐世保に初寄港 11.17 公明党結党	第三次池田勇人
1965	1.10-17 佐藤栄作首相訪米、1.13 佐藤・ジョンソン大統領共同声明 1.30 台湾、国民党政府「輸出加工区設置管理条例」制定。以降、日本企業の直接投資進む 2.7 米軍、北ベトナム爆撃(北爆)開始 4.24 「ベトナムに平和を!市民連合」(べ平連)結成 6.12 家永三郎、国に対して賠償を求め教科書検定違憲訴訟(家永教科書裁判始まる)。67.6.23 第二次訴訟提訴 6.22 日韓基本条約、在日韓国人の法的地位協定など調印。12.18 ソウルで批准書交換、発効 8.19-21 佐藤首相、沖縄訪問(戦後の首相として初)	第一次佐藤栄作
1966	3.31 日本の総人口、1億人を突破(法務省住民登録集計) 5.16 中国、文化大革命始まる。8.18 天安門広場で「文化大革命勝利祝賀」紅衛兵100万人集会 12.16 国際人権規約、第21回国連総会で採択(世界人権宣言を条約化)、発効は1976年。日本は1979年に批准	
1967	2.11 初の「建国記念の日」 4.15 東京都知事選で社共統一候補・美濃部亮吉当選(「革新自治体」の成立) 7.1 欧州共同体(EC)発足 8.3 公害対策基本法公布 11.2 那覇市で復帰協主催の即時無条件返還要求県民総決起大会開催 11.12 佐藤首相、訪米に出発(全学連と警官隊衝突、第2次羽田事件)。 11.15 ワシントンで日米共同声明 12.11 佐藤首相、衆院予算委で「核兵器をもたず、つくらず、もちこませず」の非核三原則を言明	第二次佐藤栄作
1968	1.19 米原子力空母エンタープライズ、佐世保入港。反対運動広がる 1.29 東大医学部学生自治会スト突入。5.27 日大で全学共闘会議結成。	

	成(自由党と日本民主党による保守合同) 11.14 日米原子力研究協定調印。1956.11.23 日米ウラン貸与協定調印 12.19 原子力基本法・原子力委員会設置法公布。1956.5.4 日本原子力研究所法など原子力3法公布	
1956	2.24 ソ連共産党、スターリン批判開始 5.24 売春防止法公布(1957.4.1施行) 6.9 沖縄・米民政府、軍用地に関するプライス勧告。6.20 沖縄、「島ぐるみ闘争」始まる 6.30 新教育委員会法公布(公選制を任命制に) 7.29 ドミニカ共和国への日本人の農業移住開始(〜1959) 7.17 経済企画庁、『経済白書』で「もはや「戦後」ではない」 10.6 「アジア及び太平洋の共同的経済社会開発のためのコロンボ・プラン」加盟、閣議決定 12.18 国連総会、日本の国連加盟承認	第三次鳩山一郎 石橋湛山
1957	3.25 欧州経済共同市場(EEC)条約調印 6.27 米軍立川基地拡張のため、砂川町で強制測量。7.8 反対派と警官隊衝突。9.22 警視庁、反対派23人検挙(砂川事件) 10.4 ソ連、人工衛星スプートニク1号打上げ成功。1958.1.31 アメリカ、人工衛星エクスプローラ1号打上げ成功 12.24 沖縄からの集団就職開始(122名が神戸港到着)	第一次岸信介
1958	1.10 琉球政府、立法院制定の教育基本法等4法を公布(4.1施行) 8.21 小松川事件、9.1 李珍宇逮捕 10.28 日教組勤評闘争。11.5 警職法改悪反対闘争 11.27 宮内庁長官、皇太子明仁と正田美智子との婚約発表。ミッチーブーム起こる。1959.4.10 皇太子結婚パレード 12.27 国民健康保険法公布(1959.1.1施行)	
1959	3.30 東京地裁、砂川事件裁判で安保条約による米軍駐留は違憲、事件は無罪と判決(伊達判決)。12.16 最高裁、「統治行為論」を採用し安保条約の法的判断放棄 4.16 国民年金法公布(11.1施行) 8.13 日朝赤十字社、在日朝鮮人の北朝鮮帰還に関する協定に調印。12.14 北朝鮮への帰還第一船出港 8.29 三井鉱山、労組に大幅な整理案、10.13 スト闘争突入、12.11 大量解雇通知(三池争議始まる)。1960.1.5 全山スト 11.2 水俣病問題で漁民1500人、警官隊と衝突	第二次岸信介
1960	1.16 茨城県東海村原子力発電所、着工。1966.7.25 茨城県東海村原子力発電所、日本初の営業用発電開始 1.19 日米新安全保障条約・日米地位協定調印 4.18 韓国・ソウルで李承晩大統領退陣要求デモ、4.27 李大統領辞任(4月学生革命) 4.28 沖縄県祖国復帰協議会結成 5.19 新安保条約、衆院特別委員会で強行採決、5.20 衆院本会議で強行採決。6.15 安保改定阻止第2次実力行使(580万人参加、全学連国会突入・警官隊と衝突)。6.18 安保阻止統一行動(33万人国会デモ)。6.19 新安保条約自然承認。6.23 新安保条約批准書交換・条約発効 11.1 経済審議会、国民所得倍増計画答申。12.27 国民所得倍増計画、閣議決定	第一次池田勇人

	規将校の追放解除 9.4 サンフランシスコ講和会議開催。9.8 対日平和条約調印、日米安全保障条約調印 10.4 出入国管理令・入国管理庁設置令公布 10.16-17 日本共産党第５回全国協議会(武装闘争方針)	
1952	2.17 公安調査庁設置法公布(7.21施行) 2.28 日米行政協定(米軍への基地提供は国会承認手続き踏まず)。2.29 琉球政府設立の布告(アメリカ民政府) 4.1 琉球中央政府発足 4.28 対日講和条約・日米安全保障条約発効。日本の領土画定、沖縄の施政権分離。外国人登録法施行(朝鮮人・台湾人は日本国籍喪失)。日華講和条約調印(8.5 発効) 5.31 民科、「国民的科学の創造と普及」方針採択(国民的歴史学運動開始) 5.1 血のメーデー事件。6.24 吹田事件・枚方事件(朝鮮動乱２周年記念集会のデモ隊と警官隊の衝突)。7.7 大須事件 7.15 農地法公布。7.31 電源開発促進法公布 7.21 破壊活動防止法公布 8.1 保安庁発足、警察予備隊が保安隊に改組。10.15 保安隊発足 8.13 日本、国際通貨基金(IMF)・世界銀行に加盟	第四次吉田茂
1953	2.1 ＮＨＫテレビ本放送開始、8.28 日本テレビ放送開始 3.25 内閣法制局、「当然の法理」として公務員となるには日本国籍を必要とするとの見解 4.3 沖縄米民政府、土地収用令公布 7.27 朝鮮休戦協定調印 8.5 学校教育法等改正公布(教科書検定権が文部大臣に) 12.24 奄美群島返還の日米協定調印	第五次吉田茂
1954	1.7 アメリカ・アイゼンハワー大統領、一般教書演説で沖縄米軍基地の無期限保持を表明 3.1 第五福竜丸、ビキニ環礁でのアメリカ水爆実験で被曝 3.2 国会、中曽根康弘の提案で原子炉築造関連費用として２億5000万円の予算案計上。5.11 原子力利用準備調査会設立 3.8 日米相互防衛援助協定（MSA）調印、5.1 発効。6.9 MSA 協定に伴う秘密保護法公布 5.7 ベトナム、ディエンビエンフーでフランス軍降伏。7.21 ジュネーヴでインドシナ休戦協定調印(ベトナム南北分断決定) 6.3 教育の政治的中立の確保に関する臨時措置法・教育公務員特例法の一部改正法(教育２法)公布 6.9 防衛庁設置法・自衛隊法公布、防衛秘密保護法公布(7.1施行)。7.1 自衛隊発足 12.8 アメリカ・アイゼンハワー大統領、国連総会演説で「平和のための原子力(Atoms For Peace)」提唱	第一次鳩山一郎
1955	4.18-24 アジア・アフリカ会議開催(バンドン10原則採択) 7.8 日本住宅公団法公布(1981.10.1 住宅・都市整備公団法に) 7.27-29 日本共産党第６回全国協議会（武装闘争方針転換、極左冒険主義の清算、分裂回避) 9.10 日本、GATT加盟議定書発効 10.13 日本社会党、左右両派（1951.10.24分裂）統一。11.15 自由民主党結	第二次鳩山一郎

	9.5 文部省、国民学校国史教科書『くにのあゆみ』刊行 10.25 台湾、国語推進委員会、台湾での新聞、雑誌の日本語禁止 11.3 日本国憲法発布 12.17 生活権確保・吉田内閣打倒国民大会。1947.1.28 吉田内閣打倒・危機突破国民大会、皇居前広場に30万人	第一次吉田茂
1947	1.31 マッカーサー、2・1ゼネスト中止を命令 2.28 台湾、2・28事件(中国国民党支配への台湾人の武力蜂起とその鎮圧) 3.31 教育基本法・学校教育法公布。学習指導要領(試案)実施。4.7 労働基準法公布。4.17 地方自治法公布 5.2 外国人登録令(勅令)公布(台湾人・朝鮮人は「当分の間、これを外国人とみなす」) 5.3 日本国憲法施行 8.14 パキスタン独立。8.15 インド独立 9.1 社会科の授業開始 12.22 民法改正、戸籍法改正(家制度廃止、1948.1.1施行)	第一次吉田茂 片山哲
1948	4.3 米軍占領下南朝鮮で済州島四・三事件(単独選挙に反対する島民の武装蜂起) 7.13 優生保護法公布(1996.9.26 母体保護法に改正) 7.20 食糧確保臨時措置法公布。ガリオア資金(占領地域救済政府資金)により食料輸入開始 7.31 政令201号公布(国家・地方公務員のストライキを禁止) 8.15 大韓民国成立(大統領・李承晩)。9.9 朝鮮民主主義人民共和国成立(首相・金日成) 8.29 ソ連、初の原爆実験 10.30 文部省、『民主主義』刊行(上巻 1949.8.26下巻刊行) 12.10 世界人権宣言、国連第3回総会で採択	芦田均 第二次吉田茂
1949	3.1 ドッジ公使、経済安定9原則に関し声明。4.15 GHQ、ドッジ=ライン実施を要求。4.23 1ドル360円の単一為替レート設定 4.4 団体等規正令制定(9.8 在日朝鮮人連盟、同令により解散) 5.7 吉田首相、講和後も米軍の駐留を希望と言明。8.? 吉田茂首相、マッカーサー宛書簡で在日朝鮮人の全員強制送還を主張 7.4 国鉄大量人員整理発表、反対運動。その後7.5 下山事件、7.15 三鷹事件、8.17 松川事件など原因不明事件続出 9.7 ドイツ連邦共和国(西ドイツ)、10.7 ドイツ民主共和国(東ドイツ)成立 10.1 毛沢東、中華人民共和国成立宣言	第三次吉田茂
1950	1.6 コミンフォルムによる日本共産党の平和革命路線批判 5.4 国籍法公布。生活保護法公布 6.1 法学者・宮崎繁樹「占領に関する一考察」脱稿 6.6 マッカーサー、徳田球一ほか日本共産党幹部の追放指令。7.18 機関誌『赤旗』無期限停止処分(『アカハタ』復刊は1952.5.1)。7.24 レッド・パージ始まる。9.1 公務員のレッド・パージ方針、閣議決定 6.25 朝鮮戦争始まる(北朝鮮・人民軍、南侵を開始)。9.15 アメリカ、国連軍を組織して仁川上陸 6.29 南ベトナムへの米軍事援助、第一弾 7.8 マッカーサー、吉田茂首相に国家警察予備隊創設指示。8.10 警察予備隊令公布	第三次吉田茂
1951	6.20 政府、第一次公職追放解除。8.6 第二次追放解除。8.16 旧陸海軍正	第三次吉田茂

1945	8.17 満洲開拓・来民開拓団集団自決 8.18 内務省、「外国軍駐屯地向に於る慰安施設設置について」地方長官宛に通牒。その後各地に特殊慰安施設協会（RAA）が設立 8.30 連合国軍最高司令官（SCAP）ダグラス・マッカーサー、厚木飛行場到着 8.30 日本政府、「外地（樺太ヲ含ム）及外国在留邦人引揚者応急援護措置要綱」発表 9.2 降伏文書調印。朝鮮半島、北緯38度線を境として南はアメリカ、北はソ連による占領下に 9.2 ベトナム民主共和国独立宣言。1946.12.19 フランス軍、ベトナム軍を攻撃（インドシナ戦争開始） 9.6 朝鮮人民共和国建国宣言。9.11 米軍政庁発足により建国否定 9.15 文部省、「新日本建設ノ教育方針」発表。9.20 教科書から削除する基準を通達（墨塗り教科書の開始） 9.20「ポツダム宣言受諾に伴い発する命令に関する件」（ポツダム勅令）公布（廃止は1952.4.28） 9.22 アメリカ、「降伏後における米国の初期の対日方針」発表 10.2 連合国軍総司令部（GHQ）、東京・第一生命ビルに設置、民間情報教育局（CIE）設立、執務開始	東久邇宮稔彦
	10.10 日本共産党、幹部出獄、再建開始 10.11 GHQ、五大改革指令（婦人解放、労働組合奨励、学校教育民主化、秘密審問司法制度撤廃、経済機構民主化） 10.13 国防保安法・軍機保護法・言論、出版、集会、結社等臨時取締法廃止。 10.15 治安維持法・思想犯保護観察法廃止 10.24 国際連合憲章発効（国際連合成立） 11.2 日本社会党結党。11.9 日本自由党結党。11.16 日本進歩党結党。12.18 日本協同党結党 11.9 日本政府、閣議で緊急開拓事業実施要領を決定（1947.10.24 開拓事業実施要領〈改訂〉。1958.5.27 開拓事業実施要綱。1961.8.8 開拓パイロット事業実施要綱。1975.4 開拓事業は一般農政に統合） 11.24 厚生省、地方引揚援護局設置 12.9 GHQ、農地改革に関する覚書。12.29 農地調整法改正公布（第一次農地改革）。1946.10.21 農地調整法改正・自作農創設特別措置法公布（第二次農地改革） 12.17 衆議院議員選挙法改正公布（女性参政権付与、朝鮮人・台湾人の参政権停止）。1946.4.10 総選挙（女性議員39名） 12.20 国家総動員法廃止。12.22 労働組合法公布 12.31 GHQ、修身・日本歴史及び地理の授業停止、教科書回収	幣原喜重郎
1946	1.12 民主主義科学者協会（民科）設立 1.29 マッカーサー、日本と南西諸島の行政分離を宣言 3.2 台湾からの引揚開始。3.8 南朝鮮からの引揚開始。4.5 満洲からの引揚船、博多入港。12.20 北朝鮮からの引揚船、佐世保入港 3.3 北海道庁、「北海道開拓者集団入植施設計画」制定 4.7 幣原反動内閣打倒人民大会、日比谷で開催（「民主憲法は人民の手で」を掲げる）。5.19 飯米獲得人民大会（食糧メーデー、米の配給遅延に抗議）、皇居前広場で開催、首相官邸に座込み。5.20 マッカーサー、「暴民デモ許さず」と声明 5.3 東京裁判（極東国際軍事裁判）開廷。A級戦犯28人を起訴（1948.11.12 東京裁判がA級戦犯25被告に有罪判決。12.23 東條英機ら7名絞首刑執行）	

戦後史再考年表

本年表は、歴史上の膨大な出来事や事件のなかから、執筆者がそれぞれの章を書いていく過程でとらえた「歴史の裂け目」を中心にまとめあげ作成しました。また、本文中で触れられなかった「歴史の裂け目」として考えられる出来事についても選択し、記載しています。各章で論じた出来事をほかの出来事との流れや連関のなかで考える材料にしていただければと思います。

年	出来事	内閣
1937	7.7 盧溝橋で日中両軍衝突(日中全面戦争開始) 8.24 国民精神総動員実施要綱、閣議決定 12.13 日本軍、南京占領、南京大虐殺事件	第一次近衛文麿
1938	4.1 国家総動員法公布。社会事業法・国民健康保険法公布。4.2 農地調整法公布。4.6 電力管理法公布	
1939	5.12-9.15 ノモンハン事件(満洲国・モンゴル国境で日ソ両軍衝突) 9.1 ドイツ、ポーランド侵攻(第二次世界大戦始まる) 12.26 朝鮮総督府、朝鮮人の氏名に関する件公布(創氏改名)	平沼騏一郎 阿部信行
1940	4.8 国民体力法公布。5.1 国民優生法公布 7.26 基本国策要綱、閣議決定(大東亜新秩序・国防国家建設)。7.27 大本営政府連絡会議、時局処理要綱決定。9.23 日本軍、北部仏印進駐 9.27 日独伊三国同盟調印 10.1 国勢調査(総人口1億522万余人、内地人口7311万余人) 10.12 大政翼賛会発会	米内光政 第二次近衛文麿
1941	3.1 国民学校令(4.1施行) 3.7 住宅営団法・国防保安法・国民労務手帳法公布 7.28 日本軍、南部仏印進駐 12.1 御前会議、対米英蘭開戦決定。12.8 日本軍、マレー上陸、真珠湾攻撃(太平洋戦争開始)	第三次近衛文麿
1942	1.2 日本軍、マニラ占領。2.15 シンガポール占領。3.8 ラングーン占領。 4.11 バターン半島占領 2.21 食糧管理法公布 6.5 ミッドウェー海戦(戦局転機)	東條英機
1943	9.8 イタリア無条件降伏 11.22 カイロ会談(ルーズベルト、チャーチル、蔣介石)。11.27 カイロ宣言	
1944	6.19 マリアナ沖海戦。7.7 サイパン島守備隊全滅。10.23-26 レイテ沖海戦(日本軍連合艦隊主力喪失)	小磯国昭
1945	2.4 ヤルタ会談(ルーズベルト、チャーチル、スターリン) 3.9-10 東京大空襲。3.14 大阪大空襲 3.26 米軍、沖縄慶良間諸島上陸(沖縄戦開始)。6.23 沖縄守備隊全滅 5.7 ドイツ無条件降伏 8.6 アメリカ、広島に原子爆弾投下。8.9 アメリカ、長崎に原子爆弾投下 8.8 ソ連、日本に宣戦布告。8.10 ワシントンで日本軍武装解除に関する草案作成、朝鮮半島をソ連と分割する軍事境界線画定 8.14 御前会議、ポツダム宣言受諾決定。8.15 天皇、日本の降伏決定を国民に向けて発表(玉音放送) 8.15 朝鮮・京城(ソウル)で朝鮮建国準備委員会結成	鈴木貫太郎

◆わ行

◆た行

索引

岩間優希（いわま・ゆうき）
1982年生まれ。中部大学国際関係学部講師。専門はメディア学、ジャーナリズム論。著作に『PANA 通信社と戦後日本――汎アジア・メディアを創ったジャーナリストたち』（人文書院、2017年）、『文献目録ベトナム戦争と日本』（人間社、2008年）、『戦争社会学ブックガイド』（共著、創元社、2012年）など。

番匠健一（ばんしょう・けんいち）
1981年、大阪府生まれ。同志社大学〈奄美・沖縄・琉球〉研究センター嘱託研究員。専門は歴史社会学、社会思想史。「災害難民とコロニアリズムの交錯――十津川村の北海道移住の記憶と語り」（『国際言語文化研究』29巻2号、2017年）、「酪農のユートピアと地域社会の軍事化――根釧パイロットファームの再編と北海道・矢臼別軍事演習場の誘致」（『立命館大学国際平和ミュージアム紀要』20号、2019年）など。

大野光明（おおの・みつあき）
1979年、千葉県生まれ。滋賀県立大学人間文化学部准教授。専門は歴史社会学、社会運動論。著書に『沖縄闘争の時代1960／70』（人文書院、2014年）、『差異の繋争点』（共著、ハーベスト社、2012年）、『運動史とは何か（社会運動史研究1）』（共著、新曜社、2019年）など。

朴鐘碩（ぱく・ちょんそく）
1951年、愛知県生まれ。県立碧南高校商業科卒業。日立就職差別裁判元原告、1974年9月から（株）日立製作所勤務、2016年11月退職。「外国人への差別を許すな・川崎連絡会議」事務局長。『日本における多文化共生とは何か――在日の経験から』（共著、新曜社、2008年）など。

倉本知明（くらもと・ともあき）
1982年、香川県生まれ。文藻外語大学日本語学科助理教授。専門は比較文学。「国家の軛を離れた「日本語」教育は可能か？――戦時期、井伏鱒二作品における言語表象を中心に」（『台大日本語文研究』第27期、2014年）、「移民工文学賞という試み――包摂と排除の狭間で」（『日本台湾学会報』第20号、2018年）、訳書に伊格言『グラウンド・ゼロ』（白水社、2017年）など。

崔博憲（さい・ひろのり）
1970年、神奈川県生まれ。広島国際学院大学情報文化学部現代社会学科教授。専門はマイノリティ論。『コンフリクトと移民――新しい研究の射程』（共著、大阪大学出版会、2012年）、『戦後日本の〈帝国〉経験――断裂し重なり合う歴史と対峙する』（共著、青弓社、2018年）、『コミュニティユニオン――社会をつくる労働運動』（共著、松籟社、2019年）など。

崔勝久（ちぇ・すんぐ）
1945年、大阪府生まれ。在日韓国人2世。朴鐘碩の日立闘争に出会い、川崎において地域活動を提起、国籍条項の撤廃などの運動に関わる。2011年福島第一原発事故以降、日韓の反核平和連帯運動に関わり「東アジアの平和」をめざす活動に従事。
ブログ：http://www.oklos-che.blogspot.jp/

【執筆者プロフィール】

西川長夫（にしかわ・ながお）
1934年、朝鮮・平安北道江界郡生まれ。立命館大学名誉教授。専門は比較文化論、フランス研究。2013年死去。著書に『国民国家論の射程』（柏書房、1998年）、『増補 国境の越え方』（平凡社ライブラリー、2001年）、『〈新〉植民地主義論』（平凡社、2006年）、『決定版 パリ五月革命 私論――転換点としての1968年』（平凡社ライブラリー、2018年）、『植民地主義の時代を生きて』（平凡社、2013年）ほか多数。

加藤千香子（かとう・ちかこ）
1957年、愛知県生まれ。横浜国立大学教育人間科学部教授。専門は日本近現代史。『近代日本の国民統合とジェンダー』（日本経済評論社、2014年）、『日本における多文化共生とは何か――在日の経験から』（共編著、新曜社、2008年）、『ジェンダー史叢書5　暴力と戦争』（共編著、明石書店、2009年）。

杉浦清文（すぎうら・きよふみ）
1973年、京都府生まれ。中京大学国際英語学部准教授。専門は英語圏文学、比較文学。「（旧）植民地で生まれ育った植民者――ジーン・リースと森崎和江」（『立命館言語文化研究』24号4号、2013年）、『英語文学の越境――ポストコロニアル／カルチュラル・スタディーズの視点から』（共著、英宝社、2010年）、『ポストコロニアル文学の現在』（共著、晃洋書房、2004年）、『教養小説、海を渡る』（共著、音羽書房鶴見書店、2018年）など。

西川祐子（にしかわ・ゆうこ）
1937年、東京都生まれ。元京都文教大学人間学部教授。専門は文学、女性史。『古都の占領――生活史からみる京都 1945 - 1952』（平凡社、2017年）、『日記をつづるということ――国民教育装置とその逸脱』（吉川弘文館、2009年）、『歴史の描き方2 戦後という地政学』（編著、東京大学出版会、2006年）、『借家と持ち家の文学史――「私のうつわの物語」』（三省堂、1998年）。

沈熙燦（しむ・ひちゃん）
1980年、韓国ソウル生まれ。韓国・圓光大学校東北アジア人文社会研究所研究教授。専門は日韓近代思想史。「戦後民主主義の基底音を聞く」『戦後日本を読みかえる』第6章（共著、臨川書店、2018年）、「再び、近代史学史の必要について――三品彰英の神話研究と朝鮮史認識を中心に（『新しい歴史学のために』第293号、2018年」、『植民地がつくった近代』（原佑介と共著、三元社、2017年）。

原佑介（はら・ゆうすけ）
1980年生まれ。同志社大学グローバル地域文化学部嘱託講師。『禁じられた郷愁――小林勝の戦後文学と朝鮮』（新幹社、2019年）。

内藤由直（ないとう・よしただ）
1974年、大阪府生まれ。立命館大学文学部准教授。専門は日本近代文学。『国民文学のストラテジー』（双文社出版、2014年）、「グローバル化時代の「闖入者」」（『フェンスレス』第4号、2016年）、「西川長夫・略歴／著作目録」（西川長夫『植民地主義の時代を生きて』平凡社、2013年）。

戦後史再考

「歴史の裂け目」をとらえる

発行日――――2014年10月24日　初版第1刷
　　　　　　2019年8月23日　初版第2刷

編著者――――西川長夫・大野光明・番匠健一

発行者――――下中美都

発行所――――株式会社平凡社
東京都千代田区神田神保町3-29　〒101-0051
電話　(03)3230-6593［編集］
　　　(03)3230-6573［営業］
振替　00180-0-29639

装幀者――――岡本洋平

印刷・製本――図書印刷株式会社

ISBN978-4-582-45447-5
NDC分類番号210.76
四六判(18.8cm)　総ページ328
平凡社ホームページ　https://www.heibonsha.co.jp/